自由自在 小学3·4年 社会

From Basic to Advanced

 受験研究社

はじめに

　この『自由自在』は，社会科がよくわかり，ぐんぐん力がのびる参考書です。

　３年生，４年生の社会科では，２年間を通して，みなさんが住んでいる地域(村・町・市・都道府県)のようすを観察したり調べたりしながら，その地域の特色などを学習します。

　では，何から始めればいいでしょうか。まず，みなさんは１年生や２年生のときに生活科などで学習したことや，自分で経験したことを思い出してみてください。どんなお店があるかを調べたり，お店の人にどんなことをしているかを聞いたりしたのではないでしょうか。そこから学習が始まります。

　この本では，みなさんが経験したことをもとに，だんだんと程度の高い学習内容へと進み，しっかりと力がつくように考えられています。資料も多く取り入れて，よりはば広い学習ができるようにしています。また，「10のミッション！」という調べ学習を通して，知識を身につけるだけではなく，考える力・判断する力・表現する力を養うことができるようにしています。

　このように『自由自在』は，みなさんが自分の力で学習を進められるように，その手助けをしてくれます。『自由自在』は，大切なことがらをしっかりと身につけられるように，また，身についた力を生かしていくことができるように，くふうしてつくられた本です。

　毎日少しずつでも，きちんと勉強を進めて，『自由自在』とよい学習の友となってください。

特長と使い方

最初に学習のポイントをたしかめましょう。

学習内容におうじて，次の特集をもうけています。

🔍 くわしい学習

調べる力や考える力をのばすために，内容をより深めて発展させるテーマや課題について，「なぜ・答え」というQ＆A形式で構成しています。

📖 しりょうの広場

調べ学習のヒントとなる資料や統計を入れています。

🏛 中学入試にフォーカス

中学入試で問われそうな用語や事項，特定のテーマなどについて，くわしく解説しています。

●ここからスタート！

●学習のまとめ

第1章 わたしたちの市のようす

1 学校のまわりのようす
3年

✏ 学ぶことがら　1 屋上に上がって　2 校区のたんけん
3 地図のかきかた

1 屋上に上がって

ここで学習すること
1 学校の屋上から，学校のまわりのようすについて調べてみよう。
2 方位じしんを使って，北・南・西・東を調べてみよう。
3 学校のまわりの大きな建物や道路，鉄道，川などを絵地図にかいてみよう。

1 屋上からの観察

　学校の屋上からまわりのようすを調べると，さまざまなことがわかります。観察には方位じしんを使って，学校の北・南・西・東のようすをスケッチしましょう。

〈観察のポイント〉
①川・海・山・森などの地形のようす。
②国道や広い道路など。
③駅や鉄道，港など。
④学校・市役所・消防署・病院・デパート・工場などの大きな建物。
⑤住たくの多いところ・田や畑があるところなどの，土地の使われかた。

学校のまわりをスケッチする　方位じしんで方角をたしかめてから，北・南・西・東，それぞれの町のようすをかきます。

 学校の屋上には，タンクのようなものが置かれていることがあります。これは，学校で使う水をためておく水そうで，水道水が直接ためられています。屋上に上がったら，水そうをさがしてみましょう。

22

● 各章はじめの「ここからスタート！」では，その節の内容をマンガで楽しくしょうかいしています。各キャラクターは本文中にも登場します。

しん
明るく元気な男の子。

ゆい
しんのおさななじみ。しっかり者。

先生
やさしい新米先生。少し天然。

タロ
ゆいの飼い犬。二人といっしょに勉強します。

4

最重要語句は**色文字**，重要語句は**黒太字**，そのまま覚えておきたい重要なところや大切な文には色下線を入れています。

学習に役立つお助け情報を活用しましょう。

さんこう

本文に出てくる事項の解説や，その事項に関連した知っておくべきことがらをのせています。

ことば

重要語句などをよりくわしく解説しています。

ポイント

重要事項の要点をかんけつにまとめています。

参照ページ

重要語句などを最もくわしく解説しているページをのせています。

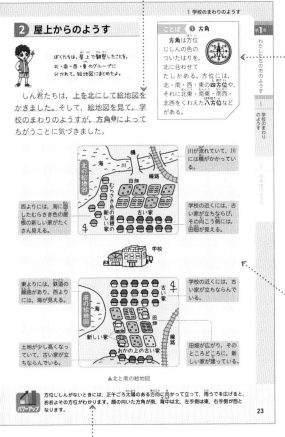

1 学校のまわりのようす

2 屋上からのようす

ぼくたちは，屋上で観察したことを，北・南・西・東のグループに分かれて，絵地図にまとめたよ。

しん君たちは，上を北にして絵地図をかきました。そして，絵地図を見て，学校のまわりのようすが，方角❶によってちがうことに気づきました。

ことば ❶ 方角

方角は方位じしんの色のついたはりを，北に合わせてたしかめる。方位には，北・南・西・東の**四方位**や，それに北東・南東・南西・北西をくわえた**八方位**などがある。

川が荒れていて，川には橋がかかっている。

西よりには，海に面したむらさき色の屋根の新しい家がたくさん見える。

学校の近くには，古い家が立ちならび，その向こう側には，田畑が見える。

東よりには，鉄道の線路があり，西よりには，海が見える。

学校の近くには，古い家が立ちならんでいる。

土地が少し高くなっていて，古い家が立ちならんでいる。

田畑が広がり，そのところどころに，新しい家が建っている。

▲北と南の絵地図

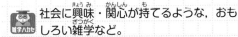

パワーアップ 方位じしんがないときには，正午ごろ太陽のある方向に向かって立って，両うでを広げると，おおよその方位がわかります。顔の向いた方向が南，背中は北，左手側は東，右手側は西となります。

23

地図やグラフなどの図表，イラスト，写真をたくさんのせています。文を読みながら，これらを見て，理解を深めましょう。

学習内容についての「ミッション！」にチャレンジしよう。

10のミッション！

思考力，判断力，表現力などを身につけることを目的とした調べ学習の課題をもうけています。
（くわしくは 6 〜 11 ページ）

●ページ下端には，次のようなコーナーをもうけています。

雑学ハカセ 社会に興味・関心が持てるような，おもしろい雑学など。

パワーアップ 小学5・6年や中学での学習内容，学習のうえでのアドバイスなど。

5

10のミッション！クリアのヒント❓

この本には「10のミッション！」として，実際に自分で調べる学習ページを用意しています。ここでは，その調べ学習を進めやすいように具体例をしめしました。

> **おうちの方へ** このミッションを通して，子どもたちは学習指導要領のアクティブ・ラーニング，つまり「主体的な学び」「対話を通した学び」「深い学び」を体験し，未来を生きる力を養います。

⚑ ミッションの始めかたの例

★ミッションの内容だけを見て考えてみよう！

「調べかた」の「ステップ」を見る前に，どう調べるのかを考えてみましょう。

・何から始める？　　・どこに行く？
・何で調べる？　　　・だれに会う？
・調査には何を持っていく？

> 上のような気づきを促す質問をすれば，子どもたちは自由な発想で答えを出します。主体的な学びです。答えによっては，本書のステップ通りでなくてもよいので，子どもの答えに沿った調べ学習をさせてあげてください。

★結果を想像してみよう！
どのような結果になりそうか，自分で考えたり，友だちと話したりしながら，結果を想像してみましょう。

> 想像した結果と調べた結果が同じでも，ちがっていてもよいのです。対話をし，人の知恵を借り，仮説までたどり着く過程を大切にしてあげてください。

★発表してみよう！
自分が調べた内容をまとめて，家や教室で発表しましょう。資料や図,写真を用意して，発表のしかたをくふうしましょう。

> 聞いている人は，話している人に質問をするように教えてあげてください。人の発表をどのように聞くのがよいかを子どもに聞き，気づきを促してください。

★道具

「楽しくなければ上達しない」（シェークスピア）ということばがあります。いろいろな道具を使って自分の力で楽しめば，調べかたもどんどんじょうずになります。いろいろな道具を，かばんにつめて取材に出かけましょう。写真をとってメモをして，新聞記者のように取材をしましょう。

写真をとってよいかかくにんしよう。

わかったことをかきこもう。

メモしたり，スケッチしたりしよう。

カメラ

白地図

筆記用具

ボード

方位を調べよう。

必要なものを持っていこう。

おそくならないように。

方位じしん

リュックサック

時計

★調べる場所・インタビュー

知りたいことを調べられる場所を決めて出かけましょう。インタビューするときは，最初に「こんにちは」とあいさつをして，学校名と自分の名まえをいい，「○○を調べているのですが…」とたずねましょう。インタビューが終わったら，「ありがとうございました」とお礼をいいましょう。

初めて会う人に話しかける体験は大切です。また，電話や手紙も調査の手段の一つです。正しい電話のかけ方，手紙の書き方を教えてあげてください。

▲図書館

▲市役所

▲博物館

▲店

▲駅

資料の使いかたについては，359〜366ページも見てみましょう。

▲ レポートの作成

　調査を終えたら，調べたことをレポートにしましょう。レポートは書く人の考えを，読む人に伝える大切なものです。話すときは，いい直したり，くり返したりすることができますが，書いて残す場合はそれができません。だから，書いたものが相手に正しく伝わるように，適切なことばで表現することが大切です。

アドバイス　調べた日（レポートを作成した日）・名まえを書こう。

わかりやすいタイトルをつけよう。目立つように大きく書くといいよ。

調べたことを文章にまとめよう。調べた方法も書くといいよ。

グラフや表などを使うと説得力のある内容になるよ。絵や写真も入れるとよりわかりやすくなるよ。□などでかこんだり，引き出し線などを使ったりするとより効果的だよ。

10のミッション！解答例　▲ **ミッション ①**

● 月 〇〇 日（月）　天気（ 晴れ ）　名まえ 〇〇 △△

市の「だれにでもやさしいしくみ」調べ

『駅』を調べたときの例

　学校の近くの駅には，新しいジュースの自動はん売機がありました。よく見ると，この自動はん売機には，お年よりや子どもにやさしいくふうがあることがわかりました。

買ったジュースを，かがまないで取り出すことができる。

お金を一度に入れることができる。

お札がスムーズに入るようになっている。

背の低い子どもでも，上にあるジュースを選ぶボタンがおせる。

買ったジュースを置くことができる。

●都道府県別の生産量ランキング

たまねぎ			トマト			かぼちゃ		
順位	都道府県	生産量(t)	順位	都道府県	生産量(t)	順位	都道府県	生産量(t)
1位	北海道	797200	1位	熊本県	128200	1位	北海道	97600
2位	佐賀県	102600	2位	北海道	62300	2位	鹿児島県	8800
3位	兵庫県	92900	3位	茨城県	48000			

えんぴつで軽く下書きをしてからペンでなぞるといいよ。

色ペンなどを使ってカラフルにしよう。

また、まっすぐな線を引きたいときは、じょうぎを使おう。

『スーパーマーケット』を調べたときの例

家の近くのスーパーマーケットの入口には、車いすが置かれています。この車いすは、お年よりや体の不自由な人が使うことができて、買い物かごも置くことができるようになっていました。

調査からわかったこと・思ったことを最後にまとめよう。調べた結果から考えたことを書こう。

わかったこと・思ったこと

今回の調査で、わたしたちの住む市には、お年よりや体の不自由な人が安心して使える設備がたくさんあることがわかりました。特に、駅やスーパーマーケットなど、人が多く集まる場所にはこのような設備が多くあることにも気づきました。このような設備がたくさん広まれば、だれでも安心してすごせる町になっていくと思いました。

書き終えたら、読み返して、漢字のまちがいがないか、話しことばになっていないか、句読点は適切かをチェックしよう。

👤 指導のアドバイス

今回の<10のミッション！>は、わたしたちが住む地域にあるユニバーサルデザインを探して、その意味を考えることが目的です。小学生の視点では気付きづらい内容ですが、日常の買い物などで高齢者や障がい者のためにつくられた工夫や取り組みを見つけたら、お子さまに説明してあげるなど、今回の学習内容を深めてみてはいかがでしょう。

「10のミッション！解答例」では、指導される皆さま向けに「指導のアドバイス」を設けています。この課題に取り組む目的や意義、お子さまに教えるべきポイントなどを掲載しておりますので、ご指導の際にご参照ください。

話しことばで書かないように教えてください。書くときのことばは簡潔に書くことが大切です。「書く」は「話す」とちがって、後から読み返すことができるため、書いたものだけでだれもが理解できることば選びが大切だと教えてあげてください。

発表のしかた

発表のコツを見て，くふうして発表しましょう。

★発表のコツ1 〜はじめに〜

・冒頭のあいさつをしよう。
・聞き手へ質問をしてみよう。

★発表のコツ2 〜じょうずな話しかた〜

聞き手を見ながら話そう（アイコンタクト）。

ゆっくりとみんなに聞こえる十分な声で話そう。

話す内容に合わせてジェスチャーをしよう。

★発表のコツ3 〜絵や写真，資料などを使うとき〜

自分の顔をかくさないようにおなかのあたりで持とう。

2〜3秒待ち，聞き手がじっくりと見る時間をつくろう。

注目してもらいたいポイントは，指やぼうでさししめそう。

★発表のコツ4 〜最後に〜

最後に「これで発表を終わります。聞いていただいてありがとうございました。」といって，おじぎをしよう。

最後は聞き手に発表者の印象を残すことが大切です。

発表の聞きかた

じょうずに聞くことは，話すことと同じくらい大切です。

★聞くときの注意点

発表する人をおうえんする気持ちで発表を聞こう。

発表を聞いていて，わかったときは，うなずこう。

資料と話す人の両方を見よう。

大事なことばや数字など印象に残ったことがらをメモしよう。

最後に大きなはくしゅをおくろう。

発表後は，気になったことを発表した人に質問しよう。

<「10のミッション！」を通して>

　この活動を通して，子どもたちは「自分で調べる」「人に聞く・相談する」「だれかにそれを伝える」方法を知り，その過程で知識を得ます。この体験は生涯を通して役立つ財産になるでしょう。

　子どもは常に知りたいことをたくさん持っています。本書の「10のミッション！」以外にも知りたいことをどんどん追究させてあげてください。生涯を自由自在に楽しむ力を育んであげてください。

もくじ

第3章 安全を守るくらし 3年

第4章 市のようすのうつり変わり 3年

楽しく学習しよう。

「ミッション！」にチャレンジしよう！

写真提供・協力一覧(敬称略・五十音順)

朝日新聞社，阿蘇火山防災会議協議会，アフロ，有田町，伊江村青年会，イオンリテール株式会社，ヰゲタ鋼管工業株式会社，石川県警察本部，今宮戎神社，岩岡印刷株式会社，魚津市役所，海をつくる会，NPO法人アジア太平洋こども会議・イン福岡，近江八幡市役所，大内宿保存会，大阪市危機管理室，大阪製紙，大阪製鐵株式会社，大阪天満宮，大阪湾広域臨海環境整備センター，岡田浦漁業協同組合，沖縄県立図書館，柿澤こけし店，株式会社池田自動車，株式会社横浜スタジアム，鎌倉市防災安全部総合防災課，カメリアライン株式会社，鴨川にもサケを呼ぶ会，関西エアポート株式会社，岐阜県白川村役場，京都市環境政策局，京都市上下水道局，熊野町，警視庁，小岩井農牧(株)，公益財団法人多摩市文化振興財団，国土交通省ホームページ，金剛鋲螺株式会社，JR東海，JA大阪中央会，JA庄内みどり，JA西宇和，JA宮崎中央，JA横浜，滋賀県教育委員会，滋賀県立信楽高等学校，信楽陶器工業協同組合，四国カブトガニを守る会，篠津中央土地改良区，下郷町教育委員会，ジョイナス，常総市，白石市役所，少彦名神社，鈴廣蒲鉾本店，セブン＆アイ・ホールディングス，仙台市消防局，総本山四天王寺，大丸松坂屋百貨店，平舘平，高岡市，多摩市立唐木田コミュニティセンター，多摩センター地区連絡協議会，中国四国農政局・岡山海岸保全児島湾周辺農業水利事務所，土屋朝美，露天神社，帝蚕倉庫，鳥取大学乾燥地研究センター，トンボ学生服，長崎県広報広聴課，流山市役所，鳴門屋製パン，新潟県土木部道路管理課，日本ケータリングカー協会/PABRATA，日本ケナフ開発機構，能勢町教育委員会，ピクスタ，氷見市役所，日牟禮八幡宮，福井県，福岡アジア文化賞委員会，福岡市経済観光文化局，福岡国際空港株式会社，福岡市港湾空港局，福岡コンベンションセンター，福岡市総務企画局，福岡市南区役所，福岡市民の祭り振興会，プレゼンツ，別海町グリーンツーリズムネットワーク，保土ケ谷宿松並木プロムナード水辺愛護会，本場奄美大島紬協同組合，美濃市役所，美濃和紙の里会館，ヨーホー電子，横浜高速鉄道，横浜市，横浜市交通局，横浜市シルバー人材センター，横浜市中央図書館，横浜市森づくり活動団体 瀬上さとやまもりの会，横浜みなとみらいホール，吉徳，米沢ホタル愛護会，ライフコーポレーション，リバークリーン・エコ炭銀行，琉球大学附属図書館，輪島市，輪島漆器商工業協同組合，輪島漆芸美術館，ほか

ありがとうございました！

第1章

わたしたちの
市のようす

わたしたちの市の
ようすを調べよう！

21

1 学校のまわりのようす　3年

1 屋上に上がって

ここで学習すること

1 学校の屋上から，学校のまわりのようすについて調（しら）べてみよう。
2 方位（ほうい）じしんを使（つか）って，北・南・西・東（ひがし）を調べてみよう。
3 学校のまわりの大きな建物（たてもの）や道路（どうろ），鉄道（てつどう），川などを絵地図にかいてみよう。

1 屋上からの観察

　学校の屋上からまわりのようすを調べると，さまざまなことがわかります。観察（かんさつ）には**方位じしん**を使って，学校の北・南・西・東のようすをスケッチしましょう。

〈**観察のポイント**〉

①川・海・山・森などの**地形**（ちけい）のようす。

②**国道**や**広い道路**など。

③**駅**（えき）や**鉄道**，**港**（みなと）など。

④**学校・市役所**（しやくしょ）・**消防署**（しょうぼうしょ）・**病院**（びょういん）・**デパート・工場**（こうじょう）などの**大きな建物**。

⑤**住**（じゅう）**たくの多いところ・田や畑**（はたけ）**があるところ**などの，**土地の使われかた**。

学校のまわりをスケッチする　方位じしんで方角をたしかめてから，北・南・西・東，それぞれの町のようすをかきます。

雑学ハカセ　学校の屋上には，タンクのようなものが置（お）かれていることがあります。これは，学校で使う水をためておく水そうで，水道水（すいどうすい）が直接（ちょくせつ）ためられています。屋上に上がったら，水そうをさがしてみましょう。

② 屋上からのようす

ぼくたちは，屋上で観察したことを，北・南・西・東のグループに分かれて，絵地図にまとめたよ。

しん君たちは，**上を北にして**絵地図をかきました。そして，絵地図を見て，学校のまわりのようすが，**方角**❶によってちがうことに気づきました。

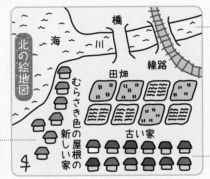

川が流れていて，川には橋がかかっている。

西よりには，海に面したむらさき色の屋根の新しい家がたくさん見える。

学校の近くには，古い家が立ちならび，その向こう側には，田畑が見える。

学校

東よりには，鉄道の線路があり，西よりには，海が見える。

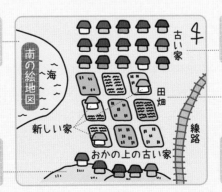

学校の近くには，古い家が立ちならんでいる。

土地が少し高くなっていて，古い家が立ちならんでいる。

田畑が広がり，そのところどころに，新しい家が建っている。

▲北と南の絵地図

パワーアップ

方位じしんがないときには，正午ごろ太陽のある方向に向かって立って，両うでを広げると，おおよその方位がわかります。顔の向いた方角が南，背中は北，左手側は東，右手側が西となります。

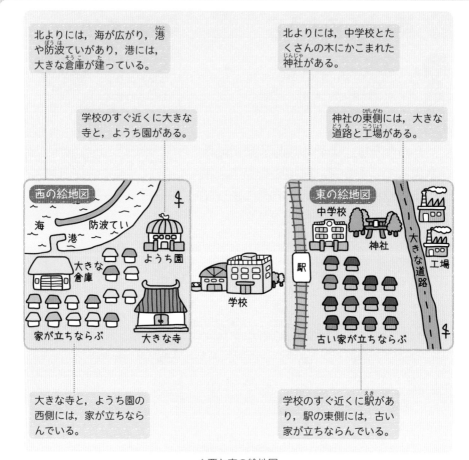

北よりには，海が広がり，港や防波ていがあり，港には，大きな倉庫が建っている。

学校のすぐ近くに大きな寺と，ようち園がある。

北よりには，中学校とたくさんの木にかこまれた神社がある。

神社の東側には，大きな道路と工場がある。

大きな寺と，ようち園の西側には，家が立ちならんでいる。

学校のすぐ近くに駅があり，駅の東側には，古い家が立ちならんでいる。

▲西と東の絵地図

！くわしい学習

- **なぜ** 方位じしんの色のついたはりが，北を指すのはなぜでしょうか？

- **答え** 方位じしんの色のついたはりは，Ｎ極のじしゃくになっています。また，地球も大きなじしゃくのようになっており，北極の近くにＳ極があります。ＮとＳは引き合うため，方位じしんの色のついたはりと，北極が引き合い，方位じしんの色のついたはりは北を指します。

▲方位じしんと地球の関係

雑学ハカセ

北極と南極には大きなちがいがあります。実は北極には陸地がありません。一方，南極には南極大陸とよばれる陸地があり，日本の研究しせつである昭和基地などが建てられています。

2 校区のたんけん

> **ここで学習すること**
>
> 1 校区のたんけんは，①どこで，何を調べ，②何を持っていき，③どのようにまとめるのだろう。
> 2 たんけんのとき，どんなことに気をつけたらよいのだろう。

1 たんけんの計画

1 たんけんに行くところ

屋上からの観察ではよくわからなかったところを調べるために，校区をたんけんしましょう。

> **ことば** **①** 校区
>
> 小学校・中学校の児童・生徒が通学するはんい。
>
> **②** 白地図
>
> 調べたことをかきこめるようにした地図。校区のたんけんのときは，道路だけが表された白地図を使うとよい。

〈たんけんコースの例〉
①東コース…大きな道路があるコース
②北コース…古くからある道があるコース
③西コース…港があるコース
④南コース…田畑が多いコース

あらかじめ白地図をつくって持っていけば，たんけん中にわかったことを書きこめるね。

2 調べること
①土地の使われかた　②建物や道路のようす　③町の人のようす

3 持っていくもの
①校区**①**の白地図**②**　②方位じしん　③たんけんカード（ノート）
④筆記用具　⑤時計　⑥録音する道具　⑦カメラ　⑧画板

4 調べかた・まとめかた
①歩いて観察する。②そこに住んでいる人や働いている人に話を聞く（インタビューする）。③見たものや聞いたことは，たんけんカードに書く。土地の使われかた，建物などを白地図にかきこむ。

5 気をつけること
①交通の決まりを守る。②町の人にめいわくをかけない。
③インタビューしたあとは，お礼をいう。

パワーアップ 方位じしんの「N」と「S」には，どのような意味があるのでしょう？　「N」は英語の「North」の頭の文字で「北」を意味します。同じように，「S」は「South」の頭の文字で，「南」を意味します。

2　校区のようす

1　東コース（国道ぞい）

　国道は，道はばが広く，**歩道**と**車道**の区別がありますが，歩道には，あまり人は歩いていません。国道の両側に**工場**や**大きなちゅう車場のある店**があり，工場の近くに**社たく・りょう❶**があります。

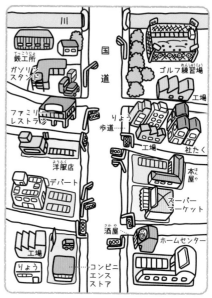

▲東コースの絵地図

車道は乗用車や大型トラックがたくさん走っていて，交差点はじゅうたいがおこっていたよ。

> **ことば**　❶　社たく・りょう
>
> 　**社たく**は，会社が，事務所や工場で働く人々のために建てた住たくをいう。
>
> 　**りょう**は，学生または工場で働く人たちが，生活の決まりを守って，みんなでくらすところをいう。

2　北コース（古くからある道ぞい）

　古くからある道は，国道にくらべ，自動車の行き来が少ないです。道ぞいに住んでいる人の話によると，国道ができるまでは，自動車がよく通っていたそうです。通りには，**古くからの住たくや小さな店**がならび，買い物客が行き来しています。

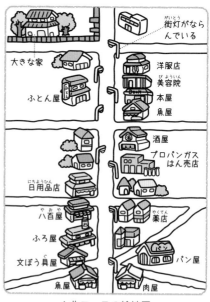

▲北コースの絵地図

　国道とは何でしょう？　国道とは国が決めた道のことで，「1号」「2号」のように数字で表します。中には港と港をフェリーで結ぶ海上国道もあります。また，県道とよばれる県が決めた道もあります。

③ 西コース（港の近く）

　港には，いくつかの小さな漁船がつながれています。そして，港につながる道路の西側には，高さ３ｍほどのコンクリートの**ていぼう**があり，海とていぼうとの間には，波の力を弱めるためのテトラポットが積み上げてあります。

　海には，竹のぼうを立て，あみをはって，**のりの養しょく**が行われています。

　道路の東側には，魚市場・漁業協同組合・ほし場・のり工場・倉庫など，海に関係のある建物がならんでいます。

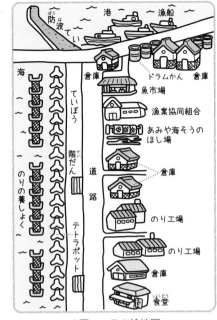

▲西コースの絵地図

④ 南コース（田や畑が多い）

　田は，いねかりをしたあとで，**たまねぎ**がたくさん植えられています。田のすみには，取り入れたたまねぎをたくわえておくたまねぎ小屋があります。

　畑では，**キャベツやブロッコリー**が植えられています。また，ビニールハウスでは，お店で売る花が，育てられています。

▲南コースの絵地図

農業をつぐ人がへっているため，田や畑がつぶされて，あちこちに新しい家が建てられているって，農家の人が話してくれたよ。

パワーアップ　港などのある海ぞいの地域には，魚に関係するしせつが集まっていることが多いです。例えば，魚を売る店や食堂，魚をひやすために必要な氷を売る店，つり具店などです。これらのしせつは，地域の特ちょうを生かしたしせつだといえます。

3 地図のかきかた

ここで
学習
すること

1 絵地図や地図記号を使った地図をかいてみよう。

2 地図記号には，どのようなものがあるのだろう。

1 絵地図のかきかた

絵地図にすると，土地のようすがひと目でわかります。

〈絵地図のかきかた〉

①**かく計画**…かくはんいや，何をかくのか決める。

②**絵地図の方位**…紙の上を北にして，すみに方位記号をかく。

③**中心になるもの**…中心になるものをかく。

④**主な道や川**…主な道や川・鉄道などをかく。

⑤**目印になるもの**…役所・工場など，大きな建物をかく。

⑥**商店・住たく・田・畑**…商店や住たく，田や畑などの多いところをかく。

⑦**色分け**…住たく，田，畑などを，色分けしてぬる。

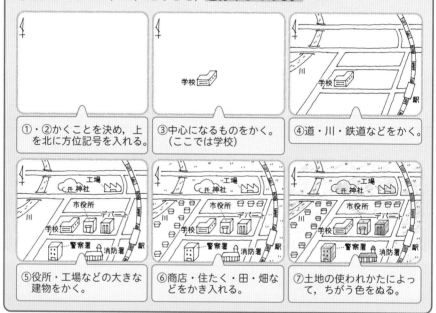

①・②かくことを決め，上を北に方位記号を入れる。

③中心になるものをかく。（ここでは学校）

④道・川・鉄道などをかく。

⑤役所・工場などの大きな建物をかく。

⑥商店・住たく・田・畑などをかき入れる。

⑦土地の使われかたによって，ちがう色をぬる。

雑学ハカセ

方位記号にはいろいろな種類があります。上の地図のように矢印で表すことが多いですが，地図を見る人が，北がどちら向きなのかがわかれば，特別な決まりはありません。

2 地図記号

　絵地図では，かく人によってマークがちがったり，建物の種類が多くなると，マークが多くなったりします。そのため，建物の種類や土地のようすがわかりやすくなるように，地図記号という印（記号）があります。

1 地図記号のいろいろ

記　号	どうしてその記号になったのか
⊗ 警察署	けいぼうを交差させた形。
⊤ ゆうびん局	昔のゆうびんをあつかった役所「ていしん省」の「テ」の形。
Y 消防署	昔の火消し道具の「さすまた」の形。
卅 神社	神社の「とりい」の形。
卍 寺	仏教で「しあわせ」などを表す記号。
⊞ 病院	昔の軍隊の衛生隊のしるしをもとにつくられた。
⊕ 保健所	病院の記号をもとにつくられた。
☼ 工場	歯車の形。
☼ 発電所	歯車と電気回路の形。
☼ 灯台	上から見た灯火を表したもの。
⚓ 港（地方港）	船のいかりの形(横ぼうの数などで3つに分類される)。
冂 しろあと	しろの形。
文 小・中学校	「文」の字の形。
။ 田	いねをかりとったあとのようす。
⌄ 畑	種から芽を出してきた2まいの葉の形。
ᵒᵒᵒ くだもの畑	りんごなどの木の実の形。
∴ 茶畑	茶の実の形。
◎ 市役所	} 建物の形には関係のない，単なる記号。
○ 町・村役場	
┤╾╾├ (JR線) 鉄道と駅	線路と駅の形。

地図記号には，文字をデザインしたものと，物の形をデザインしたものがあります。小・中学校やゆうびん局などは文字をデザインしたもので，警察署やくだもの畑などは物の形をデザインしたものです。

3 地図記号を使うとよい点

地図記号を使って地図をかくと，次のようなよい点があります。

①地図に，たくさんのことがらをかき表せます。

②広い地域にわたって，かくことができます。

③地図をはやくかくことができます。

④広い地域でも，何がどこにあるか，ひと目でわかります。

中学入試にフォーカス 地図記号を使った地図の読み取り

● 地図記号を使った地図から，どのようなことがわかるのか，下の地図を例に調べてみましょう。

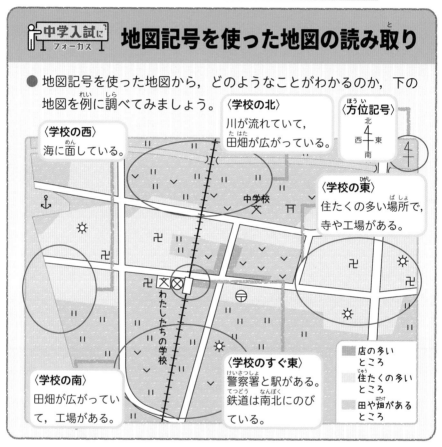

〈学校の北〉
川が流れていて，田畑が広がっている。

〈方位記号〉
北 西4東 南

〈学校の西〉
海に面している。

〈学校の東〉
住たくの多い場所で，寺や工場がある。

〈学校のすぐ東〉
警察署と駅がある。鉄道は南北にのびている。

〈学校の南〉
田畑が広がっていて，工場がある。

店の多いところ
住たくの多いところ
田や畑があるところ

方位で位置を表すときは，「どこから見たときの方位」なのかを，たしかめておきましょう。上の説明では，「わたしたちの学校」から見たときの方位で説明しています。

 雑学ハカセ 方位じしんは，自分でつくることができます。はりと糸，じしゃくを用意します。はりのかたほうの先にマジックで印をつけ，じしゃくのＳ極をこすり合わせます。はりの中央を糸でつるせば，完成！ はりにマジックで印をつけたほうが北を指します。

2 市全体のようす 3年

学ぶことがら 1 市内のようす 2 市にあるいろいろなしせつ
3 住みよい町づくりを目ざして

1 市内のようす （横浜市の例）

ここで学習すること
1 自分が住んでいる市のようすは、どのようになっているのだろう。
2 市のようすは、場所によって、どのようなちがいがあるのだろう。

1 調べる計画

1 調べること
①自分たちの校区は、市全体の中でどの辺りにあるのか。
②市の地形や土地の使われかたは、どのようになっているのか。
③道路や鉄道などの市の交通は、どのようになっているのか。

2 調べかた
①地図やガイドブックなどから調べる。
②市役所がつくったパンフレットやビデオ、統計資料などから調べる。
③市役所の人などにたずねる。
④歩いて行けるところは、直接行って調べる。遠いところは、資料を送ってもらう。

パワーアップ 方位を表すために十六方位を使うことがあります。例えば、北と東の間は、八方位だと北東とよびますが、十六方位を使うと、さらに細かく、北北東と東北東という方位で表すことができます。

② 市のようす

学校のまわりのようすは，わかったけれど，市はどのようなようすなのかな？

それじゃ，わたしたちの住む横浜市のことを調べようよ！

1 地形のようす

　横浜市（神奈川県）には，広い平地がありません。東側は**東京湾**に面しており，**うめ立て地**が多くつくられています。北部には，市で最も長い鶴見川が東西に流れ，また，西側にある藤沢市や大和市とのさかいには境川が南北に流れています。市で最も高い山は，南部の金沢区にある大丸山（156.8 m）です。

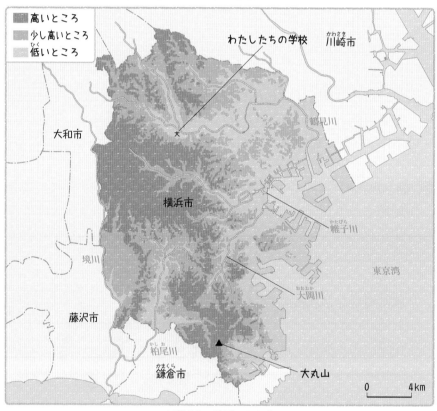

■	高いところ
■	少し高いところ
■	低いところ

わたしたちの学校　　川崎市

川崎市

大和市

横浜市

鶴見川

帷子川

東京湾

大岡川

境川

藤沢市

柏尾川

鎌倉市

大丸山

0　　　　4km

▲横浜市の地形のようす

雑学ハカセ

日本でいちばん低い山は宮城県にある日和山で，高さが3mです。かつては大阪府の天保山が最も低かったのですが，2011（平成23）年におこった東日本大震災で日和山がけずられ，2014年に日本一低い山となりました。

さらに，ゆいさんたちは，横浜市の土地の使われかたについて調べました。

工業がさかんなところ，商業しせつが多いところなど，横浜市には，地域ごとに特色があるんだね。

特色のある地域ごとに，たんけんしてみようよ！

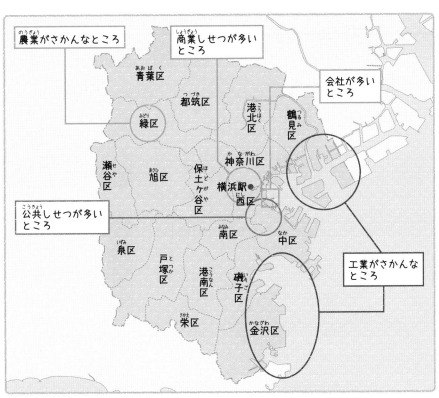

農業がさかんなところ

商業しせつが多いところ

会社が多いところ

青葉区

都筑区

港北区

鶴見区

緑区

瀬谷区

旭区

保土ケ谷区

神奈川区

横浜駅西区

公共しせつが多いところ

泉区

戸塚区

南区

中区

工業がさかんなところ

港南区

磯子区

栄区

金沢区

▲地域によってちがう横浜市の土地の使われかた

ゆいさんたちは，①公共しせつが多いところ，②工業がさかんなところ，③商業しせつが多いところ，④会社が多いところ，⑤農業がさかんなところ，のそれぞれのグループに分かれて，土地の使われかたを調べるとともに，交通のようすについても調べることにしました。

国の役所である国土交通省には，国土地理院（→353ページ）という地図をつくる組織があります。ゆうびん局や学校，田などの地図記号をつくるのも，国土地理院のしごとの1つです。

2 公共しせつが多いところ

　中区には，神奈川県庁や神奈川県警察本部などの県のしせつをはじめ，横浜市役所，中区役所などの市のしせつが集まっています。また，横浜地方裁判所や横浜簡易裁判所などの国のしせつもあります。昼間は，とても人通りが多いところです。

▲神奈川県庁

▲横浜市役所

▲神奈川県警察本部

▲公共しせつが多いところのようす

▲中区役所

▲横浜簡易裁判所

▲横浜公共職業安定所

中区には，国や県，市に関係する公共しせつがたくさんあるね。

次は，工業がさかんなところを見ていきましょう。

パワーアップ

横浜市は政令指定都市の1つです。政令指定都市は人口50万人以上の市から選ばれ，市の中に区が置かれています。ほかにも，仙台市（宮城県）や大阪市（大阪府），福岡市（福岡県）などがあります。

3 工業がさかんなところ

横浜市の海ぞいの地区には，化学工業や金属，機械工業の工場が多く集まっています。最近は，電子機械やバイオ産業（生物をあつかった新しい産業）などをあつかう新しい工場もふえています。横浜港には，コンテナ❶船が発着するコンテナふとうのほか，自動車などを外国にとどけたり，外国から石油などの工業の原料を運びこむ大型船が行き来しています。

ことば ❶ コンテナ

荷物を輸送するときに使われる金属でできた大きな容器。トラックや船など，いくつもの交通機関を使って輸送する場合，小さな荷物のままでは，積みかえに時間がかかる。そのため，コンテナにいくつもの小さな荷物を入れて，輸送している。

■ 工場が多いところ

横浜港

海ぞいに大きな工場が集まっている。

▲ 海ぞいの工業がさかんなところ

▲ 横浜港と多くの工場

▲ 横浜港のコンテナを運ぶ大型船

横浜港は，日本の工業にとってとても重要な港です。ほかにも，外国などに行く旅客船も，発着しています。

パワーアップ

地図にはいろいろな種類があります。中でも，わたしたちの安全を守るためにつくられた地図をハザードマップとよびます。例えば，海ぞいの地域では，津波によるひ害が予想される地区がわかるようになっており，いざというときに，ひなんするためのガイドにもなります。

35

4 商業しせつが多いところ

　横浜駅のまわりには，デパートや専門店など，たくさんの商業しせつが集まっています。また，広い地下街も整っており，昼と夜の区別なく，多くの買い物客がおとずれています。駅の近くには大きなホテルもあり，横浜市以外や外国からの観光やしごとでおとずれる人々が利用しています。

📖 デパート 64〜65 ページ

▲商業がさかんなところ

▲横浜駅のまわりのようす

▲横浜駅の地下街

▲横浜駅前の大きなホテル

🏛 しりょうの広場

　ぼうグラフは，ぼうの長さで数を表しています。2013（平成25）年と2017年をくらべると，横浜市をおとずれた観光客数は，3134万人から3631万人にふえています。

雑学ハカセ

日本をおとずれる外国人の数は，年々ふえています。世界中から日本に観光やしごとでやってきますが，特に多いのは，日本に近い中国と韓国の人です。

5 会社が多いところ

　1980年代から横浜市が開発を進めてきた**みなとみらい21**地区には，たくさんの**会社**が集まっています。市は道路の整備を進め，**うめ立て地**にビルなどをつくり，働きやすい町づくりを進めていきました。そして，市は，多くの会社をよんで，今では一大ビジネス街となりました。2004（平成16）年には，鉄道のみなとみらい線が開通し，みなとみらい駅ができると，ますます便利な町となっていきました。

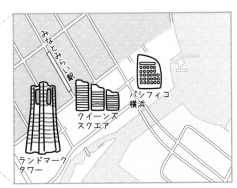

▲みなとみらい21地区の地図

みなとみらい21地区　中央の高いビルはランドマークタワーで，70階建てで296mの高さがあります。たくさんの会社のオフィス（事務所）が入っています。ホテルなどのしせつもあります。

みなとみらい駅　1日に8万人以上の乗客が利用します。主に，みなとみらい21地区に住んでいる人や働く人が利用しています。

パワーアップ　日本で最初に正確な日本地図をつくったのは，伊能忠敬という人物です。今からおよそ200〜220年前，17年間にわたって全国の海岸線を歩いて，正確な日本地図をつくりました。歩いたきょりは，地球1周分にもなりました。

6 農業がさかんなところ

　横浜市では，土地の大部分が開発されて，住たくや工場・商店などが建ち，田畑は市域面積の約 7 ％です。横浜市の農業は，**畑作**が中心ですが，一部の地域では**米づくり**も行われています。海からはなれた市の北の方にある**緑区**には，田も畑もあるところで，米のほかに，なすやきゅうり，キャベツやじゃがいもなど，いろいろな作物をさいばいしています。緑区でつくられる作物は，主に**直売所**で売られ，地域に住む人々が買いに来ます。

▲農業がさかんな緑区の位置

▲直売所

▲緑区の水田

▲緑区の畑

横浜市は海ぞいと，海からはなれたところでは，ぜんぜん景色がちがうね！

そうよね。同じ市内でも，地域によって，特色がちがい，見える景色もちがうのよ。

雑学ハカセ

田には水が必要です。そのため，田は近くに川や用水がないとつくることができません。一方，畑は水が少ない場所でも作物をつくることができます。校区のたんけんで田を発見したら，近くに川や用水があるか，たしかめてみましょう。

7 交通のようす

　横浜市にある**横浜駅**には、ＪＲや私鉄、地下鉄など6つの会社・局の鉄道路線が乗り入れています。横浜市の鉄道は、東西を結ぶ路線が多いのが特ちょうでした。そこで市は、1972（昭和47）年に南北の町をつなぐ地下鉄をつくり、多くの人が利用するようになりました。また、道路に合わせて、バスの路線があみの目のように広がり、海ぞいの地域を中心に、こうか式の高速道路が見られます。

　このように、横浜市は、交通によってまわりの地域と強く結ばれています。

▲横浜市を通る主な鉄道

横浜駅 1日に約42万人が利用する大きな駅。

高速道路 大きな橋で海をわたれるため、陸地の道路のこんざつをやわらげることができます。

交通の種類	駅・ていりゅう所の数	年間の利用者数（人）
市営バス	1270	約1億2083万
地下鉄	40	約2億3576万
ＪＲ	34	約5億2661万
私　鉄	68	約7億1718万
新交通システム	14	約1868万

交通の種類と利用客 鉄道は、東京と結ばれていて、主に通きんや通学で利用されています。

（横浜市調べ）

パワーアップ　横浜市の農家は、つくった作物を自分の住む地域で売ることが多いです。このように、地元でとれた作物を地元の人が食べることを、地産地消といいます。地産地消の動きは、全国で広まっています。

2 市にあるいろいろなしせつ （横浜市の例）

ここで
学習
すること

1 市の公共しせつには，どのようなはたらきがあるのだろう。
2 市には，みんながよく利用するしせつ・場所として，どのようなものがあるのだろう。

1 市の主な公共しせつ

市には，駅や図書館など，いろいろなしせつがあるね。

それらのしせつを公共しせつというのよ。市にはどのような公共しせつがあるのか，調べてみましょう。

1 市立中央図書館

市立中央図書館は，地下1階から地上5階までのえつらん室に，たくさんの本がならんでいます。本はもちろんのこと，ビデオや CD・DVD も置かれていて，館内は利用する人で，いつもいっぱいです。

横浜市には，この中央図書館のほか，区ごとに市立図書館（分館）があり，また，本をたくさん積んだ自動車が市内を回って，移動図書館の役わりを果たしています。

市立中央図書館　階ごとにちがう分野の本が置かれています。

移動図書館　約 3000 さつの本を，図書館のない地域に運びます。

2 横浜開港資料館

横浜は古くから外国と交流のあった港町です。横浜開港資料館には，横浜の歴史についての資料がたくさんてんじされています。

▲横浜開港資料館

雑学ハカセ

図書館の本を，どのようにさがしていますか？　最近は，インターネットが広まっているため，本をさがしたり，かりるための予約を自宅でもできるようになりました。自分の住む地域の図書館について，インターネットで調べてみましょう。

③ 横浜みなとみらいホール

横浜みなとみらいホールは，西区のみなとみらい 21 地区にある音楽専用ホールです。2020 席ある大ホールのほか，440 席の小ホールがあります。国内だけではなく，外国のアーティストもえんそうをするホールで，「海の見えるコンサートホール」として，市民に親しまれています。

横浜みなとみらいホール さまざまなジャンルのえんそうが行われます。

横浜みなとみらいホールの大ホール パイプオルガンが置かれています。

④ よこはま動物園ズーラシア

旭区と緑区にまたがって広がる横浜動物の森公園の中には，**よこはま動物園ズーラシア**があります。かんきょう教育と野生動物を守ること，動物の研究を目的として開園し，世界各地の動物が広い園内にたくさんいます。ラクダに乗る体験や小動物とふれ合う体験コーナーもあり，休日にはお客さんでいっぱいになります。

アフリカの動物 自然かんきょうのことなる 8 つのゾーンがあり，世界をめぐるように歩いて回ることができます。

めずらしい動物 オカピやテングザルなど，めずらしい動物がいることも，よこはま動物園ズーラシアの特色の 1 つです。

パワーアップ

市には，市が決めた「市の花や木」があります。また，地域によっては，「市の鳥」などを決めているところもあります。市についての調査では，これらのことを調べると，よりくわしい調べ学習ができます。

2 みんながよく利用する有名なしせつ・場所

みんなは、どんなしせつや場所をよく利用しているのかな？

では、みんなに親しまれているしせつや場所、昔からあるしせつをさがしてみましょう！

日産スタジアム（横浜国際総合競技場）

約7万2000席ある日本最大級のスタジアム。サッカーなどのスポーツ競技のほか、コンサートなどにも利用されます。

赤レンガ倉庫

横浜港にある、100年以上前に建てられたレンガづくりの倉庫。日本で初めて業務用のエレベーターがそなわった建物でした。

横浜市

横浜スタジアム

プロ野球が行われる野球場。野球のほかにも、アメリカンフットボールなどの試合も行われます。　（2019年4月撮影）

横浜中華街

中華料理店を中心に雑貨店なども集まる地区。神戸南京町（兵庫県）や長崎新地中華街（長崎県）とともに「三大中華街」の1つ。

パワーアップ

横浜港は大きな港で、海の港の中では、東京港、名古屋港について外国との品物を多く取りあつかっています。特に外国に送る自動車が多く、また、外国からはタンカーで石油が多く運ばれてきます。

3 住みよい町づくりを目ざして （横浜市の例）

> **ここで学習すること**
> 1 市では，すべての人がくらしやすい町にするため，どのようなくふうをしているのだろう。
> 2 市では，かんきょうにやさしく，美しい町にするため，どのようなことをしているのだろう。

1 人にやさしい町づくり

市には，お年よりや体の不自由な人などが安心して生活できるくふうもあったよ。

そうね。では，どのようなくふうがあるのか，くわしく調べてみましょう！

点字ブロック 表面がでこぼこで，目の不自由な人が安心して歩けます。

だん差の小さい歩道 車いすなどで，歩道と車道の行き来がしやすくなっています。

体の不自由な人用のトイレ 手すりがあり，車いすが入れるように広くなっています。

二だん手すり お年よりや子どもが，利用しやすくなっています。

パワーアップ

年令や性別，しょうがいのあるなしなどに関係なく，すべての人が使いやすいようにくふうされたデザインのことをユニバーサルデザインといいます。

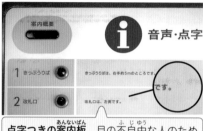

点字つきの案内板　目の不自由な人のために，点字がついています。

駅のエレベーター　体の不自由な人やお年よりなどが，階だんを使わずにすみます。

スロープつきのバス　車いすでも，乗りおりがしやすくなっています。

はばの広い改札口　車いすで通ることができます。

電車内のスペース　車いすやベビーカーの利用者が，安全に乗車できます。

電車内の案内表示　耳の不自由な人が，次に止まる駅をかくにんできます。

スロープつきの歩道橋　車いすでも利用できます。

音の出る信号機　目の不自由な人のために，音で青信号を知らせてくれます。（川崎市で撮影）

雑学ハカセ　駅のエレベーターには，中に大きな鏡がそなわっているものがあります。これは，車いすでエレベーターを使う人へのくふうです。鏡があれば，車いすの向きを変えなくても後ろのようすをかくにんでき，安全に乗りおりすることができます。

② 美しい町づくり

市では, 美しい町をつくるためにも, いろいろな取り組みをしているのよ。

どのような取り組みがあるのかな? 調べてみたい!

リサイクル 220ページ

街路じゅ 木は空気をきれいにし, 人々の心をなごませてくれます。

リサイクル 市は, 家庭の不要物を集めて, もう一度, 使えるようにしています。

森づくり ボランティアの人たちによって, 森づくりを行っています。

海をきれいにする ボランティアの人たちがごみを拾って, 海をきれいにする努力をしています。

川のそうじ 市民が協力して, 川のそうじを行っています。

町のそうじ 市民が協力して, 町をきれいにしています。

パワーアップ 横浜市のごみの量は, 20年間へり続けています。市はごみをへらすための活動を続け, 市民も美しい町づくりのために努力をしてきたことが, ごみの量をへらすことに結びつきました。

🚩 10のミッション！❶

　わたしたちの住む地域には，お年よりや体の不自由な人が安心して使える設備があります。どのような設備があるのか，調べましょう。

👍 ミッション

わたしたちの住む市にある「だれにでもやさしいしくみ」をさがせ！

📖 調べかた（例）

▶ ステップ1　調べる場所を決めよう！

図書館，公民館，駅，大きな商業しせつ，道路など，人が多く集まる場所から1つを選ぼう。

▶ ステップ2　実際に調査しよう！

場所が決まったら，紙とえんぴつを持って，お年よりや体の不自由な人が，こまらずに利用できる設備をさがしに行こう。実際の設備をカメラでとってくると，まとめやすくなるよ。
〈例〉駅の券売機，歩道の点字ブロック，図書館のエレベーターなど
※車には気をつけて，交通ルールを守ろう。

▶ ステップ3　まとめよう！

調べた設備が，だれにとって，どのようなくふうがされているのかをノートに書こう。

▶ ステップ4　わかったことや感想を書こう！

町で見つけた設備について，何がわかったのか，また，どのような感想を持ったのかを書こう。

▶ ステップ5　発表しよう！

家族や友だちに教えてあげよう。大きな紙に書いてはって発表するのもいいね。

📖 解答例　368〜369 ページ

第2章

市の人々のしごと

市の人々のしごとを調べよう！

スーパーマーケットには
いろいろな品物があって
ワクワクするね！

いろいろなしごとを
している人もいるよ！

ほかにも，市には
いろいろなしごとを
している人が
いるよね

どんなしごとが
あるのかな？

二人はすぐに
ぎもんを見つ
けるんだなあ

自動車部品工場

ここは，自動車の部品を
つくっている工場だよ！

こっちは，かまぼこを
つくっている工場だね

第2章
市の人々のしごと

1 市のしごと調べ

2 店で働く人々の
しごと

3 農業で働く人々の
しごと

4 工場で働く人々の
しごと

1 市のしごと調べ

3年

📝 学ぶことがら　1 市のいろいろなしごと

1 市のいろいろなしごと （横浜市の例）

ここで
学習
すること

1 市には，どんなしごとをしている人々がいるのだろう。
2 わたしたちの毎日の生活をささえるしごとには，どのようなものがあるのだろう。

1 市で働く人々のしごと

1 働く人の数

横浜市では，店や問屋で働く人がいちばん多く，市全体の約5分の1をしめています。2番目に多いのは病院や老人ホームで働く人です。全体をみると，サービス業❶で働く人が多いことが特ちょうです。

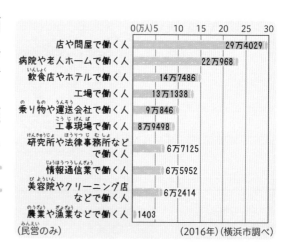

店や問屋で働く人	29万4029
病院や老人ホームで働く人	22万968
飲食店やホテルで働く人	14万7486
工場で働く人	13万1338
乗り物や運送会社で働く人	9万846
工事現場で働く人	8万9498
研究所や法律事務所などで働く人	6万7125
情報通信業で働く人	6万5952
美容院やクリーニング店などで働く人	6万2414
農業や漁業などで働く人	1403

（民営のみ）　　　　　　　（2016年）（横浜市調べ）

2 いろいろなしごと

わたしたちの生活をささえている，いろいろなしごとについて，調べてみましょう。

ことば ❶ サービス業

広い意味では，サービスをするしごとの全部を指す。せまい意味では，美容院・クリーニング店などのしごとのことを指す。

雑学ハカセ　市にあるさまざまなしごとにつくためには，専門の学校に行く方法があります。高校や大学を卒業して職につくこともできますが，専門の学校を卒業して，目指すしごとにつく人も多くいます。

▲花を育てるしごと

▲印刷をするしごと

▲家を建てるしごと

▲パンをつくるしごと

▲自動車を整備するしごと

▲テレビ局のしごと

▲電車を運転するしごと

▲スーパーマーケットのしごと

パワーアップ

昔の女性は，会社などのつとめに出る人が少なかったですが，近年では女性も多く働くようになりました。今では，男女の差がなく働くことができる法律があるため，女性もさまざまなしごとをしています。

▲図書館のしごと

▲銀行のしごと

▲ホテルのしごと

▲病院のしごと

▲電気工事のしごと

▲市役所や区役所のしごと

3 横浜市に働きに来る人

横浜市で働く人々は，横浜市に住んでいる人だけではありません。ほかの市や町から横浜市へ働きに来る人がたくさんいます。また，横浜市からほかの市や町へ働きに行く人もたくさんいます。

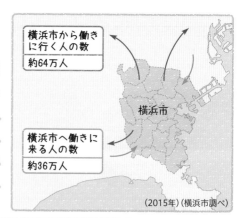

横浜市から働きに行く人の数
約64万人

横浜市

横浜市へ働きに来る人の数
約36万人

（2015年）（横浜市調べ）

雑学ハカセ

しごとには，資格が必要なものがあります。例えば，図書館で働くには，司書という資格を持たないといけません。医師になるためには，医師の資格が必要です。自分のつきたいしごとに必要な資格を調べておくことも大切です。

2 店で働く人々のしごと

第2章

市の人々のしごと

1

市のしごと調べ

2

店で働く人々のしごと

3

農業で働く人々のしごと

4

工場で働く人々のしごと

2 店で働く人々のしごと　3年

1 買い物調べ

ここで
学習
すること

1 わたしたちは，どの店でどんな品物を買っているのだろう。
2 買い物調べによって，どのようなことがわかるのだろう。

1 店について調べる

学校のまわりには，スーパーマーケットやコンビニエンスストアなどがあったよ。どんなちがいがあるのかな？

では，それぞれの店にはどんなちがいがあるのか，調べてみましょう！

1 調べる店の種類

▲スーパーマーケット

▲近所の商店・商店街

▲コンビニエンスストア

▲デパート

パワーアップ

「コンビニエンスストア」の「コンビニエンス」は「便利な」，「ストア」は「店」という意味の英語です。買い物だけでなく，コピーや配達，銀行などのさまざまなサービスが利用できて便利なことから，「コンビニエンスストア（便利な店）」とよばれるようになりました。

53

2 買い物調べを表にまとめる

　しん君の組では，どの店でどんな品物をよく買うのかということを調べ，その結果を1つの表にまとめてみました。

買うもの／買う店	米・パン	野菜・くだもの	魚・肉	さとう・塩	おかし	酒・飲み物	べんとう	洋服	シャツ・ハンカチ	ぼうし・かさ	くつ・はきもの	家具	電気製品	けしょう品	本・ざっし	ノート・えんぴつ
スーパーマーケット	●	●	●	●	●	●	●		●	●			●	●	●	●
近所の店	●	●	●	●	●	●	●		●	●				●	●	●
コンビニエンスストア	●				●	●	●							●	●	●
デパート							●	●	●	●	●	●			●	

▲品物による買う店のちがい

3 表にしてわかったこと

　買い物をする人は，どんな品物を買うかで店を選んでいます。
　料理の材料になる野菜や魚・肉などのなまものは，近所の店やスーパーマーケットで買うことが多いとわかりました。また，おかしや飲み物，べんとう，ざっしなどちょっとした買い物には，コンビニエンスストアもよく利用されています。デパートは，洋服や家具などを買うときに出かける人が多いといえます。

> **さんこう　インターネットショッピング**
> インターネットを使って店に注文をする買い物のこと。わざわざ店に行かなくても買い物ができる。

▲インターネットショッピングの画面

雑学ハカセ　近年，急にへっている店の代表は書店です。2000（平成12）年，全国に約2万2000店あった書店は，2017年には約1万3000店にまでへっています。インターネットで本を買う人がふえたことが，理由の1つです。

2 スーパーマーケット

ここで学習すること

1 スーパーマーケットは，どんなくふうをしているのだろう。
2 なぜスーパーマーケットで買い物をしたくなるのだろう。

1 店のようす

　スーパーマーケットには，食料品・日用品などいろいろな品物があり，お客さんは自分で買いたい品物を自由に選ぶことができます。選んだ品物はかごに入れ，レジでまとめてお金をはらいます。

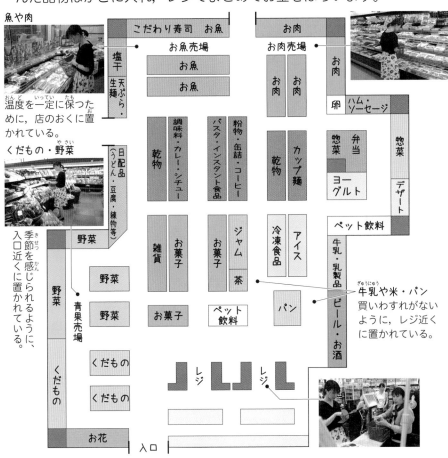

魚や肉

温度を一定に保つために，店のおくに置かれている。

くだもの・野菜

季節を感じられるように，入口近くに置かれている。

牛乳や米・パン買いわすれがないように，レジ近くに置かれている。

▲スーパーマーケットの店内のようす

パワーアップ

品物を売るしごとを小売業とよびます。全国で小売業の店は約99万もあります。そのうち最も多いのが食べ物や飲み物をあつかう食料品店です。みなさんの住んでいる市でも，食料品店が多いのではないでしょうか。

2 スーパーマーケットのくふう

　スーパーマーケットでは，品物がよく売れるように，また，多くの
お客さんが買い物をしやすく，くり返し来てもらえるように，**いろい
ろなくふう**をしています。店で働く人のくふうは，買う人の願いにこ
たえたものになっています。

 品物について知りたい。

品物の近くにねふだを置いています。ねふ
だには，品物のねだん・量・産地・おいし
い料理のしかた・品物をつくった会社名な
どが書かれています。

 品物を選んで買いたい。

同じペットボトルの飲み物でも，**いろいろ
な種類の品物を置く**ことで，お客さんは，
好きな品物を自由に選ぶことができます。

 新せんな品物がほしい。

野菜や魚・肉などのいたみやすいなまもの
は，**新せんなうちに加工して，早く売り場
にならべます。**売り場では，品物がいたま
ないように冷やしています。

 品物の質に気をつけてほしい。

1日に何度か品物をチェックし，いたみや
きず，**消費期限や賞味期限をたしかめてい
ます。**また，品切れにならないように気を
配っています。

パワーアップ

食料品には賞味期限があります。賞味期限とは，いつまでおいしく食べたり，飲んだりでき
るかの日づけで，スナックがしやカップめんなどに書かれています。賞味期限は，わたし
たちが品物を買うときの目安の1つとなります。

第2章

市の人々のしごと

1 市のしごと調べ

2 店で働く人々のしごと

3 農業で働く人々のしごと

4 工場で働く人々のしごと

衛生的な品物を買いたい。

べんとうをつくるなど食品を調理する人は，清けつな服そうをしたり，調理場をそうじしたりして，**衛生面**に気をつけています。

足が不自由でも買い物をしたい。

お年よりなど，足の不自由な人に買い物を楽しんでもらえるように，車いすをかしだししています。

安全な品物を買いたい。

農薬や化学肥料を使わないでつくった**安心できる野菜**や，さいばい方法にこだわった野菜を売っています。

品物の売り場を教えてほしい。

天じょうやたなに，売り場を案内する札をかけています。また，入り口には売り場の案内図を置くこともあります。

ごみをリサイクルしたい。

使い終わったペットボトルや牛乳パックなどを集める**リサイクルボックス**を置いています。

質問や相談をしたい。

お客さんの質問に答えたり，こまったときの相談を受けたりしています。

雑学ハカセ

牛乳パックのいちばん上には，指でさわると小さなくぼみがあることに気づきます。これは，目の不自由な人が，パックの飲み物を買うときに，牛乳なのか，ほかの飲み物なのかがわかるようにしたくふうです。

3 買い物とわたしたち

1 スーパーマーケットで買い物をしたくなる理由

　スーパーマーケットは，お客さんが多く集まるように，いろいろなくふうをしています。

ちらしや広告をつくることで，お客さんがほしい品物を見つけやすくしています。

ちゅう車場があり，遠くからでも車で買い物に来られるようにしています。

食べ物のほかにも，ふだんの生活に必要なものを，一度に買えるようにしています。

均一セールなど，安い品物をたくさんならべるなどしています。

2 じょうずな買い物

　じょうずな買い物をするためには，品物の産地・量・ねだん・安全さ・新せんさをよく調べたり，むだな品物を買わないように心がけたりすることが大切です。また，エコマークがついている品物を選んだり，買い物をしたときにレジぶくろを使わないようにしたりして，かんきょうのことを考えることも大切です。

▲エコマーク

雑学ハカセ

買い物に行くときに，店が出すレジぶくろを使わずに，買い物バッグを持っていくことも，じょうずな買い物の方法の1つです。ごみとなるレジぶくろをへらすことも大切な取り組みです。

4 品物はどこから

　スーパーマーケットにならんでいる野菜やくだもの<ruby>野菜<rt>やさい</rt></ruby>は，近くでつくられたものもありますが，ほとんどは，店から遠くはなれたほかの<ruby>都道府県<rt>とどうふけん</rt></ruby>や，外国から船や<ruby>飛行機<rt>ひこうき</rt></ruby>，**トラック**を<ruby>使<rt>つか</rt></ruby>って<ruby>運<rt>はこ</rt></ruby>ばれてきています。野菜やくだものを入れてある<ruby>容器<rt>ようき</rt></ruby>やふくろ，店にある<ruby>箱<rt>はこ</rt></ruby>を見ると，それらがどこから運ばれてきたのかがわかります。**<ruby>中央卸売市場<rt>ちゅうおうおろしうりしじょう</rt></ruby>**には日本<ruby>各地<rt>かくち</rt></ruby>や外国から，いろいろな<ruby>品物<rt>しなもの</rt></ruby>が毎日運ばれてきています。このように，スーパーマーケットの品物を通して，わたしたちのくらしはほかの<ruby>地域<rt>ちいき</rt></ruby>とつながっています。

▲スーパーマーケットで売られている外国でつくられたくだもの

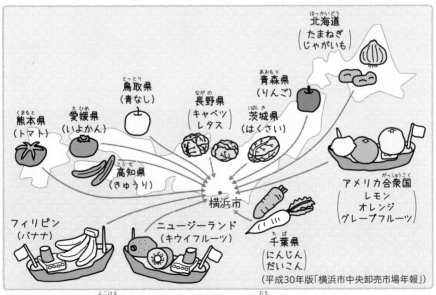

（平成30年版「横浜市中央卸売市場年報」）

▲<ruby>横浜市<rt>よこはま</rt></ruby>中央卸売市場に運ばれてくる<ruby>主<rt>おも</rt></ruby>な野菜やくだもの

パワーアップ <ruby>食料品<rt>しょくりょうひん</rt></ruby>には<ruby>賞味期限<rt>しょうみきげん</rt></ruby>のほかに，<ruby>消費期限<rt>しょうひきげん</rt></ruby>があります。消費期限とは，決められた方法で<ruby>保管<rt>ほかん</rt></ruby>したときに，<ruby>安全<rt>あんぜん</rt></ruby>に食べられる<ruby>日<rt>ひ</rt></ruby>づけで，べんとうやケーキなど，いたみやすい食品に書かれています。賞味期限と同じく，わたしたちが品物を買うときの<ruby>目安<rt>めやす</rt></ruby>の１つとなります。

3 近所の店

ここで
学習
すること

1 近所の店のよいところは，どんなところだろう。
2 近所の店は，どんなくふうをしているのだろう。

1　近所の店のよいところ

①**店の人がいろいろ教えてくれる**…よい品物や安い品物が入ったとき，教えてくれます。また，品物についてよく知っているので，おすすめのものや使いかた，料理のしかたなどについても相談に乗ってくれます。

②**家まで品物をとどけてくれる**…米屋・酒屋・クリーニング店などは，品物を家までとどけてくれるので，とても便利です。

③**注文を聞きに来てくれる**…酒屋・クリーニング店などは，注文を聞きに来てくれるので，わざわざ店へ行かなくてもよく，たいへん便利です。

④**いろいろなことをたのみやすい**…近くなので，店の人たちと知り合いになりやすく，夜おそいときや休みのとき，急に必要になったときでも，たのみやすく便利です。

> サービスしてくれる
> こともあるぞ！

2　近所の店のくふう

　最近では，大きなスーパーマーケットやコンビニエンスストアがふえてきたので，数はへってきていますが，近所の店はたいへん便利です。

　また，それぞれの店では店の人がくふうをして，顔見知りが多い近所のお客さんに何回も店に来てもらおうとしています。

八百屋　お客さんがよい野菜を選びやすいように，野菜をラップで包まずに売ります。

雑学ハカセ　最近では，お年よりや体の不自由な人などのために，買った品物を家までとどけてくれるスーパーマーケットがふえています。また，店の人が代わりに買い物をしてくれて，家までとどけてくれるサービスもふえています。

第2章

市の人々のしごと

1 市のしごと調べ

2 店で働く人々のしごと

3 農業で働く人々のしごと

4 工場で働く人々のしごと

花屋 お客さんが花を見やすく，また，花がきれいに見えるようにならべています。

洋菓子屋 お客さんの希望どおりの名まえや文章を，ケーキの上にかきます。

クリーニング店 お客さんが急いでいるときは，早く仕上げて，家までとどけます。

文ぼう具屋 文ぼう具のほか，お客さんがよく使うコピー機を置く店もあります。

3 商店街

　いろいろな店が，道路ぞいの両側に立ちならんでいるところを商店街といいます。商店街でも，多くのくふうがされています。

自転車が通れない時間帯をもうけて，お客さんが安心して買い物ができるようにしています。

お客さんを集めるために，福引きちゅうせん会やイベントを行っています。

パワーアップ 商店街が，お客さんを集めるために行っているくふうの1つに，スタンプカードがあります。例えば，100円分の買い物をするとスタンプを1つおしてもらい，カード台紙がスタンプでうまると，500円分の商品券がもらえるなどの取り組みです。

4 コンビニエンスストア

ここで
学習
すること

1 コンビニエンスストアのよいところは，どんなところだろう。

2 コンビニエンスストアは，どんなくふうをしているのだろう。

1 コンビニエンスストアのよいところ

①**品物の種類が多い**…食べ物や本，衣類，文ぼう具など，生活に必要ないろいろな物が売られています。

②**店が開いている時間が長い(24 時間営業)**…定休日なしの店が多く，早朝や深夜でも開いています。

③**人や車がよく通るところに店がある**

人がたくさん集まるところに店があるので，お出かけや会社・学校の行き来のとちゅうでの買い物にもたいへん便利です。

また，広い道路ぞいなどの店は，ちゅう車場が広く，休けいする場所としても利用できます。

▲品物の種類が多いおかず売り場

④**買い物をはやくすませることができる**…店が小さく，どの店でも同じように品物が置かれているので，買い物をするときに動き回らなくてよいです。

⑤**気がきいたサービスが多い**…買ったべんとうを温める，カップめん用の湯を入れたポットがあるなどのサービスがあります。

⑥**さまざまなサービスをあつかっている**…銀行のお金の出し入れ，映画やコンサートなどのチケットのこう入，電気やガス，水道料金のしはらいなどができます。

雑学ハカセ

コンビニエンスストアは今から約 100 年前，アメリカ合衆国で生まれました。最初は氷を売っていた小さなお店で，しだいに牛乳やたまご，パンなどを売るようになり，今のコンビニエンスストアのようになっていきました。

第2章

市の人々のしごと

1 市のしごと調べ

2 店で働く人々の しごと

3 農業で働く人々の しごと

4 工場で働く人々の しごと

② コンビニエンスストアのくふう

　コンビニエンスストアで働く人たちは，お客さんが便利だと思うことを実現するために，いろいろなくふうをしています。

レジでは，電気代などの公共料金のしはらいや，たく配便も受けつけています。

おでん・からあげなど，買ってすぐに食べられる品物もはん売しています。

ＡＴＭ(現金自動預けばらい機)で，自分のお金を銀行から出し入れできます。

マルチメディアたん末で，映画やコンサート，飛行機やバスなどのチケットを買うことができます。

ちゅう車場とトイレを用意し，車で来る人が便利であるようにしています。

病院の中で営業し，ガーゼや包帯など病院ならではの品物をあつかう店もあります。

パワーアップ　コンビニエンスストアのレジで「ピッ」となる機械をバーコードリーダーとよびます。売れた品物のバーコードを読み取ると，その情報が店のコンピューターを通して本部に伝わります。本部では，売れた品物の情報をもとに，新しい商品を考えます。

63

5 デパート

ここで
学習
すること

1 デパートのよいところは，どんなところだろう。
2 デパートは，どんなくふうをしているのだろう。

1　デパートのよいところ

① **1つの建物に店がたくさん集まっている**…食料品，洋服，着物，食器，家具，時計，けしょう品，ほう石，かばん，さいふ，くつ，スポーツ用品などの店や飲食店が，1つの建物に集まっているので，一度にいろいろな買い物ができます。

② **交通の便がよいところに店がある**…電車の駅やバスのていりゅう所が近くにあるため，交通の便がよく，いろいろな地域からデパートに行くことができます。

▲各階の売り場の案内板

③ **店の人がくわしく教えてくれる**…専門店が多いため，店の人が品物のことをくわしく教えてくれます。

④ **高品質の品物がたくさんある**…近所の店やスーパーマーケットにはなく，なかなか手に入らない高品質の品物がたくさん売られているので，質にこだわった品物を買うことができます。

⑤ **専用のカードを利用した買い物でポイントがたまる**…デパート専用のカードで買い物をすれば，ポイントがたまっていきます。ポイントを使えば，わり引きされたねだんで品物を買うことができます。

▲高品質の品物が置いてある売り場

雑学ハカセ

デパートのことを百貨店ともいいます。百の品物をあつかう店という意味から，つけられた名まえです。実際には，百以上のもっとたくさんの品物をあつかっています。

② デパートのくふう

　デパートでは，お客さんを集めるために，それぞれの店の人だけではなく，デパート全体でくふうしていることがあります。

特別な会場で，きかくてんやコンサートなどを開いています。

年明けには福袋を発売するなどさまざまなきかくをしています。

季節やクリスマスなどの行事に合わせて，売り場や品物をかえています。

よく買い物をしてくれるお客さんには，カタログを送って，何度も来てもらうようにしています。

インフォメーションデスクでは，お客さんのさまざまな質問にていねいに対応しています。

朝礼やミーティングを開き，働く人どうしのチームワークを高めています。

パワーアップ　デパートは全国に約230あります。一方，大型のスーパーマーケットは約5000，コンビニエンスストアは約5万7000もあります。また，デパートでいちばんよく売れる品物は衣料品です。

6 いろいろな店

ここで
学習
すること

1 朝市・ショッピングモール・移動はん売・100円ショップ
とは，どのような店なのだろう。

1 いろいろな店

店の種類	特ちょう	よい点
朝　市	早朝から昼ぐらいまでの間，野外に店を出して，とれたての野菜や魚を売ります。	地元の人のほか，多くの観光客でにぎわいます。
ショッピングモール	洋服店・飲食店・スーパーマーケットなどの店が，1つの建物や場所に集まっているしせつです。	中は広く，店は同じような品物を売る店ごとに集まっています。ちゅう車場が広かったり，交通の便がよい場所にあったりする場合が多く，楽しみながら買い物ができます。
移動はん売	べんとうなどの品物をのせた車を止め，その場で売る店です。	店が少ない地域の中には，店の人が生活に必要な物を車にのせ，定期的に売りに来るところがあります。
100円ショップ	多くの品物のねだんが100円均一になっている店です。	さまざまな品物が売られ，生活に必要な物がほとんどそろいます。

▲朝市のようす

▲移動はん売のようす

雑学ハカセ

人が少なく，お年よりが多い町や村では，大きなスーパーマーケットなどがないため，移動
スーパーが活やくしています。移動スーパーは車に品物を積んで，決まった日に，決まった
場所で店を開きます。

3 農業で働く人々のしごと [3年]

 学ぶことがら　1 市の農家のようす　2 農家のしごと
3 農家の協力

1 市の農家のようす（奈良市の例）

ここで
学習
すること
1 農家では，どこで，どんなものをつくっているのだろう。
2 農家では，どんなくふうをしてしごとをしているのだろう。

1 農家でつくっているもの

1 市の農業

　奈良市の第一次産業❶で働く人の人口は約 2300 人で，すべての産業で働く人の 70 分の 1 ほどにしかすぎません。

> ことば　❶ 第一次産業
>
> 　農業・林業・漁業など，自然でできたものをとるしごとをいう。第二次産業は鉱工業や製造業など，ものをつくるしごと。第三次産業は，商業・サービス業などのこと。

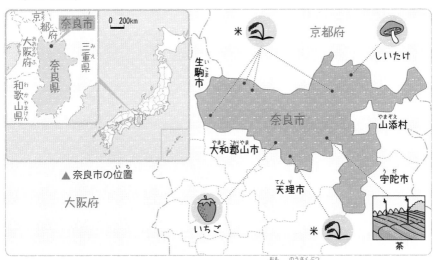

▲奈良市の農家でつくられている主な農作物

パワーアップ
日本の産業別に働いている人の数をみると，第一次産業は最も少なく，第三次産業が多いです。第三次産業の中でも特に店などで働く人が多く，また，近年はお年よりがふえていることもあり，医りょうやかいごのしごとをする人がふえています。

1

市のしごと調べ

2

店で働く人々の
しごと

3

農業で働く人々の
しごと

4

工場で働く人々の
しごと

市の東の方は，山が多く，気温も平地にくらべて2～3℃低いです。山すそを切り開いて茶畑が広がり，「大和茶」として知られる**茶づくり**がさかんです。また，市の南の方は，田や畑が広がっていて，農業のさかんなところです。米づくりのほかにも，**ビニールハウス**を利用した**いちごづくり**が行われています。

いろいろなくふうをしているぞ！

2　農家の人々のくふう

1　茶づくりのくふう

市の東部の**田原地区**，**柳生地区**，**月ヶ瀬地区**では，茶づくりがさかんです。すずしく，しばしばきりが発生するので，茶のさいばいにてきしています。農家の人々はおいしい茶をつくるために，夏には太陽の強い日ざしをさえぎるため

▲茶のつみ取り

のネットをかぶせるなどのくふうをしています。

2　いちごづくりのくふう

市の南部の**帯解地区**では，ビニールハウスを利用したいちごづくりがさかんです。農家の人々は，いちごが最も高く売れるときに取り入れができるように，**時期をずらして**つくるなどのくふうをしています。いちごは，気温が上が

▲いちごの取り入れ

るといたみやすくなるため，取り入れは，夜明け前から午前10時ごろまでに終えます。朝早く取り入れたいちごを，奈良や大阪，京都の市場へ送ります。

雑学ハカセ　いちごづくりを行うビニールハウスでは，はちのす箱が置かれている場合があります。これは，はちをハウス内に放して，受ふんを助けてもらい，たくさんの実をつけるためのくふうです。

2 農家のしごと

ここで
学習
すること

1 農家では，どんなものを，どのようにつくっているのだろう。
2 つくったものの売り出しや輸送は，どのようにしているのだろう。
3 米や野菜をつくるために，どんなくふうをしているのだろう。

1 米づくり （山形県酒田市の例）

　山形県の北西部にある**酒田市**は最上川の河口にのぞむ都市で，**庄内平野**の中心地です。庄内平野は，西は日本海に面し，まわりを山にかこまれた広い平野で，米づくりがさかんに行われています。

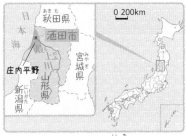

▲酒田市の位置

1 さかんなわけ

　水のゆたかな最上川などの川から，長い年月をかけて栄養分が運ばれてきたので，土地がゆたかです。

　冬は雪にとざされますが，夏は強い日ざしが照りつけ，暖流の流れる海からは，あたたかい風がふいてくるので，米づくりにふさわしい気候です。

▲庄内平野と鳥海山

庄内平野では，どんな米づくりが行われているのかな？

では，米づくりの1年を見ていきましょう！

パワーアップ

米づくりは全国で行われていますが，特に北海道と東北地方でさかんです。もともと，米はあたたかい地方の作物ですが，寒さに強い品種がつくられ，すずしい北海道や東北地方に広まっていきました。

2 米づくりの1年の流れ

田おこし	代かき	田植え

3月	4月	5月	6月
・種もみを選ぶ ・計画づくり	・たい肥をまく ・種まき　田おこし ・代かき ・なえを育てる	・田植え ・じょ草ざいをまく ・水の管理	・いねの管理 ・水の管理 ・みぞをほる

〈3月〉

　おいしい米をつくるためには，まず，よい**種もみ**を選ぶことが大事です。よい種もみとは，中身のつまった重い種もみで，芽や根が力強く出てきて，病気にもかかりにくいものです。

〈4月〉

　庄内平野では，できるだけ**化学肥料❶**にたよらないで，土に力をつけるように**たい肥❷**やわらなどを田にまいています。それから，**トラクター**で**田おこし**を行って田をたがやします。田植えの前には，田に水を入れ，土をくだいてならす**代かき**を，**トラクター**を使って行います。また，この時期，ビニールハウスの中で**なえ**を育てます。

ことば　❶ 化学肥料	❷ たい肥
ちっそ・リンさん・カリなどを主な成分として，化学的処理によりつくられた人工の肥料。使いすぎると，土が固くなったり，いねが生長しすぎたおれやすくなったりする。	牛やぶたのふんにょうを，わらやもみがらとまぜてはっこうさせた自然肥料。

いねには品種があります。「コシヒカリ」や「あきたこまち」など，全国にたくさんの品種があり，お客さんは自分の好きな味の米を買い求めています。自分の家にある米の品種について，名まえとつくられた場所をたしかめてみましょう。

第2章

市の人々のしごと

1 市のしごと調べ

2 店で働く人々のしごと

3 農業で働く人々のしごと

4 工場で働く人々のしごと

7月	8月	9月	10月
・いねの管理 ・水の管理 ・農薬をまく	・いねの管理 ・水の管理 ・肥料を加える ・農薬をまく	・いねかり ・だっこく ・かんそう ・もみすり	・たい肥づくり

〈5月〉

　育てたなえを，田植え機で植えていきます。植えたばかりのなえを寒さや風から守るために，田には水を多くしておきます。

〈6〜8月〉

　水の管理をしながら，いねの生長を調べます。日光をさえぎる雑草がおいしげったり，長雨が続いたりして日照が不足すると，いねは十分に生長できません。また，病気にも弱くなるので，草とりをしたり，肥料を加えたり，農薬をまいたりします。

〈9〜10月〉

　田から水をぬき，機械（コンバインなど）を使って，いねかりをします。また，しゅうかくしたもみをかんそうさせてもみすりをし，もみからもみがらを取りのぞきます。もみをだっこくしたげん米から精米機を使ってぬかとはいがをとり，精白米にします。

〈10月〉

　よく年のために，たい肥をつくります。

全国の農地をみてみると，全体の約2分の1がいねをつくる田です。野菜をつくる畑も多くみられますが，農地全体の約4分の1ほどです。くだものづくりもさかんですが，さいばいされている土地の広さは全体の約15分の1にすぎません。

❷ 野菜づくり（宮崎県宮崎市の例）

宮崎県の**宮崎市**は大淀川の河口にのぞむ都市で，宮崎平野の中心地です。宮崎平野は日向灘に面しており，近くに暖流❶の黒潮（日本海流）が流れ，あたたかい気候を利用して，**きゅうり**や**ピーマン**などの促成栽培❷がさかんです。

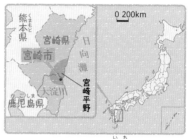

▲宮崎市の位置

１ さかんなわけ

①宮崎平野は黒潮のえいきょうで冬でも，ほかの地域にくらべて気温が高く，ビニールハウスの中を温める費用をおさえることができます。

②また，日の短くなる冬でも，晴天の日が多く，野菜が育つのにかかせない日照時間が，ほかの地域にくらべて長くなっています。

③宮崎平野でも，昔は暑い時期に，ビニールハウスを使わないきゅうりのさいばいがさかんでした。しかし，ビニールハウスを使ったきゅうりのさいばいは，外の天気のえいきょうをあまり受けないので，生産量が安定して，高いねだんで売れることから，きゅうりのハウスさいばいがさかんになりました。

> **ことば** ❶ **暖流**
>
> 　海水の温度が，まわりの海水とくらべて高い海流を暖流，低い海流を寒流という。
>
> ❷ **促成栽培**
>
> 　ビニールハウスなどで育てて，ふつうの畑で自然にできるよりも早く作物をつくるさいばい方法。ほかの地域より早く市場に出せるので，高く売れる。

> **さんこう** **黒潮**
>
> 　**日本海流**ともいい，遠い南の海から流れてきて，日本の太平洋岸に近づき，千葉県沖から日本をはなれていく。水温は，冬でも18℃ぐらいであたたかく，こいあい色をしているので，**黒潮**とよばれている。夏は南東からふく風（**季節風**）と結びついて，多くの雨をふらせる。

きゅうりやピーマンは，夏に多く出回る野菜です。しかし，冬から春に売れば，出回る数が少ないため高く売れます。そのため，宮崎平野では野菜を促成栽培（➡ 176 ページ）で育てています。促成栽培は高知県の高知平野でもさかんです。

② きゅうりのハウスさいばいのようす

どうして, 宮崎県のきゅうりはビニールハウスでつくっているの?

ビニールハウスの中は温度が高くて, きゅうりを早く育てることができるのよ。早くしゅっかすれば, ほかの地域のきゅうりよりも高く売れるから, ビニールハウスを使っているのね。

ビニールハウス 野菜づくりは, **よい土づくりから始まります。** きゅうりもよい土でつくると, 害虫や病気に強い, 質のよいきゅうりができます。

なえを育てる ほかのところで育ったなえを畑に植えます。なえが植えられる土の上には, **ビニールをかぶせて水分のじょう発をふせぎます。**

消毒 害虫や病気を予防する薬を使いますが, **強い薬は, きゅうりにも人体にもよくないので, ほとんど使いません。**

くきを上につるす くきを上のほうにつるし, **きゅうりの葉が日光に十分に当たるようにすると,** きゅうりはよく育ちます。

しゅうかく 1つぶの種が生長して1かぶになります。そこから, 6か月間で約150本のきゅうりがとれます。

箱づめ しゅうかくしたきゅうりの大きさや形を見ながら, 箱につめます。最近では, **機械で箱づめすることが多くなっています。**

パワーアップ

促成栽培とはぎゃくに, しゅっか時期をおくらせて, 高いねだんで売るさいばい方法を抑制栽培(➡ 176 ページ)といいます。群馬県嬬恋村では, すずしい気候を利用して, ふつうは冬に売られるキャベツを, 夏にしゅっかする抑制栽培を行っています。

くわしい学習

●**なぜ** ビニールハウスでのきゅうりづくりで，こまることはないのでしょうか。

●**答え** ビニールハウスの中の温度はコンピューターで自動的に調整されます。ハウス内のしつ度が急に変わらないように行うビニールの開けしめも自動化されています。水や肥料は，土の上にはりめぐらしたパイプを通してあたえます。

▲宮崎平野のビニールハウス

このように，きゅうりのハウスさいばいは，だんぼう代やしせつをつくる費用がかかるので，ふつうの畑でさいばいするよりも生産費が高くなるという欠点があります。

7月	8月	9月	10月	11月	12月	1月	2月	3月	4月	5月	6月

土づくり・なえづくり　　しゅうかく
植えつけ　　しゅうかく
なえづくり　植えつけ

▲宮崎平野のきゅうりづくり

しかし，取り入れる時期を，きゅうりが多くとれる時期からずらすことができるので，高いねだんで売ることができます。生産費が高くても，きゅうりが高く売れ，さいばいの手間をはぶくこともできるので，ビニールハウスできゅうりづくりが行われているのです。

●**なぜ** 宮崎平野で取り入れられたきゅうりは，大阪や福岡，東京などの大都市の店にとどけられます。遠くから運ばれてくるきゅうりが，新せんなままで売られているのは，なぜでしょうか。

●**答え** 宮崎市の農業協同組合(農協，ＪＡ)の選果場へ集められたきゅうりを，保冷コンテナに入れてフェリーで送ったり，保冷トラックでしゅっかしたりして，新せんさが失われないようにしているからです。

▲きゅうりの選果場

雑学ハカセ　新せんな魚をお客さんに食べてもらうために，魚を生きたままトラックで運ぶ場合があります。これを活魚輸送とよび，たいやうなぎなど，生きていたほうが高く売れる魚では，よく行われる輸送方法です。

第2章

市の人々のしごと

1 市のしごと調べ

2 店で働く人々のしごと

3 農業で働く人々のしごと

4 工場で働く人々のしごと

3 みかんづくり（愛媛県八幡浜市の例）

愛媛県の**八幡浜市**は佐田岬半島のつけねにあり、宇和海に面しています。漁業がさかんで、まわりをかこむ山地のしゃ面には、みかんの**だんだん畑**が広がっています。このあたりでみかんづくりがさかんな理由は、土地がみかんづくりに向いていることだけではなく、みかんづくりにてきした気温（年平均気温 15～17℃）にめぐまれているからです。

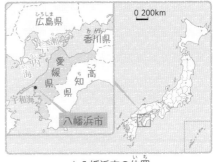

▲八幡浜市の位置

だんだん畑は、山のしゃ面に階だんのようにつくられた畑です。

1 みかんづくりのさかんなところ

①みかん畑は、山のしゃ面につくられています。これは、土地の特ちょうをうまく利用したものです。

- 山のしゃ面では、米づくりや野菜づくりがしにくい。
- みかんは、日あたりがよく、風通しのよい土地を好む。

▲みかん畑

八幡浜市は、西から照りつける太陽の光が海や石がきに反射して山のしゃ面に当たり、みかんの木が光をたくさんあびることができる。また、海からふきつけるしお風が、みかんをいっそうおいしくしてくれる。

- みかんは、水はけのよい土地を好む。けいしゃ地は、雨水が流れやすく、水はけがよいので、みかんづくりにてきしている。

②みかんは、冬も夜もわりあいあたたかいところを好むので、西日本を中心にあたたかい地方で多くつくられています。

みかんは、あたたかい地方でつくられる作物です。生産量が多い和歌山県、愛媛県、静岡県、熊本県、長崎県は、どこも日がよくあたり、あたたかい県です。

2 市でつくられているみかんの種類

みかんの種類	特ちょう
温州みかん	・いっぱんにみかんとしてよく親しまれています。 ・愛媛県全体の生産量は，和歌山県についで全国第2位（2017年）で，「みかん王国」の地位を守っています。 ・農業協同組合（農協，ＪＡ）では，光センサー式の選果機を入れ，みかんを品質や大きさによって分けて全国各地へしゅっかしています。
いよかん	・みかんとオレンジをかけあわせた品種で，夏みかんよりも低い温度でもさいばいできます。 ・八幡浜市は，1年間を通してあたたかく，栄養分を多くふくんだ土などにめぐまれているため，いよかんの生産がさかんです。 ・愛媛県のほとんどの地域でさいばいされており，愛媛県のいよかんの生産量は全国の生産量の5分の4以上をしめています。
あま夏	・夏みかんが，とつぜんへんいをおこして生まれた品種です。 ・その後，あま夏のえだがわり（とつぜんへんい）として新あま夏が発見されました。 ・新あま夏は，皮があま夏よりもつるつるしていて，あまみが強いので，人気があります。サンフルーツという名でもよばれています。

和歌山県	144200 t
愛媛県	120300 t
熊本県	85700 t
静岡県	81700 t
長崎県	52800 t

（2017年）（2019/20年版「日本国勢図会」）
▲みかんの生産量が多い県

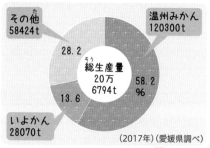

その他 58424t
28.2

温州みかん 120300t

総生産量 20万6794t

58.2 ％

13.6

いよかん 28070t

（2017年）（愛媛県調べ）
▲愛媛県におけるみかんの種類別生産量

雑学ハカセ

「いよかん」という名まえは，愛媛県の昔の国名である「伊予国」からつけられました。いよかんは，愛媛県が原産のように思われがちですが，明治時代にその原木が最初に発見されたのは，愛媛県ではなく，今の山口県萩市だそうです。

4 かちくをかう （岩手県岩手郡雫石町の例）

岩手県岩手郡**雫石町**は，盛岡市の西にある農牧業のさかんな町です。町の東部に，日本最大の民間総合農場である**小岩井農場**があり，岩手山の南の山ろくを利用して，乳牛や肉牛，にわとりなどを育てています。

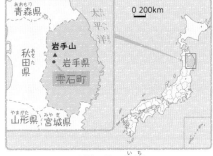

▲雫石町の位置

1 乳牛をかう

①岩手山のなだらかな山ろくを利用して，多くの乳牛を育てています。広大で自然ゆたかな農場の中で，牧草や飼料用のとうもろこしなどを十分にあたえながら，乳牛の自由をさまたげない育てかたをしています。乳牛にとって心地よ

▲乳牛を育てるようす

いかいかたで育てると，風味ゆたかなおいしい牛乳をつくることができます。

②風味のある質のよい牛乳から，バター・チーズなどの乳製品を生産し，日本全国にしゅっかしています。

2 肉牛をかう

肉牛は牛肉を生産するために育てられる牛で，小岩井農場でも多くかわれています。牧草を十分にあたえられ，広い農場でのびのびと育てられています。

3 にわとりをかう

岩手山の山ろくに広がる農場で，にわとりは自然のめぐみを受けて，健康に育っています。自由に運動や日光浴ができるテラスつきの小屋で，おすとめすがいっしょにのびのびと生活しています。

パワーアップ 全国で乳牛は約130万頭，肉牛は約250万頭かわれています。また，わたしたちがよく食べるぶたは，約930万頭かわれています。日本のかちくをみると，ぶたがとても多いことがわかります。

3 農家の協力

ここで
学習
すること

1 農業協同組合❶(農協，ＪＡ)は，どんなしごとをしているのだろう。
2 農家は，しごとをするのにどのような協力をしているのだろう。

1 農業協同組合 (群馬県利根郡昭和村の例)

昭和村は群馬県の赤城山のふもとにある，自然ゆたかな村です。

1 農協のいろいろなしごと

①**農・ちく産物をまとめて市場へ送る**…農家からあずかった農・ちく産物を，まとめて市場へ送り，**せり**などで売りさばいてから精算するしごとをしています。

②**農家の人たちに農業の指導をする**…農家の人たちが効率よく生産できるように，生産の計画から結果の集計分せきまでをえん助しています。

▲昭和村の位置

> **ことば** ❶ **農業協同組合**
>
> 農業に取り組んでいる人たちと地域の人たちが「組合員」となってつくった組織。りゃくして「**農協**」といわれ，農家のくらしやしごとに関係したしごとをしている。ＪＡともよばれる。

③**お金をあずかったり，かしたりする**…農家が売った作物の売上金をあずかったり，機械を買うお金をかしたりします。銀行と同じようなしごとです。

④**農家の人たちに保険をすすめる**…農協の組合員や地域の人たちが力を合わせて助け合うということから，共さいとよばれる保険のしごともしています。病気や火事のとき，お金にこまらないように，組合員みんながお金を出し合うしくみです。

雑学ハカセ

最近では，農協を通さないで，直せつスーパーマーケットや飲食店に作物をとどける農家がふえています。また，大手の飲食店は，自分の会社で農園をつくり，作物をさいばいする例もあります。

⑤農家に必要なものを売る…農家のしごとに必要な農業機械や農具，肥料や飼料，農薬，種などのほか，くらしに必要な食料品や日用品，灯油などをまとめて買い，ふつうの店よりも安く農家に売っています。

⑥そのほかのしごと

> **さんこう** いちご・メロン・すいかは 野菜か，くだものか？
>
> １年で育つ草になる実は野菜，何年かかけて木になる実はくだものとなる。そのため，一年生の草になるいちご・メロン・すいかは野菜となる。ただし，くだもの屋で買うこともできるので，買う人にとってはくだものともいえる。

- 組合員や地域の人たちのために，旅行の計画を立てたり，楽しい旅の手伝いをしたりする。
- 全国から昭和村へたくさんの人たちが観光に来てくれるように，さまざまなもよおしをきかくする。
- 地元でとれる農産物やそれらを加工したものを，地域の人たちや観光客にはん売する。
- 組合員や地域の人たちが共同で利用するしせつをもち，そう式などを行う手伝いをする。
- 組合員や地域の人たちの土地や建物などを，むだのないように活用する。

▲さいばいの指導をする

▲農業機械などを共同で買う

農業って，地域によってつくる作物がちがっていたけれど，どれもおいしい作物をつくるためのくふうがあったね。

そうね，それぞれの土地では，自然にてきした作物がつくられているね。そして，農協が農家の生産を助けるしくみもあったね。

パワーアップ

全国には農協が600以上あります。また，農業のしごとを専門に行う専門農協となると，約1500もの組織があります。それぞれ，地域のくらしのために，しごとをしています。

しりょうの広場

▶農業協同組合（農協，ＪＡ）の主なしせつ　（山形県酒田市の例）

　農協にはいろいろなしせつがあります。それぞれのしせつがどのような
はたらきをしているか調べてみましょう。

事務所　地域の農協のしごとを取りまとめ
ています。

カントリーエレベーター　持ちこまれた米
や麦のかんそうやもみすりなどを行い，検
査してしゅっかする共同のしせつです。

給油所　地域の人も利用できます。

精米センター　米を精米し，品質管理を行
うしせつです。

農業機械センター　農業機械のはん売やか
し出しなどを行います。

配送センター　作物を全国に送るためのし
せつです。

雑学ハカセ

農業機械はとても高価です。例えば，田植え機は1台の価格が250万円〜500万円します。
そのため，農協では農業機械や機械を買うお金をかし出して，農家を助けています。

第2章

市の人々のしごと

1 市のしごと調べ

2 店で働く人々のしごと

3 農業で働く人々のしごと

4 工場で働く人々のしごと

4 工場で働く人々のしごと　3年

 学ぶことがら

1 市の工場のようす
2 工場のしごと

1 市の工場のようす（大阪市の例）

ここで学習すること

1 工場では，どんなものをつくっているのだろう。
2 工場の中は，どんなようすだろう。
3 工場で働く人々は，どんなしごとをしているのだろう。

1 工場でつくっているもの

大阪市にはたくさんの工場があり，多くの人々が働いている大工場や，働いている人数が少ない中小工場があります。また，しごとのほとんどを機械だけでしてしまう工場もあり，そこでは，人間は機械の点検だけをしています。工場では，わたしたちの生活で使われるものがつくられています。

▲工場の建物

🏭 しりょうの広場

▶工場でつくられる主なもの

テレビ

自動車

電線

なべ

薬品

せっけん

おり物

服

かまぼこ

パン

ガラス

紙

パワーアップ

工業には，いろいろな種類があります。金属工業や機械工業などの重いものを生産する工業を重工業，軽いものをつくる工業を軽工業とよびます。また，石油などを使う工業を化学工業とよび，重工業と化学工業をあわせて重化学工業といいます。

2 工場の中のようす

市には，いろいろな工場があります。つくっている製品によって，工場の中のようすは大きくちがってきます。使っている機械の数や大きさ，働いている人の人数によってもちがってきます。いろいろな工場の中のようすを見てみましょう。

▲製鉄工場

▲パン工場

▲鋼管工場

▲製紙工場

▲自動車整備工場

▲印刷工場

雑学ハカセ

東京都や大阪府には，中小工場が多く集まった地域があります。これらの工場の中には，大工場には負けない高い技術を持つ工場も少なくなく，宇宙ロケットの部品などをつくる工場などもあります。

③ 工場で働く人々のいろいろなしごと

　工場の中では，いろいろな人々が働いています。ものをつくる人だけでなく，工場で働く人たちの食事をつくる人など，みんなで協力して，しごとをしています。

▲受付のしごと

▲計画やきかくを立てるしごと

▲品物をつくるしごと

▲倉庫のしごと

▲事務のしごと

▲食事をつくるしごと

パワーアップ

　工場を働いている人の数で分ける場合があります。299人以下の工場は中小工場，300人以上の工場は大工場とよびます。日本全体では，多くの工場が中小工場で，大工場は100の工場のうち1つてい度しかありません。

2 工場のしごと

ここで
学習
すること

1 工場では，製品をどのようにつくっているのだろう。

2 工場で働いている人は，どんなしごとをしているのだろう。

3 工場では，どんなくふうをしてしごとをしているのだろう。

1 学生服工場 （岡山県玉野市の例）

玉野市は，岡山県の南部にある，瀬戸内海に面した都市です。学生服のほかに，船の製造もさかんです。

1 学生服ができるまで

①デザイン（形や色など）やつくる数を決める

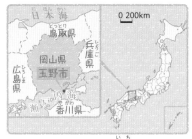

▲玉野市の位置

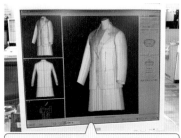

❶コンピューターでデザイン（形・色など）を決めます。

❷コンピューターで，学生服に使う生地の性質を調べます。

❸設計図となる仕様書を，デザインごとにつくります。

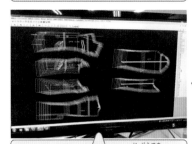

❹いろいろなサイズは，自動的にコンピューターで作成されます。

雑学ハカセ

工場で使われる機械の中にはロボットとよばれるものがあります。自動車工場では，車体を組み立てたり，色をぬったりするロボットがあります。ロボットは，きけんな作業でも正確に行うことができます。

第2章

市の人々のしごと

1 市のしごと調べ

2 店で働く人々のしごと

3 農業で働く人々のしごと

4 工場で働く人々のしごと

❺大きさ別にどれだけつくるのかを
　コンピューターで決めます。

❻いろいろな生地やボタンなどの材
　料は，倉庫にきちんと保管します。

コンピューターにはたくさんの情報が
入っています。

②生地を切ったり，ぬったりする

❶機械で熱とじょう気を加えて，生
　地を安定させます。

❷生地を切る前に，コンピューター
　で生地にむだが出ないように，切
　る形をうまく組み合わせます。

❸のびちぢみや，ねじれがないよう
　に生地を広げます。

❹上の❷でつくったデータどおりに
　生地を切っていきます。また，切
　りくずはすてずに利用します。

パワーアップ

鉄をつくる製鉄工場や石油からいろいろなものをつくる化学工場は，海ぞいに多く集まって
います。これは，原料の鉄鉱石や原油などが船で運ばれてくるためです。

❺いろいろなミシンを使って，大きな部分の生地をぬい合わせます。

❻細かい部分や大切なところは，本ぬいミシンでていねいにぬい合わせます。

いろいろな機械が使われているね。

③検査・仕上げ

❶バーコードを使って，それぞれの学生服ができるまでの進みぐあいを管理します。

❷学生服が正しくぬえているかを調べます。

❸完成した学生服の形をプレスやアイロンを使って整えます。

❹学生服にボタンやカラーなどを取りつけ，一着ずつていねいにたたんで箱に入れます。

雑学ハカセ

多くの工場では，機械で検査を行っています。しかし，最終的には人が検査を行う製品もたくさんあります。特に食品工場では，人が実際に食べたり飲んだりして，味や食感などの検査を行っています。

第2章

市の人々のしごと

1 市のしごと調べ

2 店で働く人々のしごと

3 農業で働く人々のしごと

4 工場で働く人々のしごと

④配送

❶機械が自動的に荷づくりし，全国の送り先別に集められます。

❷工場から全国各地へトラックで運ばれます。

2 しごとのくふう

品質のよい品物を，決められた期日までに，おさめるために，工場ではどんなことをしているのかな？

工場では，働く時間や品物の数の管理，材料の仕入れなど，さまざまなくふうをしているの。さっそく，調べてみましょう！

①**働く時間**…学生服をつくる人は，午前8時25分から午後4時55分まで働いています。12時10分から1時まではお昼休みの時間で，食事をした後に，しごとの仲間と話し合ったり，軽い運動をしたりして楽しくすごしています。

4月の入学式までに学生服を間に合わせなければならないので，2月から4月のはじめまでのしごとはたいへんいそがしくなります。お客さんから注文のあった点数を，決められた日までにつくらなければならないので，おそくまで働いています。

働く時間

午前8：25 → 午後4：55

お昼休みの時間

午後12：10 → 午後1：00

▲工場のきんむ時間

パワーアップ

工場によっては，機械を24時間動かさないといけない場合があります。そのような工場では，働く人は交代で作業に入ります。3交代の場合は，働く人を早朝スタート，夕方スタート，そして，深夜スタートの3つのグループに分けて，機械を動かし続けます。

②**つくる学生服の数**…1年間にどれくらいの学生服をつくるのかは，前の年に売れた学生服の数をもとに，今年の売れる数を予想したうえで決めています。学校からの注文分は前の年の数をもとにつくり，追加の注文分も大急ぎでつくって，お客さんにとどけます。そして，生徒たちが学生服を着て，入学式にのぞむことができるようにしています。

③**本社と工場とのれんらく**…本社と生産工場との間は，コンピューターで結ばれていて，学生服の生地をどれくらい注文するのか，学生服をどれくらいつくるのか，いつまでにおさめるのか，などのれんらくを取り合っていて，まちがいやむだがでないように，くふうしています。

▲コンピューターでつながる本社と工場

④**はやく，確実にとどける**…注文を受けた学生服を早く，確実にお客さんにとどけるために，さまざまなくふうや努力をしています。

　しごとの流れをいくつかの部門に分けて，それぞれの部門がそれぞれのしごとをきちんとこなしていくことで，学生服をはやく，確実に注文した人にとどけられます。

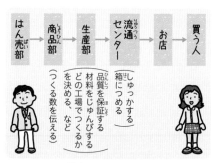

▲注文からのう品まで

1つの学生服ができるまでに，たくさんの人がかかわっているんだね。

雑学ハカセ　工場でつくる製品の数は，しっかりと決められています。もしも，足りなくなってしまったら，お客さんにめいわくがかかります。また，つくりすぎれば，あまりをすてなくてはなりません。それぞれの工場では，きちんと生産計画を立てて，ものづくりを行っています。

3 工場の新しい取り組み

最近，いろいろな工場では，産業はいき物などを再利用して，かんきょうをよごさないようにしているの。そして，この学生服工場でもさまざまな取り組みが行われているわ。

どんな取り組みなのかな？調べてみたい！

①**ペットボトルの再利用**…回しゅうした**ペットボトル❶**をとかしてせんいをつくり，学生服やセーラー服，シャツ，体そう服などをつくっています。ペットボトルは，せんいにしやすい素材でできているため，学生服をつくるのにも向いています。また，ペットボトルのせんいを使うと，じょうぶな学生服をつくることができます。

②**はぎれの再利用**…学生服などをつくるときにできたはぎれは，マイバックやティッシュケース，ペンケースをつくって再利用しています。

③**かんきょうにやさしい素材の利用**…学生服をつつむふくろや紙などには，かんきょうにやさしい「**ケナフ❷**」などの素材や大豆からつくられたインクなどを使っています。ほかにも，再利用ができるシールをくり返し使ったり，ごみをへらすくふうをしたりしています。

> ことば ❶ **ペットボトル**
>
> ポリエチレンテレフタレートという材料でつくられたとう明の容器。飲料用やしょうゆなどの調味料に使われている。
>
> ❷ **ケナフ**
>
> 木にかわる紙の原料として期待されているアオイ科の植物。生長が早く，高さが3mにもなる。東南アジアや中国，アフリカ，アメリカ南部などでさいばいされている。二酸化炭素を多くきゅうしゅうするので，かんきょうを守ることにも役立っている。

ペットボトルから学生服ができるなんてすごい！

あたしたちも，ペットボトルは再利用できるように分別して出そうね！

パワーアップ

工場でのリサイクルへの取り組みは，とても大切です。例えば，使われなくなった自動車は，ほぼすべての部品が再利用され，新しい自動車部品に生まれ変わります。

④**ケナフの利用**…学生服を入れる箱の材料には，ケナフや，さとうきびをしぼった後に残るバガスという物質からつくられた紙を使っています。ふつうの箱は，木からつくられた紙を使っていますが，ケナフやバガスからつくられた紙を利用することで，木を切らないですみます。

⑤**紙の再利用**…本社や工場で使われた書類や伝票などの紙をすてずに集め，製紙工場でトイレットペーパーにリサイクルしています。

▲紙の原料のケナフ

📖 リサイクル 220 ページ

🔍 くわしい学習

💬なぜ 工場で働く人が，毎日いそがしくても元気に働けるのは，なぜでしょうか。

⚙答え 工場が，働く人が元気を回復したり，やる気を高めたりできるくふうをしているからです。

①旅行やスポーツ大会などのもよおしを行い，働いている人どうしが楽しんだり，仲よくなったりできるようにしています。また，働く人が定期的に運動できるよう，運動のための部屋やグラウンドなどを用意している工場もあります。

②医師が，働く人の心と体の健康チェックを行います。

③働く人から職場をよりよくするための意見を集め，よい意見を出した人を表しょうします。

学生服の工場には，いろいろなくふうがあったよ。ほかの工場も調べてみたい！

工場の種類によって，くふうの内容 もちがうんじゃないかな？

パワーアップ 工場などを持つ会社には，産業医とよばれる医師がいます。国は，労働者が50人以上の会社には産業医を置くことを定めていて，産業医は働く人の健康のためのしごとをしています。

2 かまぼこ工場 （神奈川県小田原市の例）

　小田原市（📖地図 95 ページ）は，神奈川県の西部にある都市です。面積は県内の市としては，**横浜市，相模原市，川崎市**についで 4 番目に広いです。市の南部は相模湾に面し，沖合の相模灘には**黒潮**（日本海流）が流れています。特産品としては，**かまぼこ**が有名です。

1 かまぼこの原料

　かまぼこの原料は，魚です。昔は，日本の海でとれた魚を使っていましたが，近ごろは，外国の海でとれた魚や外国でつくられた**すり身**も，原料として使われるようになりました。

▲外国から送られてくるすり身

すり身というのは，魚の肉をすりつぶしたものです。とった魚を船の上ですり身にし，冷とうして運べるので，外国からもたくさんの**冷とうすり身**が送られてくるようになりました。

　魚の種類や新しさによって，かまぼこの味はずいぶんちがってきます。そのために，かまぼこ工場では，少しでもよい魚やすり身を手に入れるために努力しています。

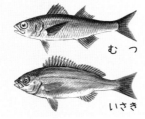
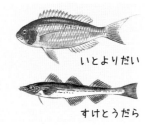

ぐち　　むつ　　いとよりだい

ぎす　　いさき　　すけとうだら

▲かまぼこの原料になる魚

> 👉 **ポイント**　かまぼこ工場では，原料のよいすり身を集めるために努力している。

雑学ハカセ　工場や会社には，いろいろな人が働いています。会社によって役職の名まえはさまざまですが，ふつうは，係を受け持つ係長，いくつかの係を受け持つ課長，いくつかの課を受け持つ部長という名まえが使われています。

② かまぼこができるまで

①冷とうのすり身のかたまりを機械でくだきます。

②味をつけながら，機械ですり身をねります。

③かまぼこの形をつくり，木の板にのせます。

④かまぼこをむしてから，冷まして熱をとります。

⑤かまぼこを機械で包そうします。

⑥できたかまぼこを箱に入れます。

　昔は，人の手でつくっていましたが，今は，ほとんど機械でつくっています。また，工場では，おいしいかまぼこをつくるために，いろいろなくふうをしています。

雑学ハカセ

かまぼこ工場に運ばれるすり身のふくろの色は，魚の種類によってちがいます。まちがって，ちがう魚のすり身をまぜることをふせぐための，工場のくふうの1つです。

③ かまぼこづくりのくふう

　かまぼこ工場では，おいしいかまぼこをつくるために，よい原料のすり身と味のつけかたにいろいろなくふうをしています。また，食べ物をつくる工場なので，衛生面には十分気をつけています。

白い服と白いぼうしに着がえます。

体についているかみの毛を取ります。

石けんで，手をよくあらいます。

機械を使い，温風で手をかわかします。

長ぐつにはきかえ，長ぐつを消毒します。

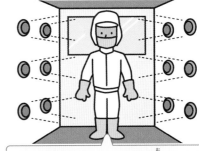
風でほこりやかみの毛をはらい落とします。

ポイント：食べ物をつくる工場では，衛生面には特に気をつけている。

雑学ハカセ
食品工場では，白い制服が多いです。これは，かみの毛やほこりなどが服についても，目立つためです。白い制服も，衛生に気を配る食品工場のくふうの１つです。

第2章
市の人々のしごと

1
市のしごと調べ

2
店で働く人々のしごと

3
農業で働く人々のしごと

4
工場で働く人々のしごと

4 公害①をふせぐくふう

かまぼこ工場では，**公害**をおこさないようにするために，よごれた水をそのまま川や海へ流さないように，いろいろなくふうをしています。

①かまぼこをつくるときに出るよごれた水を，きれいにするしせつをつくっています。

②仕入れたすり身を使うようになって，魚のほねなどをすてなくなり，ごみやよごれた水の量がへりました。

> **ことば**　❶ 公害
>
> 工場の多いところや交通量の多い道路などがあるために，空気や水がよごれたり，うるさい音やしん動，悪いにおいなどのために，人々のくらしや健康に悪いえいきょうをあたえることをいう。
>
> ❷ たく配便
>
> 小口（数や量が少ない）の荷物を，相手の家までとどけるトラック輸送のこと。コンビニエンスストアなどの取りあつかい店が多く，利用しやすいところが好まれている。

5 製品を売るくふう

①かまぼこ工場では，できた製品の色や形が正しくできているか，検査を行い，お客さんに安心して食べてもらえるかまぼこをつくっています。

②デパートやスーパーマーケット，市場，直営の店などにかまぼこを送り，たくさんの人に買ってもらえるようにしています。

▲かまぼこの売り先

③電話やファックス，**インターネットのホームページ**でも注文を受け，工場から直せつ，注文した人にかまぼこを**たく配便**❷で送るようにしています。

④かまぼこの組合をつくり，みんなでおいしいかまぼこをつくるための研究をしています。

公害病ということばがあります。工場や人の生活から出た人の体に害のある物質が，人の体に入ることでかかる病気です。1970年代までは各地で公害病が広まりましたが，今では工場の努力などによって，とてもへってきています。

第2章

市の人々のしごと

1 市のしごと調べ

2 店で働く人々のしごと

3 農業で働く人々のしごと

4 工場で働く人々のしごと

3 パン工場 （神奈川県横浜市の例）

横浜市には最新の設備をそなえた大きなパン工場があります。

1 食パンができるまで

焼きたてのパンを売るパンの店では人の手でパンをつくっていますが，パン工場では機械でつくっているので，同じパンをはやくたくさんつくることができます。

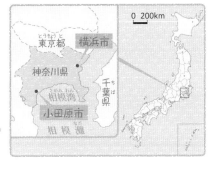
0 200km
東京都　横浜市
神奈川県
相模湾　千葉県
小田原市
相模灘

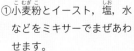
①小麦粉とイースト，塩，水などをミキサーでまぜあわせます。

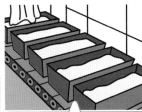
②なかだねをはっこうさせ，さとう・ミルクなどを加えてパンの生地をつくります。

③パンの生地を同じ重さに切り分け，形を整えます。

④オーブンで焼いた後，パンをケースから自動的に取り出します。

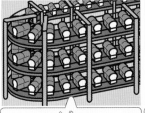
⑤すずしい部屋で，焼き上がったパンを90分ほど冷まします。

⑥同じ大きさにパンを切ってから，ラップで包み，しゅっかします。

2 働く人

①このパン工場では，1000人以上もの人たちが働いています。

②パン工場で働く人は，かみの毛が落ちないようにぼうしをつけ，清けつな白い服を着て，工場に入ります。食品をあつかっているので，衛生面には特に気をつけています。

雑学ハカセ

大泉町（群馬県）には，町内の大きな工場で働く外国人がたくさん住んでいます。町民の5人に1人が外国人で，特にブラジルからうつり住んできた人が大半をしめています。そのため，町には，ブラジルの言語でかかれたかん板などがたくさんあります。

🚩10のミッション！❷

わたしたちの住む市には，いろいろな店があります。それらの店から買ってきた品物が，どこでつくられたのかを調べて，まとめてみましょう。

👍 ミッション

品物のふるさとを調べよ！

📖 調べかた（例）

▶ ステップ1 　調べる品物を決めよう！

食品や衣類，食器，機械類など，店で買ってきた物から選ぼう。いくつか調べるようにしよう。

▶ ステップ2 　実際に調査しよう！

品物が決まれば，つくられた場所を調べよう。食品は，スーパーマーケットで調べてもいいよ。「MADE IN」のあとに国名が書かれているよ。
〈食品〉…箱やふくろを見よう。　〈衣類〉…タグを見よう。　〈機械類〉…うらなどを見よう。

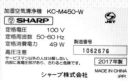

▶ ステップ3 　まとめよう！

調べた品物について，つくられた都道府県，国や地域を，品物の名まえとともにノートに書こう。表にまとめてもいいね。

▶ ステップ4 　わかったことや感想を書こう！

調べた結果について，何がわかったのか，また，どのような感想を持ったのかを書こう。

▶ ステップ5 　発表しよう！

家族や友だちに教えてあげよう。まとめた紙を，自分の部屋にはってもいいね。

📖解答例 370〜371ページ

第3章

安全を守るくらし

ここから
スタート！

消防や警察のしごと
を調べよう！

1 火事をふせぐ

3年

✏ 学ぶことがら
1 火事のひ害と原因　2 消防署のしくみとはたらき
3 火事をふせぐくふう

1 火事のひ害と原因 （仙台市の例）

ここで
学習
すること

1 火事は，どれぐらいおきているのか調べてみよう。
2 火事の原因は，何が多いのだろう。

1 火事のひ害

仙台市（宮城県）では，2017（平成29）年の1年間に280件の火事がおこり，約2億円の損害を出しています。

火事の件数	280件
損害がく	約2億円
なくなった人	10人
けがをした人	38人
もえた広さ	2105 m^2

（2017年）　　（仙台市消防局調べ）
▲火事のひ害のようす

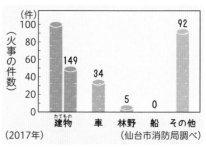

（件）
（火事の件数）

149　34　5　0　92

建物　車　林野　船　その他
（2017年）　　（仙台市消防局調べ）
▲火事でもえたもの

2 火事の原因

火事の原因でいちばん多いのは「放火」です。また，「電気関係」「こんろ」「たばこ」などの，不注意による火事も多いです。

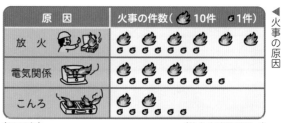

▶火事の原因

原 因	火事の件数（🔥10件 🔥1件）
放 火	
電気関係	
こんろ	

（2017年）　　　　　　　　　　（仙台市消防局調べ）

雑学ハカセ

全国各地で火事は毎日おこっています。全国でみると1日に約100件の火事がおこっていて，毎日約4人の人がなくなっていることになります。また，損害がくは1日あたり約2億円となります。

しりょうの広場

全国の火事について，ひ害と原因を，資料を見て，たしかめよう。

①火事の件数と損害がくのうつり変わり（全国）

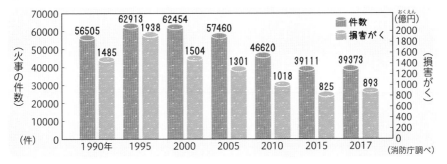

（消防庁調べ）

②火事による死者とけが人（全国）

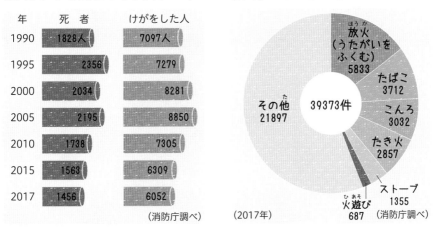

年	死　者	けがをした人
1990	1828人	7097人
1995	2356	7279
2000	2034	8281
2005	2195	8850
2010	1738	7305
2015	1563	6309
2017	1456	6052

（消防庁調べ）

③火事の原因（全国）

39373件

放火（うたがいをふくむ）5833
たばこ 3712
こんろ 3032
たき火 2857
ストーブ 1355
火遊び 687
その他 21897

（2017年）（消防庁調べ）

④火事の件数の多い都道府県と少ない都道府県

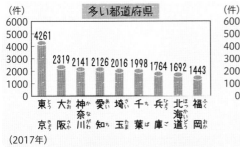

多い都道府県

東京	大阪	神奈川	愛知	埼玉	千葉	兵庫	北海道	福岡
4261	2319	2141	2126	2016	1998	1764	1692	1443

（2017年）

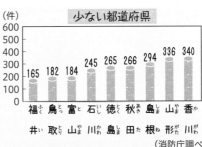

少ない都道府県

福井	鳥取	富山	石川	徳島	秋田	島根	山形	香川
165	182	184	245	265	266	294	336	340

（消防庁調べ）

パワーアップ

東京都や大阪府，神奈川県，愛知県に火事が多いのは，人口が多く，住居や商店などの建物が多いことに関係しています。そのため，これらの都府県では消防署の数も多いです。

2 消防署のしくみとはたらき（仙台市の例）

ここで
学習
すること

1 消防署の人は，どんなしごとをしているのだろう。
2 火事のとき，だれが，どんな活動をしているのだろう。

1 消防署のしごと

消防署のしごとは，①火事を消す，②火事をふせぐ，③人の命を助ける，の3つに分けることができます。

1 火事を消すしごと

消防指令センター（通信指令室）は，火事がおきて119番通ほうが来ると，関係するところに指示を出します。

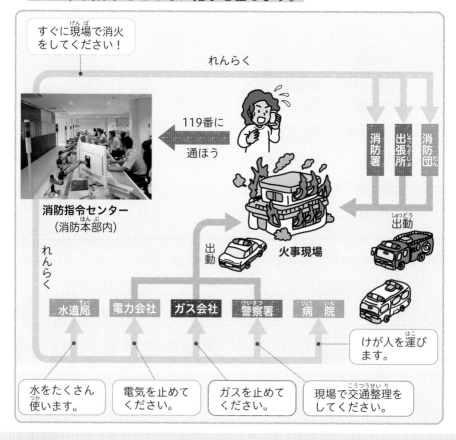

すぐに現場で消火
をしてください！

れんらく

119番に
通ほう

消防署　出張所　消防団

消防指令センター
（消防本部内）

れんらく

出動　火事現場

出動

水道局　電力会社　ガス会社　警察署　病院

けが人を運び
ます。

水をたくさん
使います。

電気を止めて
ください。

ガスを止めて
ください。

現場で交通整理を
してください。

雑学ハカセ

消火にはたくさんの水を使うため，水道局にれんらくがいきます。また，電気やガスは火事を広げる原因となるため，電力会社とガス会社にれんらくして止めてもらいます。

①消防署が置かれているところ

記号	名まえ・意味	数
⊗	消防局	1
⊗	消防署	6
Ｙ	出張所など	20
救	救急ステーション	1

（2019年6月げんざい）

大きな火事がおきると、その区の消防署だけでなく、まわりの区や市町村などからもおうえんにかけつけます。

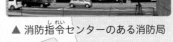

▲ 消防指令センターのある消防局

〈消防署や出張所の配置のくふう〉

- 消防署は区に１つ以上置かれている。
- 出張所はそれぞれの区にまんべんなく置かれている。
- →消防自動車がはやく現場に行くことができて、すばやく消火活動を行うことができる。

パワーアップ

地図にはいろいろな使い道があります。消防署の場所を地図にかきこむと、配置のくふうがわかってきます。同じように、公園や図書館など、いろいろな公共しせつを白地図にかきこんでみると、配置のくふうが読み取れます。

②火事現場で活やくする消防自動車など

消防指令センター（通信指令室）は，火事がおこると，火事のようすにてきした消防自動車を決めて出動させます。

指揮車 火事現場で，指揮をする人が乗ります。

水そうつきポンプ車 水を積んで，火事現場に最も近づき，消火にあたります。

はしご車 高いところから放水したり，人を助けたりします。

救助工作車 火事や交通事故などのときに，人を助けるための道具を積んだ車です。

化学車 水では消えない油が原因でおきた火事のとき，あわを使って消火します。

消防ヘリコプター 海や池から水をくみ上げて消火したり，人を助けたりします。

雑学ハカセ 消防関連の自動車が赤いのは，当時の運輸省（げんざいの国土交通省）という，国の役所が定めた省令によって決められているからです。また，救急車を白くすることも，この省令で定められています。

③火事にそなえて

　　消防署の人たちは，火事にそなえて，日ごろから火事についての勉強や訓練をして，心と体をきたえています。また，いつ火事がおきてもすぐに出動できるように，24時間交代で消防署につとめています。

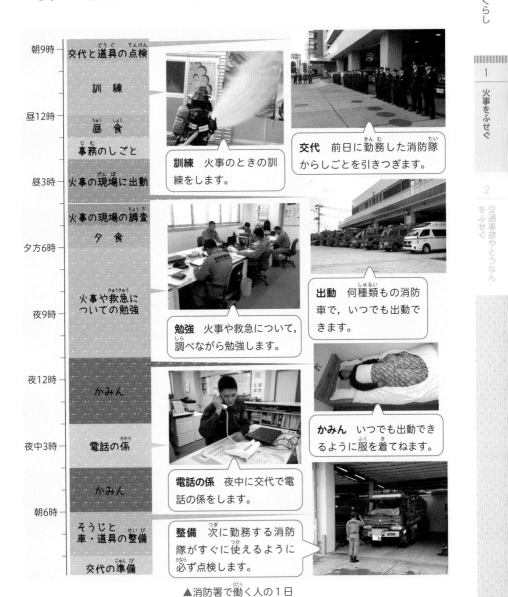

朝9時	交代と道具の点検
	訓練
昼12時	昼食
	事務のしごと
昼3時	火事の現場に出動
	火事の現場の調査
夕方6時	夕食
	火事や救急についての勉強
夜9時	
夜12時	かみん
夜中3時	電話の係
	かみん
朝6時	そうじと車・道具の整備
	交代の準備

訓練　火事のときの訓練をします。

交代　前日に勤務した消防隊からしごとを引きつぎます。

出動　何種類もの消防車で，いつでも出動できます。

勉強　火事や救急について，調べながら勉強します。

かみん　いつでも出動できるように服を着てねます。

電話の係　夜中に交代で電話の係をします。

整備　次に勤務する消防隊がすぐに使えるように必ず点検します。

▲消防署で働く人の1日

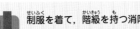

パワーアップ　制服を着て，階級を持つ消防職員を消防吏員といいます。日本で初めて女性消防吏員がたん生したのは約50年前です。その後，女性消防吏員の数もふえていきました。げんざい，消防吏員は全国に約16万人いて，そのうち約4000人が女性です。

④火事現場のようす

火事現場では，はやく火を消すためにいろいろな人が協力しているぞ。どんな人が，どんなしごとをしているのか，上の絵でたしかめるんだ。

雑学ハカセ 火事は陸地だけではなく，海の上でもおこることがあります。船や海に面した建物などの火事では水上からの消火活動が大事になるため，東京では1936（昭和11）年に消火活動ができる船がじゅんびされ，その後，東京水上消防署（げんざいの臨港消防署）へと発展しました。

〈消火活動をしている人たち〉

消防署の人たち，消防団の人たち，警察官，ガス会社の人たち，電力会社の人たちは，はやく火を消すために協力し合います。

雑学ハカセ　学校のプールの水が冬でもいっぱいなのは，もしも火事がおきたときに防火水そうの役わりをするためです。地域を火事から守るために，学校も協力しています。

2 火事をふせぐしごと

消防署で働く人たちは，火を消すだけでなく，火事がおきないようにいろいろなしごとをしています。

大きな建物などを建てる前に必要な消防の設備などについてしんさします。

ビルに消防の設備が整っているかどうかを検査します。

消防の設備が，いつでも使えるようになっているかどうかを検査します。

火をよく使うところは，近くにもえやすい物がないかどうかを検査します。

ガソリンや灯油が，安全に取りあつかわれているかどうかを検査します。

火事の原因を調べて，火事の予防に役立てます。

雑学ハカセ

9月1日は「防災の日」で，多くの学校で防災訓練が行われています。1923（大正12）年9月1日は関東大震災がおきた日であることや，台風シーズンであることなどから，「防災の日」として定められました。

3 人の命を助けるしごと

　急な病気やけがのときにも 119 番に電話をします。消防署は消防指令センター(通信指令室)かられんらくを受けると，すぐに救急車を出動させます。

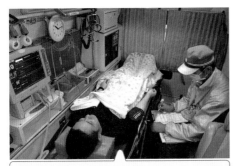

救急車の中のようす　救急車には 3 人の救急隊員が乗り，病院に運ぶとちゅうにも，応急処置をします。

救急車にそなえられている道具　応急処置をすることができる多くの道具があります。

合計49816回(2017年)

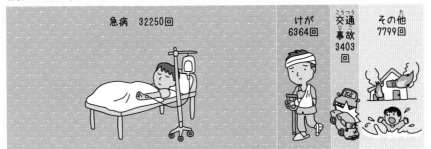

急病　32250回

けが 6364回

交通事故 3403回

その他 7799回

(仙台市消防局調べ)

▲仙台市での救急車出動回数

　仙台市では，2017(平成 29)年の 1 年間に，救急車が 4 万 9816 回出動しました。運ばれた人の数は 4 万 4123 人にもなります。これは，救急車が 1 日あたりおよそ 136 回，11 分間に 1 回出動していることになります。

パワーアップ　救急車には救急救命士とよばれる人が乗っています。医師以外で病人やけが人を処置できる資格を持っていて，1分1秒を争うときに救急車の中で応急処置をします。

3 火事をふせぐくふう

ここで
学習
すること

1 消火せんや防火水そうは町のどこにあるのだろう。
2 たくさんの人が集まる大きなビルや建物には，どのような
消防の設備があるのだろう。

1 消火せんや防火水そう （仙台市の例）

消防自動車がかけつけて，すぐに消火活動ができるように，**消火せ
んや防火水そう**がつくられています。消火せんや防火水そうは，計画
的に市内に配置されています。

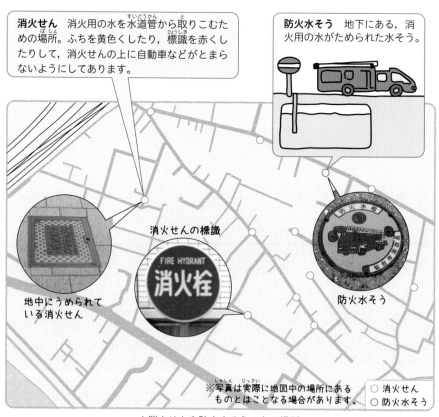

消火せん 消火用の水を水道管から取りこむた
めの場所。ふちを黄色くしたり，標識を赤くし
たりして，消火せんの上に自動車などがとまら
ないようにしてあります。

防火水そう 地下にある，消
火用の水がためられた水そう。

消火せんの標識

FIRE HYDRANT
消火栓

地中にうめられて
いる消火せん

防火水そう

※写真は実際に地図中の場所にある
ものとはことなる場合があります。

○ 消火せん
○ 防火水そう

▲消火せんや防火水そうのある場所

雑学ハカセ

消火器が日本に登場したのは，1872（明治5）年に開かれた博覧会でした。「火災消防器械」
とよばれ，とてもねだんの高いものでした。

2 大きな建物の消防の設備

デパート・学校などのように大きい建物や，地下街のように多くの人が集まるところには，いろいろな**消防の設備**がそなえられています。消防署の人は，定期的にこれらの設備を**検査**しています。

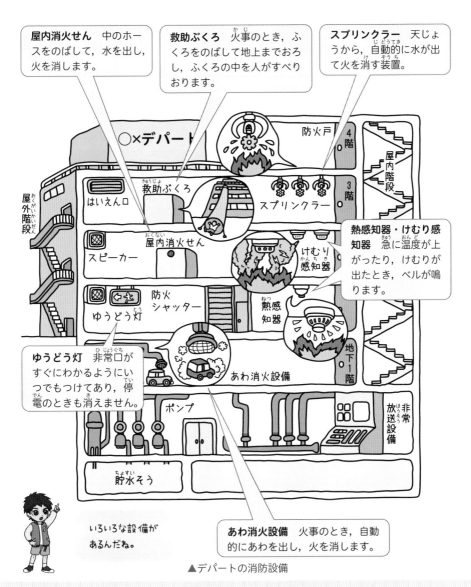

屋内消火せん 中のホースをのばして，水を出し，火を消します。

救助ぶくろ 火事のとき，ふくろをのばして地上までおろし，ふくろの中を人がすべりおります。

スプリンクラー 天じょうから，自動的に水が出て火を消す装置。

熱感知器・けむり感知器 急に温度が上がったり，けむりが出たとき，ベルが鳴ります。

ゆうどう灯 非常口がすぐにわかるようにいつでもつけてあり，停電のときも消えません。

あわ消火設備 火事のとき，自動的にあわを出し，火を消します。

いろいろな設備があるんだね。

▲デパートの消防設備

パワーアップ

およそ420年前に始まった江戸時代，明暦の大火とよばれる大きな火事がありました（1657年）。火事は2日間続き，今の東京の多くが焼かれ，10万人以上の人がなくなったといわれています。

③ 地域の人々の協力（仙台市の例）

火事をふせぐために，地域の人たちは消防署と協力し合っています。

1 消防団の人たちの協力

　消防団の人たちは，ふだんは自分のしごとをしていますが，火事のときには消防署の人たちに協力して消火にあたります。また，夜間に町のパトロールなどもしています。

▲消防団

▲消防団の放水訓練

2 その他の人々の協力

①**婦人防火クラブ**…火事や地震への関心を高めるための活動をしたり，消火の訓練をしたりしています。

②**少年消防クラブ**…消防署を見学したり，消防署の人から消火器の使いかたや火事の予防方法などを学んだりしています。

▲婦人防火クラブの活動

▲少年消防クラブの消火訓練

雑学ハカセ

東京では，街路樹としてイチョウが多く植えられています。これは，イチョウの木は火に強いため，火事のときにかべとなって火が広がるのをふせぐからです。ほかの火事の多い地域でも，同じようにイチョウを道に植えて，火事から町を守るくふうをしています。

2 交通事故やとうなんをふせぐ 3年

 学ぶことがら
1 交通事故・とうなん　　2 警察署のしごと
3 交通事故やとうなんをふせぐくふう

1 交通事故・とうなん

ここで学習すること
1 交通事故の件数はどのようにうつり変わっているのだろう。
2 どのようなとうなんが多いのだろう。

1 交通事故

1 交通事故と車の数の関係

　自動車の数はふえ続け，2017（平成29）年には約7600万台の自動車が保有されています。交通事故の件数を見ると，2004年までは，ふえていましたが，2005年以降は，へってきています。

2 年令別の交通事故の死者数

　交通事故でなくなった人の約半数が，65才以上のお年よりです。交通事故は，お年よりと14才以下の子どもは歩行中に，それ以外の人は自動車に乗っているときに，多くなっています。

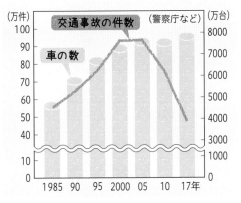

▲車の数と交通事故の件数

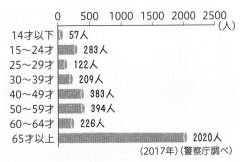

▲年令別の交通事故の死者数

 小学生が交通事故にあう場面として最も多いのが，登下校中です。また，小学生の中でも低学年の児童のほうが交通事故にあう数が多く，小学校1年生が2013年から2017年までの5年間に交通事故にあった件数は，7000件をこえています（警察庁調べ）。

113

2 多いとうなん

1 とうなんの種類

　犯罪は，1年間に約92万件おこっています（2017年）。その中で他人のものをぬすむとうなんが最も多く，全体の約72％にのぼります。

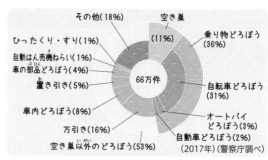

▲とうなんの内わけ

乗り物に関係するとうなん	自転車や自動車などをぬすむ犯罪。とうなん全体の約40％をしめます。
万引き	店の商品をぬすむ犯罪。
空き巣	家などにしのびこんで，お金や品物をぬすむ犯罪。

▲とうなんの種類

2 犯罪件数のうつり変わり

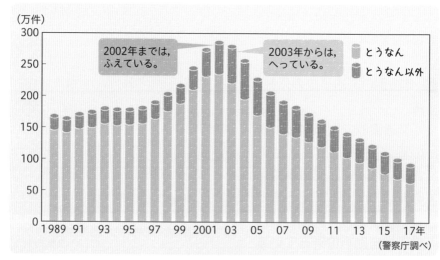

▲犯罪件数のうつり変わり

雑学ハカセ

げんざい，事件や事故がおこると「110番」に通ほうします。しかし，昔は東京が「110」，大阪・京都が「1110」，名古屋が「1118」などと番号がまちまちでした。それでは，まちがえる人が多いため，今のように「110番」に統一されました。

2 警察署のしごと

ここで
学習
すること

1 事故や事件のとき，だれが，どんな活動をしているのだろう。
2 警察署のしくみは，どのようになっているのだろう。
3 それぞれの課では，どんなしごとをしているのだろう。

1 事故や事件のときのれんらくのしくみ

警察本部の通信指令センター（通信指令室）は，交通事故がおきて
110 番通ほうを受けると，関係するところに指示を出します。

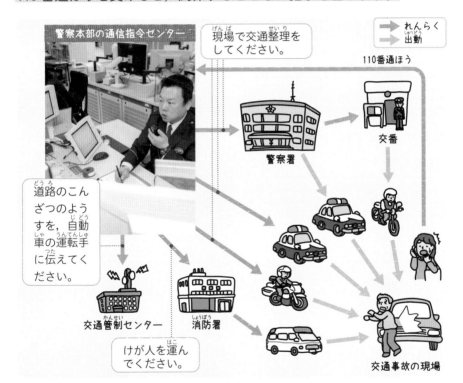

交通事故がおきて「110 番通ほう」を受けると，警察本部の通信
指令センターは，関係するところに出動するようにれんらくを
する。事故の処理は，いろいろな人が協力して行われる。

ポイント

パワーアップ

「交番」は警察官が交代で勤務して，地域の安全を 24 時間見守っています。一方，「駐在所」
では，警察官が住みながら地域の安全を守るしごとをしています。中には家族で住みながら
駐在所で働く警察官もいます。

② 安全を守るいろいろなしごと

わたしたちの生活の安全を守っている警察署には，いろいろなしごとをする警察官がいます。

1 交通課

交通いはんを取りしまったり，交通事故を処理したりするしごとをします。

2 けいじ課

殺人やごうとう・とうなんなどの犯罪そうさをするしごとをします。

3 地域課

交番につとめ，町のパトロールや道案内などのしごとをします。

4 警務課

受付や事務のしごと，こまったことの相談を受けるしごとをします。

5 生活安全課

非行少年のほどうをしたり，防犯活動のしごとをします。

6 警備課

こう水や地震などの災害がおきた現場で，人を助けるしごとをします。

7 会計課

落とし物を受けとるなどのしごとをします。

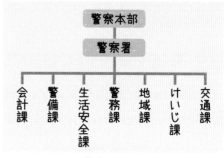

```
         警察本部
           │
         警察署
           │
 ┌──┬──┬──┬──┬──┬──┐
 会  警  生  警  地  け  交
 計  備  活  務  域  い  通
 課  課  安  課  課  じ  課
       全          課
       課
```

▲警察署のしくみ

▲ちゅう車いはんの取りしまり（交通課）

▲事件のそうさ（けいじ課）

雑学ハカセ　1874（明治7）年，東京に「交番所」がつくられました。「交番所」とは「交代で番をする所」という意味で，げんざいは「交番」とよばれるようになりました。

▲交番の勤務（地域課）

▲受付のしごと（警務課）

▲非行少年のほどう（生活安全課）

▲災害の救助活動（警備課）

しりょうの広場

①鉄道警察隊

駅や列車内をパトロールして，駅を利用する人の安全を守ります。

②水上警察署

警備ていを使って，海や川，湖などでおこった事故や犯罪の取りしまりをします。

パワーアップ

警察には「機動隊」とよばれる組織があります。「機動隊」は，大きな災害などのときに人命救助を行ったり，大きな暴動をしずめたりするしごとをします。

3 交通事故やとうなんをふせぐくふう

ここで
学習
すること

1 交通事故をふせぐため，どんなくふうやしせつがあるのだ
ろう。
2 とうなんをふせぐため，どんなくふうをしたらよいのだろう。

1 交通事故をふせぐくふう

警察署では，交通事故をへらすために，さまざまな取り組みをして
います。

飲酒運転の取りしまり　お酒を飲んで
運転するときけんなので，お酒を飲ん
でいるかどうかを検査します。

ちゅう車いはんの取りしまり　交通じゅう
たいや交通事故の原因となるちゅう車いは
んを取りしまって，安全を守ります。

交差点の歩行者や車の指導　交通事故をふ
せぐために，交差点で歩行者や車が信号な
どの交通ルールを守るように指導します。

スピードいはんの取りしまり　決めら
れたスピードを守っていない車の取り
しまりをします。

ポイント

警察署による交通の取りしまりは，交通事故をふせいで，町の
安全を守るために行われている。

雑学ハカセ

白バイの色は省令で定められています。白色は「平和と清けつ」を表す色で，白バイ隊員は
交通事故のない，安全な町づくりをする人という意味がこめられています。

しりょうの広場

道路には、人々が安全に歩けるように、また、交通事故をふせぐために、いろいろなしせつがあります。みなさんも、家のまわりや学校のまわりにどんなしせつがあるか調べてみよう。

信号機 目の不自由な人のために、音の出る信号機もあります。

ガードレール 歩道に車が入ってこないように歩道と車道に分けています。

カーブミラー 道路の左右や角から車・自転車・人が出てくるのがわかります。

横断歩道 車を運転している人によくわかるように白く太い線でかいてあります。

コミュニティ道路 道路をジグザグにして、車がスピードを出せないようにします。

道路標識 車を運転している人が事故をおこさないように、決まりを知らせます。

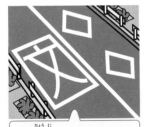

道路標示 車を運転している人に、安全な運転に必要な決まりを知らせます。

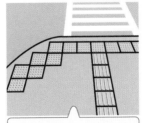

点字ブロック 目の不自由な人が安全に道を歩けるように、しかれています。

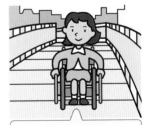

バリアフリーの歩道橋 車いすの人やお年よりのために、スロープにしてあります。

パワーアップ 警察本部は47都道府県に1つずつ置かれていて、神奈川県なら神奈川県警察本部（神奈川県警）のようによばれます。一方、東京都だけは警察本部を「警視庁」とよびます。そして、警察本部のトップは「本部長」といいますが、警視庁だけは「警視総監」とよびます。

くわしい学習

なぜ 警察が，スピードいはんなどの取りしまり以外にも，交通安全についてさまざまな取り組みをしているのは，なぜでしょうか？

答え 交通事故をふせぐためには，人々に交通ルールを学んでもらったり，事故をくり返さないように，原因を調べることが大切だからです。

全国交通安全運動 1年に2回，車の事故がふえないように全国で運動を行います。

交通事故の原因調査 事故の原因を調べ，同じ事故がおきないようにします。

学校での交通安全教室 横断歩道のわたりかたや自転車の正しい乗りかたを教えます。

交通安全講習会 車の運転免許証を持っている人に，交通安全の講習をします。

交通管制センター 警察本部にある交通管制センターでは，車両感知器やテレビカメラなどの交通情報をもとに，信号機をコントロールしたり，広く市民に交通情報を伝えたりします。

雑学ハカセ 白バイに乗るのは，交通課にある交通機動隊とよばれる警察官です。きびしい訓練をしないと隊員になれないため，白バイをあやつる警察官はオートバイ乗りのプロといえます。

2 とうなんをふせぐくふう

犯罪の中でも，空き巣やひったくりなどのとうなんが特に多いため，警察署では，町のパトロールだけでなく，各家庭を訪問して犯罪防止のれんらくを行っています（じゅんかいれんらく）。また，学校などで**防犯教室**を開き，犯罪から身を守る方法を教えています。

▲じゅんかいれんらく

わたしたちの家の近くには**交番**があり，そこで警察官が 24 時間交代でしごとをしています。町をパトロールしたり，道を教えたり，落とし物をあずかったりと，わたしたちのくらしを守るためのしごとが，たくさんあります。

▲防犯教室

地域に住んでいる人々も，警察に協力していろいろな活動をしています。

▲パトロールする警察官

▲地域パトロール

ポイント：警察と地域の人々が協力して，犯罪をふせぐ活動をしている。

パワーアップ

近年，インターネットを使ったサイバー犯罪がふえてきました。そこで，全国の警察をまとめている役所である警察庁では，サイバー犯罪から人々を守るために，インターネットなどを専門にあつかうプロ集団を集め，サイバーポリスを立ち上げました。

🔍 くわしい学習

💬**なぜ** とうなんのひ害をふせぐために，警察署やわたしたちが，さまざまなくふうをしているのは，なぜでしょうか。

💡**答え** 犯人をつかまえることは大切ですが，それとともに，とうなんがおこらないようにすることも大切だからです。

①ひったくりや乗り物どろぼうのひ害をふせぐ

防犯教室 ひ害の多いお年よりや女性を対象に，教室を開きます。

車のかぎとにもつ 必ずドアのかぎをかけ，にもつは持って車から出ます。

ツーロック 元からあるかぎのほかに，もう１つかぎを取りつけます。

ひったくり防止ネット 前かごからバッグなどをとられないように，前かごにネットをつけます。

バッグは車道と反対側に持つ バッグは車の通り道と反対側にしっかり持つようにします。

防犯ブザー 防犯ブザーの大きな音で犯人がにげ，まわりの人もかけつけてきます。

②空き巣のひ害をふせぐ

ワンドアツーロック ドアのかぎは必ず２つ以上取りつけます。

警報器 ピッキングのしん動などで音が鳴ります。

防犯灯 夜，家の前に人が近づくと自動的に明かりがつきます。

雑学ハカセ 犯人をさがすときに，においをかぎわけることが得意な犬を使うことがあります。警察犬とよばれるこれらの犬は，特別な訓練を受けているため，警察官の命令にしたがい，犯人さがしに協力しています。

さんこう **安全マップ**

事件や事故は身のまわりでもおこるかもしれない。地域の安全マップをつくると，事故がおこりやすい場所や注意が必要な場所，安全のための設備やしせつがどこにあるのかなどがわかる。

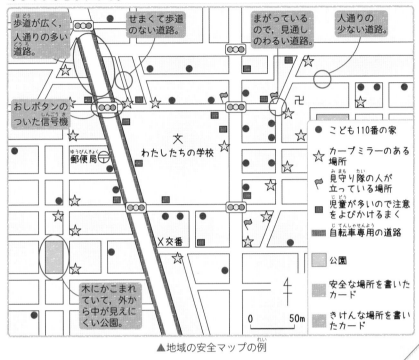

▲地域の安全マップの例

ことば **こども 110 番の家**

こども 110 番の家とは，子どもたちが自分の身にきけんを感じ，助けを求めてきたときに，ひなんができる家である。地域の家庭が協力して，地域の安全を守る取り組みの 1 つ。

みんなで，子どもたちを
犯罪から守っているんだな！

◀こども 110 番の家のマーク（東京都目黒区）

パワーアップ 安全マップをつくるときは，色分けするとマークのちがいがひと目で見る人に伝わります。また，マークの形もくふうしてかえると，見やすくなります。

🚩 10 のミッション！❸

　わたしたちの住む地域の学校，公共しせつ，道路には，多くの消防の設備やしせつがあります。どのようなものがあるのか，調べましょう。

👍 ミッション

わたしたちの住む地域にある，消防の設備やしせつをさがせ！

📖 調べかた（例）

＞ ステップ1　調べる場所を決めよう！

学校，図書館，公民館，駅，大きな商業しせつ，道路など，人が多く集まる場所から1つを選ぼう。

＞ ステップ2　実際に調査しよう！

場所が決まったら，紙とえんぴつを持って消防の設備やしせつをさがしに行こう。実際の設備やしせつをカメラでとってくるとまとめやすくなるよ。

※車には気をつけて，交通ルールを守ろう。

＞ ステップ3　まとめよう！

- 道路がかかれた地図や建物マップをつくろう。
- どこに，どのような消防の設備やしせつがあったのかをかいておこう。

○消火せん
○防火水そう

▲学校のまわりの地図

＞ ステップ4　わかったことや感想を書こう！

調べた場所には，どのような消防の設備やしせつがあるのか，また，どこで見つけたのかをまとめよう。

＞ ステップ5　発表しよう！

家族や友だちに教えてあげよう。大きな紙にはってもいいね。

📖 解答例　372〜373 ページ

第**4**章

市のようすの
うつり変わり

ここから
スタート！

市のようすのうつり変わりを調べよう！

市の博物館

昔の市のようす

あれ!?
これが駅前なの？
今は大きくてりっぱな
駅だけど…

昔

今

1950年ごろの○○駅

げんざいの○○駅

今とぜんぜんちがうね！
何で，こんなに変わった
のかな？

次は，昔のくらし
コーナーだぞ！

ん～？

1 市や人々の生活のようす

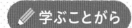 学ぶことがら

1 交通のうつり変わり　　　2 土地利用のうつり変わり
3 人口のうつり変わり　　　4 公共しせつのうつり変わり
5 昔のくらしのようす　　　6 くらしのうつり変わり

　市や人々の生活のようすは，昔と今で大きく変わっています。どのようなうつり変わりがあったのか，東京都多摩市を例に調べましょう。

1 交通のうつり変わり (東京都多摩市の例)

 ここで学習すること　▶ 1 市の交通は，どのようにうつり変わってきたのだろう。

1 鉄道のうつり変わり

1925年
聖蹟桜ヶ丘駅
1つの私鉄が，市の北部を通っていた。

1975年
多摩センター駅
聖蹟桜ヶ丘駅
永山駅
2つの私鉄が多摩センター駅まで開通。

2019年
多摩センター駅
聖蹟桜ヶ丘駅
永山駅
私鉄がさらにのびて，多摩センター駅からモノレールが出る。

▲昔と今の多摩市の主な鉄道

　多摩市では，もともと駅は京王線の聖蹟桜ヶ丘駅しかありませんでしたが，1974（昭和49）年に京王相模原線の京王多摩センター駅が，次の年には小田急多摩線の小田急多摩センター駅が開業し，鉄道❶が整備されました。その後，2000（平成12）年には多摩都市モノレール線の多摩センター駅が開業しました。京王相模原線や小田急多摩線も多摩センター駅からさらに先へとのびています。

> ことば　❶ 鉄道
> 　一度にたくさんの人を運ぶことができる，かんきょうにやさしい交通機関。

雑学ハカセ

昔は，鉄道に蒸気機関車が使われていたため，蒸気機関車のえんとつから出る火のこでくわ畑が焼かれるといって，鉄道を通すことに反対する人もいました。

2 駅前のうつり変わり

　多摩センター駅ができたことにより，駅周辺では開発が進み，ビルや商業しせつが多くできました。

多摩の今昔物語　多摩センター駅今昔　昭和43年　大石武朗氏撮影

▲昔の多摩センター駅付近

▲今の多摩センター駅付近

3 道路のうつり変わり

　鉄道とともに，多摩センター駅を中心とした道路やバス路線の整備も進みました。また，多摩市周辺を通る中央自動車道や東名高速道路とつながる道路ができ，周辺の都市からの利便性がよくなりました。

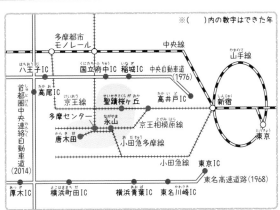

▲多摩周辺の主な高速道路と鉄道

▲バスの路線図（京王バス）

> 交通のうつり変わりとともに，土地利用も変わっていきました。さっそく，見ていきましょう。

　東京，名古屋，大阪の周辺には，私鉄が多く通っています。私鉄の中には，鉄道を整備するだけではなく，駅の周辺に大きな住たく地をつくったり，遊園地や野球場などをつくったりして，利用者をふやすくふうをしている会社もあります。

2 土地利用のうつり変わり（多摩市の例）

ここで学習すること ▶ 1 市の土地利用は，どのようにうつり変わってきたのだろう。

1 緑地のうつり変わり

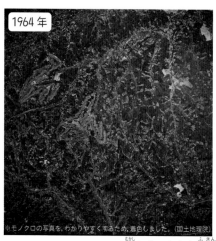

1964年

※モノクロの写真を，わかりやすくするため，着色しました。(国土地理院)

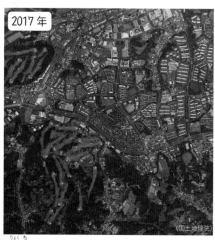

2017年

(国土地理院)

▲昔と今の多摩市付近の緑地のうつり変わり

　多摩市は，1960年代までは，きゅうりょう地（小高い丘が連なる地形）に森林や田畑が広がる，緑の多い土地が広がっていました。その後，鉄道や道路が整備されると，開発が進み，森林は住たく地となっていきました。また，田畑もへり続けるなど，**土地利用❶**の変化によって，緑地はへっていきました。

「愛宕から多摩第三小学校方面」(昭和44年5月7日撮影) 南多摩新都市開発本部関係資料／公益財団法人多摩市文化振興財団所蔵

▲ 1969（昭和44）年の多摩第三小学校付近

ことば ❶ 土地利用

　土地の使われかたのこと。多摩市では，昔よりも緑地がへっていることが，上の写真からわかる。

雑学ハカセ

土地利用の変化によって緑がへると，これまですんでいた動物やこん虫も，だんだんとへっていきました。多摩市では，鉄道が通る前にたくさんいた，たぬきなどの野生の動物が，今では残された林などでくらしています。

2 家や店のうつり変わり

緑地が多かった多摩市の土地は，開発されたことによって住たく地やビル，商業しせつなどに変わっていきました。

多摩センター駅や聖蹟桜ヶ丘駅付近では，大型の商業しせつが多くつくられています。

▲住たく地が多い今の多摩市

▲人でにぎわう今の多摩センター駅付近

▲商業しせつが集まる聖蹟桜ヶ丘駅付近

交通が便利になって，マンションなどの住たくもふえてきたんだね。

昔は野原だったところだけど，今では，商業しせつが多いんだね。

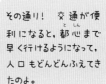

その通り！交通が便利になると，都心まで早く行けるようになって，人口もどんどんふえてきたのよ。

パワーアップ

多摩市のように，東京などの大都市の周辺にあって，働く人たちの多くが大都市にある会社に通うような都市を，ベッドタウンとよびます。夜，働く人たちが寝るために帰ってくる町であることから，このようによばれています。

3 人口のうつり変わり （多摩市の例）

ここで学習すること

1 市の人口は，どのようにうつり変わってきたのだろう。

1 人口のうつり変わり

1 市全体の人口

1971（昭和46）年に町から市になった多摩市では，1970年ごろから急速に人口❶がふえ，1965年から1975年にかけて人口が約3.8倍に，1975年から1985年にかけても人口がさらに約2倍になりました。しかし，1995（平成7）年からは，人口があまり変わらなくなりました。げんざい（2018年）の人口は14万8855人です。

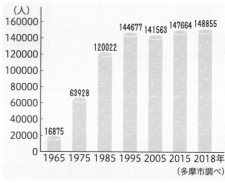

▲多摩市の人口のうつり変わり

2 65才以上の人口

多摩市の65才以上の人口は，1995年からあともふえ続け，2019（令和元）年には4万人をこえる数となっています。

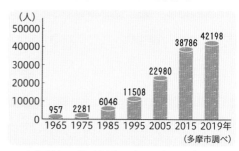

▲多摩市の65才以上の人口のうつり変わり

多摩市では，1995年までは人口が大きくふえ続け，1995年からは人口は変わらないものの，65才以上のお年よりの数がふえていることが，2つのグラフから読み取れます。

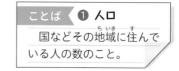

ことば ❶ 人口

国などその地域に住んでいる人の数のこと。

雑学ハカセ

日本では，生まれてくる子どもの数がへり，2008年を最高に人口がへり続けています。その中で都道府県別では，東京都，埼玉県，千葉県，神奈川県，愛知県，福岡県，沖縄県の人口がふえています（2017年10月〜2018年9月の間）。

2 ニュータウンの建設

1 ニュータウンの始まり

　1960年代，都心部の人口がふえると，東京都は，住たくを大量に提供することを目的として，1965（昭和40）年，多摩市を中心に**多摩ニュータウン**建設の計画を決定しました。

📖 ニュータウン 134 ページ

「昭和44年5月7日撮影 多摩市内の風景（アパッチ砦）」
南多摩郡新都市開発本部関係資料／公益財団法人多摩市
文化振興財団所蔵

▲ 1969年ごろの多摩地域

2 ニュータウン建設のえいきょう

　1971年から入居が始まり，多摩ニュータウンに住む人がふえ始めると，多摩市の人口は急速にふえていきました。京王線や小田急線などの鉄道や，多摩市周辺を通る中央自動車道や東名高速道路とつながる道路が整備され，生活のための商業しせつも建設されました。

　1991（平成3）年には，東京都立大学が多摩市にうつり，ほかにも多摩地域には多くの**大学**や研究・研修機関が集まるようになりました。

「昭和45年9月4日 自民党政調会による視察風景」より
南多摩郡新都市開発本部関係資料／公益財団法人多摩市
文化振興財団所蔵

▲ニュータウン建設のようす

▲今のニュータウン

▲多摩地域に広がる大学など

パワーアップ　多摩ニュータウンのような，大都市のこう外に人口が多く集まり，大都市の人口がへっていった時期がありました。このように，大都市の人口がへっていき，まわりの地域に人口が集まることを，ドーナツ化現象とよびます。

しりょうの広場

　ニュータウンは，都心に人が集中しないように，都心のこう外に計画的に建てられた住たく地のことです。1970年代ごろは多数のニュータウンがつくられましたが，近年はニュータウンに住む人の高れい化などが問題となっている地域もあります。その一方で，流山おおたかの森のように，子育て世代の人口がふえている地域もあります。

事業の 開始年度	都道府県	主な都市	愛しょうなど	計画していた人口（人）
1960年	大阪府	吹田市，豊中市	千里ニュータウン	約15万
1965年	大阪府	堺市，和泉市	泉北ニュータウン	約18万
1966年	東京都	多摩市，八王子市ほか	多摩ニュータウン	約30万
1969年	千葉県	印西市，白井市ほか	千葉ニュータウン	約14万3300
1974年	神奈川県	横浜市	港北ニュータウン	約22万
1999年	千葉県	流山市	流山おおたかの森	約2万8600
1999年	埼玉県	越谷市	越谷レイクタウン	約2万2400

◀主なニュータウン一らん

◀千里ニュータウン

◀流山おおたかの森

▶発生している問題

高れい化　1970年代に住み始めた人が多く，高れい化が進んでいます。

空き家や空き地のぞう加　人口がへることで，空いた場所がふえています。

老きゅう化　建物が古くなったり，バリアフリー化がおくれたりしています。

雑学ハカセ　兵庫県の海上にポートアイランドとよばれる人工島があります。六甲山地をけずってニュータウンをつくり，そのときに出た土を海にうめて島をつくりました。島には住たくのほか，商業しせつや会社などが，たくさんつくられました。

4 公共しせつのうつり変わり (多摩市の例)

> ここで
> 学習
> すること
>
> 1 市の公共しせつは, どのようにうつり変わってきたのだろう。

1 コミュニティセンター

多摩市では, 地域の住民が集まり, いきいきとした活動を行う場所として, **コミュニティセンター**がつくられています。コミュニティセンターは, 地域の人が集まる中心地として, 子どもやお年より, しょうがいのある人などを地域で見守り, ささえ合う役わりを持っています。コミュニティセンターや学校, 図書館などの**公共しせつ**は, 市役所が中心となって整えています。また, 公共しせつの建設や運営には, 住民から集められた税金❶が使われています。

▲ 多摩市のコミュニティセンターの
外観(上)と内部のようす(下)

> **ことば** ❶ 税金
>
> 公共しせつを建てたり, みんなに役立つ活動をしたりするために, みんなが国や都道府県, 市町村におさめるお金のこと。

2 公共しせつのうつり変わり

多摩市のコミュニティセンターや老人福祉館は, 1990(平成2)年以前は6か所しかありませんでしたが, その後, 新しく8か所がつくられ, げんざい(2019年)は14か所になっています。

多摩市のコミュニティセンターは, 住んでいる市民が多い地区に, つくられています。

パワーアップ
わたしたちがはらう消費税などの税金は, いろいろなことに使われています。小学校・中学校の教科書は, 税金でつくられているので, わたしたちは買う必要がありません。また, 警察や消防のしごとにかかるお金も税金でまかなっています。

　コミュニティセンターや老人福祉館がふえた理由として，1990（平成2）年に京王相模原線が神奈川県の橋本駅まで開通して，多摩地域への交通が便利になり，多摩市のニュータウンの人口がふえたことや高れい化などがあげられます。

　人口がふえた多摩市は，人々に文化的な活動をする場として，市内の各地にコミュニティセンターをつくりました。

多摩市のコミュニティセンター・
老人福祉館の分布のうつり変わり▶

1990年以前にできたしせつ
●コミュニティセンター・老人福祉館

2019年のしせつ
●コミュニティセンター・老人福祉館

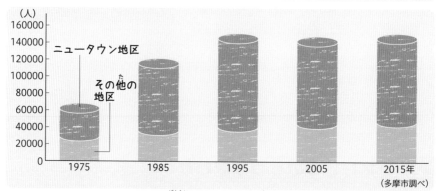

（人）

ニュータウン地区

その他の地区

▲多摩市全体とニュータウン地区の人口
（多摩市調べ）

ニュータウンの人口がとても多いよ！

今では，多摩市の人口の約70％が，ニュータウンに住んでいるの。それで，コミュニティセンターがふえてきたのね。

パワーアップ

げんざい（2018年），日本の人口の100人に対して約30人が65才以上です。このように，高れいの人のわりあいが高い社会を，高れい社会といいます。日本は世界の中でも特に高れい化が進んだ国です。

5 昔のくらしのようす

> ここで
> 学習
> すること
>
> 1 昔は，どのような道具を使っていたのだろう。
> 2 昔のくらしのようすは，どうだったのだろう。

電気がない時代って，どうやってせんたくしたり，ごはんをつくったりしていたの？

まずは，昔に使われていた道具から見ていきましょう！

1 昔に使われた道具

1 食事や調理に使った道具

にたきに使った。

▲なべ

ごはんをたく道具。

▲おかま

ごはんを入れた。

▲おひつ

食事のときの台。

▲おぜん

魚などを焼く道具。

▲七輪

2 あかりに使った道具

油を入れて，火をつけた。

▲あんどん

中にろうそくを立てた。

▲ちょうちん

石油を入れて，火をつけた。

▲ランプ

自転車用だが，手さげ用にも使った。

▲かいちゅう電灯

スイッチはかさの上についていた。

▲白熱電球

3 だんぼうに使った道具

はいを入れ，その上に炭をのせて，手をあたためた。

▲火ばち

中に熱い湯を入れ，布でくるんでふとんの中に入れた。

▲湯たんぽ

木のわくの中にすみを入れ，ふとんをかけて使った。

▲やぐらこたつ

中に炭を入れ，ふとんをかぶせて足などをあたためた。

▲あんか

石炭をもやして部屋をあたためた。

▲石炭ストーブ

パワーアップ

博物館や郷土資料館の中には，昔の道具を体験できるコーナーのあるところがあります。せんたく板を使ったせんたく体験，竹馬や昔のこまなどの遊び体験などができるしせつがあるところもあります。ぜひ行ってみましょう。

4 そのほかの道具

たらいに水を入れ，よごれた衣類をこすってあらった。

▲たらい

着るものをしまうのに使った。

▲せんたく板

いどの水をくみ上げるのに使った。

▲やなぎごうり

竹のほね組みに紙をはったかさ。

▲ポンプ

▲からかさ

家の中で水をたくわえるのに使った。

▲水がめ

火をおこすとき息をふきかけて，火を強くした。

▲火ふき竹

さいほう道具をしまうのに使った。

▲はり箱

中に炭を入れ，その熱で服のしわをのばした。

▲炭火アイロン

ぜんまい式で，毎日ねじをまいて使った。

▲柱時計

🔨 しりょうの広場

▶昔のしごとで使った道具

①田や畑は，牛や馬にすきを引かせたり，くわを使ったりしてたがやしました。ほとんどの道具は，人間の力を必要としたので，作業は時間がかかり，力しごとでした。

②商店では，商品の量や重さをはかるためにますやはかりを使い，お金の計算にそろばん，記録しておくためにちょうぼなどを使って，商売をしていました。

すき▶
くわ▼
足ぶみ回転だっこく機▶

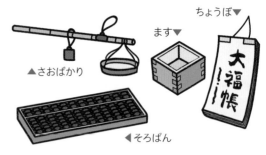

ちょうぼ▼
ます▼
▲さおばかり
大福帳
◀そろばん

雑学ハカセ

いどの水の温度は，一年を通してあまり変わりません。そのため，夏はつめたく，冬はあたたかく感じます。

2 今から 100 年～70 年前ごろのくらし

　今から 70 年前ごろまでは，今のような電気製品は，あまりありませんでした。その代わりに，使いやすいようにくふうされた，いろいろな道具を使ってくらしていました。

1 せんたくをするとき

　せんたくをするときには，今のようなせんたく機はなかったので，手であらいました。たらいに水を入れ，せんたく物に石けんをつけて，**せんたく板**を使ってこすり，よごれをおとしました。

　また，水道の水ではなく，いど水をくんで，せんたくに使いました。

▲今から 100 年～70 年前ごろのせんたく

2 すいじをするとき

　台所は土間になっていて，**かまど**でまきをもやして，ごはんをたいたり，湯をわかしたりしました。

3 戦後のくらし

　今から 75 年前ごろは，大きな戦争が終わったころでした。空しゅうで焼かれた町は再建のとちゅうで，食べ物や着る物は不足していました。

▲今から 100 年～70 年前ごろの台所

 ポイント：昔のくらしを知るために，郷土資料館に行ってみよう。

 昔のおふろは，まきをもやして湯をわかしていました。そのため，外でまきをくべたり，火の調節をする人が必要でした。

③ 今から50年前ごろのくらし

1 くらしに使った道具

チャンネルは，つまみを回して
変えていた。

▲カラーテレビ

ごはんをたいた後，保温が
できるようになった。

▲すいはん器

せんたくするところと，だっ水
するところとが別だった。

▲二そう式せんたく機

白熱電球にくらべて，とても
明るくなった。

▲けいこう灯

火力が強く，部屋全体が
あたためられた。

▲石油ストーブ

すい取ったごみをすてるのが，
たいへんだった。

▲そうじ機

2 くらしのようす

①今から50年前ごろは，今から100年～70年前ごろにくらべて，くらしに使う道具が大きく変わりました。特に，電気の力で動く**電気製品**が多くなりました。それまで人の力でやっていたことを，電気製品がしてくれるようになったので，人々のくらしがずいぶん便利になりました。

②今から50年前ごろのくらしは，今から100年～70年前ごろよりも便利になりましたが，こまったこともおきてきました。**工場からのけむりがひどくなり**，また，車がだんだんふえ，**はい出ガス**で空気がよごれるようになりました。日本の各地で**公害**が大きな問題になっていました。

雑学ハカセ　今の電気製品の多くは，中に小さなコンピューターが入っています。そのため，これまでは人が行ってきたことが，全自動でできるようになりました。

6 くらしのうつり変わり

ここで
学習
すること

1 今から100年〜70年前と今とでは，くらしはどのように変わったのだろう。
2 子どもの遊びは，どのように変わったのだろう。

1 くらしの変化

1 便利になったくらし

　わたしたちのまわりには，今から100年〜70年前ごろにはなかった電気製品がたくさんあります。例えば，今から100年〜70年前ごろのせんたくは，せんたく板などの道具を使って，すべて人の手でしなければなりませんでした。それが今では，**全自動せんたく機**を使えば，水を入れることからだっ水まで，スイッチをおすだけでできます。

 ポイント 昔と今のくらしの道具をくらべてみよう。

2 子どもの遊びの変化

　今から100年〜70年前ごろと今とでは，くらしの変化とともに子どもの遊びも大きく変わりました。昔は家の外で大勢で遊びましたが，今は家の中にいてゲーム機などで1人で遊ぶことも多くなりました。

パワーアップ

1955（昭和30）年から1973年まで，日本は工業がとても発展し，たくさんものがつくられ，人々はたくさんものを買っていました。このように，経済が大きく発展したことを，高度経済成長とよびます。

2 くらしの道具のうつり変わり

	今から100年〜70年前ごろ	今から50年前ごろ	今
せんたく	たらい・せんたく板	二そう式せんたく機	全自動せんたく機 1台でせんたくからかんそうまで，できるものもあります。
そうじ	はたき　ちりとり　ほうき	そうじ機	そうじ機 ごみをすいとる力が強くなり，そう音は小さくなりました。
あかり	白熱電球	けいこう灯	LED より明るくなり，省エネを考えた製品となりました。
ごはんをたく	かまど・かま	すいはん機	すいはん機 にものやケーキなど，ごはん以外のものもつくれます。
だんぼう	火ばち	石油ストーブ	エアコン 1台で，だんぼうも，れいぼうもできます。

雑学ハカセ

昔は，木でつくられた道具が多く，こわれても自分で直すことができました。しかし，今の道具は，金属やプラスチックなどでできているうえ，中にふくざつな機械が入っているため，自分で直すことがむずかしく，こわれたらすててしまうことがふえています。

しりょうの広場

▶市のうつり変わりの年表 （大阪市の例）

市のできごとを年表にまとめると，うつり変わりがよくわかります。

時代	年代	市のできごと	くらしのようす
明治	1868	●大阪の港が開かれた。	●小学校が始まった。
	1874	●大阪と神戸との間を，汽車が走るようになった。	・着物を着て，学校へ行った。 ・あかりにランプを使っていた。
	1885	●淀川に大こう水がおこった。	●家庭で初めて電灯がついた。 ●水道が初めて通った。
	1889	●大阪が市になった。	
	1903	●市電が走るようになった。	
	1909	●天王寺公園ができた。	●ガスが初めて通った。
大正			●ラジオ放送が始まった。
昭和	1927	●市営のバスが走り始めた。	
	1933	●地下鉄ができた。	●大阪市中央卸売市場ができた。
	1934	●大きな台風でひ害を受けた。	
	1941	●太平洋戦争が始まった。	●小学校の児童が，集団でいなかへそかいした。
	1945	●大阪市が空しゅうのため焼けた。	
	1955	●大阪市と2町4村が合ぺいした。	●テレビ放送が始まった。
	1965	●ぼうちょうていの整備が始まった。	
	1969	●市電が全部なくなった。	●高速道路ができ，自動車の行き来がたいへん多くなった。
	1974	●大阪市が26区になった。	
平成	1989	●大阪市が24区になった。	
	1995	●阪神・淡路大震災でひ害を受けた。	
	2002	●サッカーのワールドカップの試合が行われた。	
			●けいたい電話やインターネットの利用が広まった。
令和	2019	●G20サミットが開かれた。	

雑学ハカセ　昔とちがうことの1つに，海外旅行があります。60年前は日本人の中で海外旅行に行く人はほとんどいませんでしたが，今では，1年に約2000万人の日本人が行っています。

10のミッション！④

身のまわりにある電気製品について，どのようにうつり変わってきたのか，調べましょう。

👍 ミッション

調べたい電気製品の家電年表をつくれ！

📖 調べかた（例）

▶ ステップ1 調べる電気製品を決めよう！

身のまわりにある電気製品の中から，調べたいものをさがそう。

▶ ステップ2 調べよう！

- **本で調べる**…図書室や図書館で，電気製品のうつり変わりについてのっている本をさがそう。
- **インターネットで調べる**…電気製品をつくっている会社のホームページで「電気製品の歴史」について調べよう。
- **おじいちゃん・おばあちゃんや，博物館で聞く**…昔の電気製品のよい点や，使いづらい点を聞いてみよう。

▶ ステップ3 まとめよう！

調べたことを，イラスト入りの表などにしてまとめよう。

▶ ステップ4 わかったことや感想を書こう！

調べた結果について，何がわかったのか，また，どのような感想を持ったのかを書こう。

▶ ステップ5 調べたことを，おうちの人や友だちに教えてあげよう。

📖 解答例 **374〜375** ページ

第**5**章

都道府県のようす

都道府県のようすを調べよう！

1 わたしたちの都道府県 4年

1 47都道府県の名まえと位置

ここで
学習
すること　47都道府県は，それぞれどこに位置しているのだろう。

1 日本全体の地図

自分が住んでいる都道府県の位置をたしかめましょう。

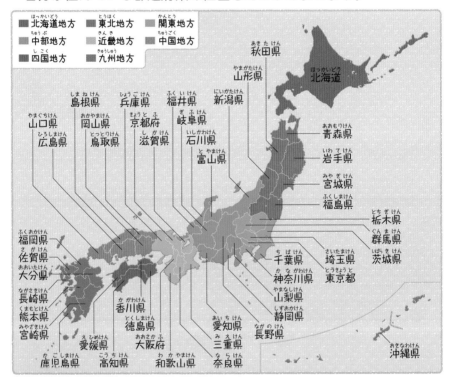

都道府県が生まれる前は，全国には国とよばれる区分がありました。今でも，備前や武蔵など，地域を表すことばが使われますが，これらは昔の国名です。

② 北海道・東北地方

北海道地方

※北海道は，ほ
かの地方より
小さくちぢめ
ています。

北海道

札幌市

●北海道…クジラのしっぽが
ついている。

東北地方

青森市　●青森県

秋田県

秋田市　●盛岡市

岩手県

でこぼこ！

●岩手県…海岸線でこぼこ。

山形県　宮城県

山形市　●仙台市

福島市

わたしは
山形県！

福島県

●山形県…人の横顔の形。

府や県ができたのは，今からおよそ150年前の1871(明治4)年です。いちばんはじめは，3府と302県もありました。その後，県はまとめられ，だんだんとへっていき，およそ70年前に東京都と北海道ができて今の47都道府県となりました。

③ 関東・中部・近畿地方

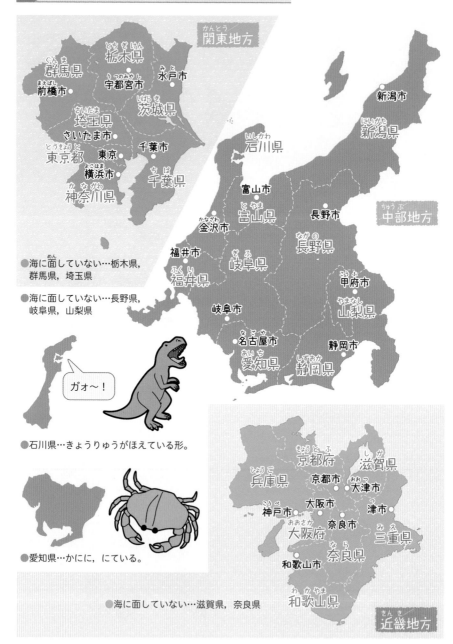

関東地方

栃木県
宇都宮市
水戸市
群馬県
前橋市
茨城県
埼玉県
さいたま市
東京都
東京
千葉市
横浜市
千葉県
神奈川県

新潟市
新潟県
石川県
富山市
富山県
長野市
金沢市
長野県
福井市
岐阜県
甲府市
福井県
山梨県
岐阜市
中部地方
名古屋市
静岡市
愛知県
静岡県

● 海に面していない…栃木県, 群馬県, 埼玉県

● 海に面していない…長野県, 岐阜県, 山梨県

ガォ〜！

● 石川県…きょうりゅうがほえている形。

● 愛知県…かに, に, にている。

京都府
滋賀県
兵庫県
京都市
大津市
大阪市
津市
神戸市
奈良市
大阪府
三重県
奈良県
和歌山市

● 海に面していない…滋賀県, 奈良県

和歌山県

近畿地方

雑学ハカセ　全国に 10 ある電力会社は, 地方区分にしたがっています。例えば, 関東地方なら東京電力が受け持っています。しかし, 静岡県の東部や山梨県などは中部地方でも東京電力が受け持つなど, 地方区分とずれている県もあります。

④ 中国・四国・九州地方

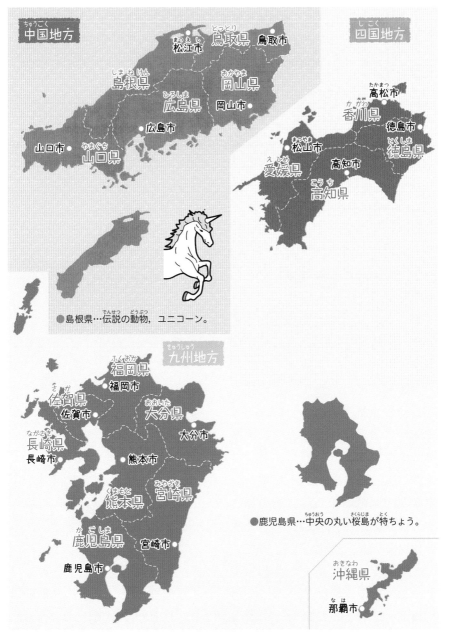

中国地方

鳥取県 鳥取市
松江市
島根県　**岡山県**
広島県　岡山市
広島市
山口市　**山口県**

四国地方

高松市
香川県
徳島市
松山市　**徳島県**
愛媛県　高知市
高知県

●島根県…伝説の動物，ユニコーン。

九州地方

福岡県
福岡市
佐賀県　**大分県**
佐賀市
長崎県　大分市
長崎市　熊本市
熊本県　**宮崎県**
鹿児島県　宮崎市
鹿児島市

●鹿児島県…中央の丸い桜島が特ちょう。

沖縄県
那覇市

パワーアップ

日本は北海道，本州，四国，九州の大きな４つの島とたくさんの小さな島々からなり立っています。しかし，大昔の日本列島は，今の中国がある大きな大陸とつながっていました。長い年月をかけて，大陸から分かれた島々が今の日本列島となりました。

151

2 県の土地や産業のようす（大阪府の例）

ここで学習すること

1 県の土地のようすは，どうなっているのだろう。
2 県の土地の使われかたは，どうなっているのだろう。
3 県の交通や産業のようすは，どうなっているのだろう。

都道府県の土地や産業のようすって，どうやって調べたらいいのかな？

どこか1つの都道府県を選んで調べるといいわ！では，大阪府を例に調べてみましょう。

1 土地のようす

大阪府は，南北に細長い三日月形で，中央部に**大阪平野**が広がっています。北と東と南の三方を山にかこまれ，西側に**大阪湾**があります。面積は全国の都道府県の中で小さいほうから2番目です。

大阪平野には，淀川や大和川などの川が流れています。ちょうど淀川が大阪湾に注ぐところに**大阪市**があります。

淀川は，**滋賀県**にある日本一大きな湖の**琵琶湖**から流れ出る川と，そのほかの川が合流してできた大きな川です。

大阪湾ぞいは，多くがうめ立て

▲大阪府の土地のようす

られた土地で，自然な海岸は南部にわずかに残るだけです。大阪府は，**兵庫県・京都府・奈良県・和歌山県**ととなりあっていて，人の行き来がとてもさかんです。

雑学ハカセ

大阪は昔「天下の台所」とよばれていました。全国から米などの食料が集まり，商いがさかんに行われたので，そうよばれました。今でも大阪は商売のまちとして有名です。

2 土地の使われかた

大阪府では，地域によって，土地のようすがことなります。地域ごとに，特色を見ていきましょう。

商店が多いところ（大阪市）
大阪市を中心とした地域で，鉄道や高速道路が集まり，大小多くの商業しせつが集まっています。

森林が広がっているところ（能勢町）
北部の北摂山地や南部の和泉山脈，東部の生駒山地・金剛山地には森林が広がっています。

大きな工場が多いところ（堺市）
大阪市・堺市・高石市・南部の泉佐野市などの大阪湾沿岸のうめ立て地には，大きな工場が立ちならび，石油化学工業などがさかんです。近年は，太陽光パネルや蓄電池を生産する工場がつくられるようになりました。

中小工場が多いところ（東大阪市）
内陸部の淀川付近の守口市・門真市，東部の東大阪市・八尾市などには，中小工場が集まっています。

凡例
- 田・畑
- 住たく地
- 工場地
- 商業地
- 森林

畑が多いところ（泉南市）
大阪府には田や畑は多くありませんが，山ぞいの地域や南部のきゅうりょう地などで米や野菜がつくられていて，南部の山のしゃ面ではくだもの畑も見られます。

▲大阪府の土地の使われかた

パワーアップ
大阪湾のうめ立て地の1つに関西国際空港（➡ 161～162 ページ）があります。陸からはなれた海上にあるため，24時間発着ができる空港です。毎日，多くの飛行機が世界の都市と行き来しています。

③ 産業のようす

大阪府の産業のようすを，産業別に見ていきましょう。

産業の種類	地域	ようす
商業	大阪市を中心とした地域	いくつものデパートや，多くの商店がならぶ商店街・地下街があり，おろし売り業の集まる問屋街もできています。
工業	大阪湾に面するうめ立て地	電気製品や石油化学製品をつくる大きな工場が建っています。
	内陸部の東大阪市や八尾市	中小工場が多く，ねじなどの細かい部品や歯ブラシやボタン，自転車など，生活用品が多くつくられています。
	泉佐野市など南部の泉州地域	タオル・毛布などのせんい工業がさかんです。
農業	南部	都市向けにたまねぎ・なす・キャベツなどがつくられています。山のしゃ面には，ぶどう畑やみかん畑も見られます。
漁業	南部の海ぞい	いわしやいかなごなどが水あげされます。

▲商店街のようす(大阪市)

▲電気製品工場(門真市)

▲ぶどうのつみとり(柏原市)

◀あなごをさばいているところ
(泉南市)

雑学ハカセ

自分の住む都道府県の産業を調べるには，インターネットが便利です。例えば，大阪府について調べるときは，インターネットのけんさくまどに「大阪府　統計」と入力しましょう。大阪府についての資料が見つかります。

しりょうの広場

①大阪府の市町村

②大阪府の市町村別の人口

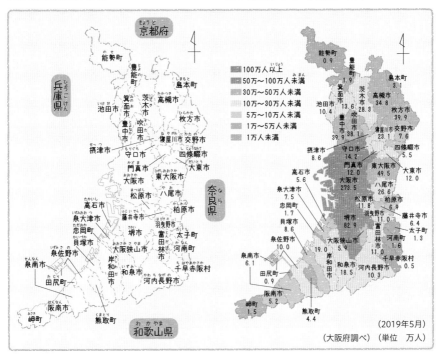

凡例
- 100万人以上
- 50万～100万人未満
- 30万～50万人未満
- 10万～30万人未満
- 5万～10万人未満
- 1万～5万人未満
- 1万人未満

京都府
兵庫県
奈良県
和歌山県

能勢町 0.9
豊能町 1.9
島本町 3.0
箕面市 13.6
茨木市 28.3
高槻市 34.8
池田市 10.4
吹田市 38.1
枚方市 39.9
豊中市 39.9
寝屋川市 23.1 交野市 7.6
摂津市 8.6
守口市 14.2
門真市 12.0 東大阪市 49.5
大阪市 273.5 大東市 12.0
高石市 5.6 八尾市 26.6
泉大津市 7.5 松原市 11.8 羽曳野市 11.0 藤井寺市 6.4
忠岡町 1.7 富田林市 11.0 太子町 1.3
貝塚市 8.6 大阪狭山市 5.9 河南町 1.6
泉佐野市 10.0 堺市 82.9 千早赤阪村 0.5
泉南市 6.1 岸和田市 19.0 河内長野市 10.9
田尻町 0.9 和泉市 18.5
阪南市 5.2
岬町 1.5 熊取町 4.4

(2019年5月)
(大阪府調べ) (単位 万人)

③大阪府とほかの都道府県の面積

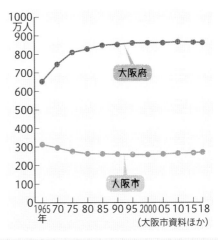

※北海道は北方領土をふくむ。

北海道 8万3424km²
岩手県 1万5275km²
福島県 1万3784km²
大阪府 1905km²
秋田県 1万1638km²
香川県 1877km²
東京都 2194km²
兵庫県 8401km²
長野県 1万3562km²
高知県 7104km²

(2018年) (国土地理院調べ)

④大阪府と大阪市の人口の変化

大阪府
大阪市

1965 70 75 80 85 90 95 2000 05 10 15 18 年
(大阪市資料ほか)

パワーアップ

市町村の数は一定ではありません。2019年4月の時点で全国に1724の市町村がありますが、30年前は3252もありました。この30年の間に、近くの市町村どうしが合ぺいしたため、半分近くにへっています。

⑤大阪府の主な鉄道と道路

① 阪神本線
② 阪神なんば線
③ 阪急神戸線
④ 阪急宝塚線
⑤ 阪急千里線
⑥ 阪急京都線
⑦ 京阪本線
⑧ 近鉄奈良線
⑨ 近鉄大阪線
⑩ 近鉄南大阪線
⑪ 近鉄長野線
⑫ 南海高野線
⑬ 南海本線
⑭ 能勢電鉄
⑮ 北大阪急行
⑯ 阪堺電軌
⑰ 泉北高速
⑱ 水間鉄道

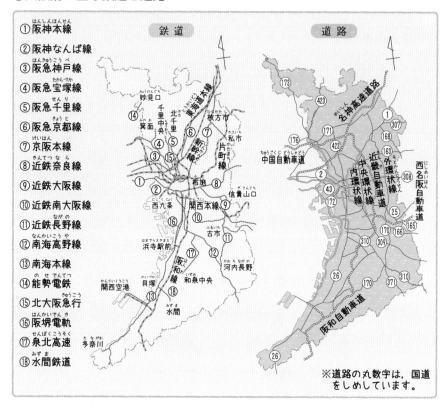

※道路の丸数字は，国道をしめしています。

⑥大阪府の主な農産物

26100t 米
12500t みかん
11200t キャベツ
7010t なす
6810t ねぎ
5000t ぶどう

（2017年）　（2019年版「データでみる県勢」）

⑦大阪府の産業別の人口のわりあい

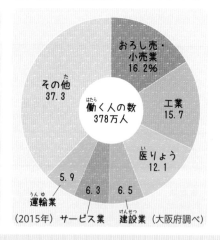

働く人の数 378万人

おろし売・小売業 16.2%
工業 15.7
医りょう 12.1
建設業 6.5
サービス業 6.3
運輸業 5.9
その他 37.3

（2015年）　（大阪府調べ）

雑学ハカセ

大阪府には大阪環状線という1周約22kmの鉄道があります。東京都にも山手線という1周約35kmの鉄道があります。それぞれ，日々多くの人々を運び，大都市にはなくてはならない交通路線です。

1 わたしたちの都道府県

第5章
都道府県のようす

1
わたしたちの
都道府県

2
さまざまな都道府県

⑧大阪府の主な農産物と工業製品

農産物
- なす
- しゅんぎく
- みかん
- ぶどう

工業製品
- テレビ
- エアコン
- 電池
- 電球
- 電子部品
- 液晶
- 石油
- 化学
- パン
- 蛍光灯
- ブルドーザー
- トラクター
- DVDプレイヤー
- ビデオカメラ
- 冷蔵庫
- 自動車部品
- つまようじ

農業がさかんな市町村
工業がさかんな市町村

京都府

能勢町
豊能町
島本町
高槻市
茨木市
箕面市
兵庫県
池田市
ひらかた
枚方市
豊中市
吹田市
摂津市
寝屋川市
交野市
守口市
門真市
四條畷市
大東市
大阪市
東大阪市
八尾市
松原市
柏原市
奈良県
高石市
堺市
羽曳野市
藤井寺市
泉大津市
太子町
忠岡町
富田林市
河南町
大阪狭山市
田尻町
岸和田市
千早赤阪村
泉佐野市
和泉市
河内長野市
泉南市
阪南市
貝塚市
熊取町
岬町
和歌山県

（大阪府資料ほか）

0　　　10　　　20km

157

パワーアップ

工業製品というと，金属やプラスチックなどを思いうかべることが多いですが，魚の加工品やかんづめ，パンなどをつくる産業も工業の1つです。これらは食料品工業とよばれ，農業，水産業によって生産された材料をもとに加工する産業です。

⑨大阪府の伝統的工芸品（伝統的な方法でつくられている工業製品）

堺打刃物（堺市など） 切れ味がよく，料理人などから支持を得ています。

大阪浪華すず器（大阪市など） すずの加工は，機械ではむずかしいため，大部分が手作業で行われています。

大阪欄間（大阪市など） 木の特ちょうを生かしたちょうこくが，和室に落ち着いた美しさを見せています。

大阪唐木指物（大阪市など） くぎを使わずに組み立てられ，表面がうるしで仕上げられています。

大阪泉州桐たんす（岸和田市など） あつい桐材を用い，角を丸くけずった胴丸型というたんすが多くつくられています。

大阪金剛すだれ（富田林市など） 水分の少ない時期にとった竹を，細く加工して，それを1本ずつあみ，すだれにします。

パワーアップ

伝統工業とは古くから地域に根ざして受けつがれてきた工業です。中でも国がみとめた伝統的工芸品には，伝統マークとよばれるシンボルマークがつけられています。（➡ 296 ページ）

3 県とほかの地域とのつながり（大阪府の例）

ここで学習すること

1 県と国内のほかの地域とのかかわりは，どのようになっているのだろう。

2 県と外国とのかかわりは，どのようになっているのだろう。

大阪府とほかの都道府県や外国との結びつきを調べたいけど，どう調べたらいいのかな？

それなら，食料や交通の面で調べてみましょう！

1 野菜・くだもの・水産物を通したつながり

大阪府では，大阪市にある中央卸売市場に，各地からたくさんの**野菜**や**くだもの・水産物**などが送られてきます。農産物や水産物などは，大阪府内の市町村，となりの兵庫県・和歌山県，遠くはなれた北海道など，国内の各地から送られてきます。さらに**外国**からもくだものや水産物などが送られてきます。中央卸売市場に集まった農産物や水産物などは，3分の2ほどが大阪府内の市町村に，残りが兵庫県や京都府・奈良県などに送られています。**食料**を通して，大阪府とほかの地域は，深く結びついています。

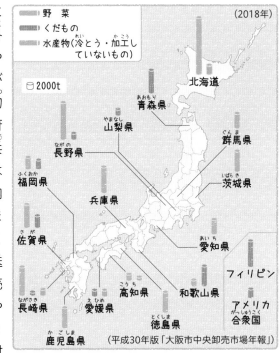

野菜
くだもの
水産物（冷とう・加工していないもの）

(2018年)

2000t

北海道
青森県
山梨県
群馬県
長野県
茨城県
福岡県
兵庫県
佐賀県
愛知県
フィリピン
高知県
和歌山県
長崎県
愛媛県
アメリカ合衆国
徳島県
鹿児島県

(平成30年版「大阪市中央卸売市場年報」)

▲大阪府に集まる農産物・水産物

パワーアップ

伝統工業では，あとをつぐわかい**職人**が不足していることが大きな問題です。そこで，まちでは，工芸品を売るだけではなく，わかい人にものづくりを体験してもらうなど，職人をふやすための努力が行われています。

159

2 交通を通したつながり

大阪府には，鉄道や道路が大阪市を中心に広がっています。鉄道や道路は，大阪府の人々のほか，しごとや買い物をするため，大阪府にやってくるまわりの府や県の人々にもよく利用されています。

会社や工場・商店が多く集まる大阪府には，まわりの府や県だけでなく，遠くはなれた地域からも，しごとなどのために多くの人々がおとずれます。

▲新大阪駅のホームのようす

駅や港	利用について
新幹線の 新大阪駅	遠方から大阪府をおとずれる人々や，東京や博多方面に向かう人々に利用されています。
大阪国際空港 関西国際空港	どちらも多くの人々に利用されています。特に関西国際空港は，世界の多くの都市と結ばれているため，日本の空のげんかんの1つになっています。
大阪港	外国からコンテナを運んできた船や，製品を日本各地へしゅっかする船が行き交っています。また，フェリーが大阪港と九州，中国・四国地方とを結んでいるほか，外国から客船も来ています。 コンテナ 35ページ

3 外国との交流

大阪府は，中国のシャンハイやフランスのバルドワーズなどと友好交流都市の関係を結んで，これらの地域と経済や文化などの分野で交流しています。

友好都市 327ページ

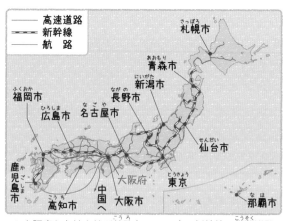

凡例
——— 高速道路
━━━ 新幹線
——— 航路

札幌市
青森市
新潟市
長野市
福岡市
広島市
名古屋市
仙台市
鹿児島市
中国へ
高知市
大阪市
東京
那覇市
大阪府

▲大阪府と各地を結ぶ航路（フェリー）・新幹線・高速道路

雑学ハカセ

新幹線は，はじめ東京と新大阪を結ぶ東海道新幹線しかありませんでした。その後，山陽新幹線や東北新幹線，上越新幹線，九州新幹線，北陸新幹線などが開業すると，今では北海道から九州まで新幹線で結ばれるようになりました。

1 わたしたちの都道府県

第5章

都道府県のようす

1

わたしたちの
都道府県

2

さまざまな都道府県

また，泉佐野市の沖合に関西国際空港が開港して，大阪府には，外国からもたくさんの人々がおとずれるようになりました。

大阪府では，大きな国際会議やスポーツ大会などを開いて，世界に「大阪」を知ってもらおうとしています。また，2025年には日本国際博覧会（大阪・関西万博）が開かれることが決定し，多くの外国人がおとずれることが予想されます。

▲国際線のけいじ板（関西国際空港）

くわしい学習

なぜ 関西国際空港は，どのような空港でしょうか。

答え 1994（平成6）年に開港した関西国際空港は，大阪湾南東部にある海上国際空港です。24時間運用されています。空港は，飛行機のそう音にこまる人がでないように，海をうめ立てた人工島につくられました。2007年には，もっと利用できるように，2本目のかっそう路（長さ4000m）が完成しました。2018年度の飛行機の発着回数は約19万回です。

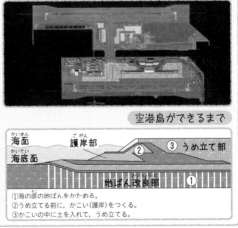

空港を上空から見たようす

空港島ができるまで

海面
海底面
護岸部
② ③ うめ立て部
地ばん改良部 ①

①海の底の地ばんをかためる。
②うめ立てる前に，かこい（護岸）をつくる。
③かこいの中に土を入れて，うめ立てる。

▲関西国際空港のすがた

パワーアップ 大阪府では1970（昭和45）年にも日本万国博覧会が開かれました。世界の70か国以上の国が参加して，各国のようすを伝えるもよおしが行われました。開さい中，博覧会をおとずれた人は4000万人をこえました。

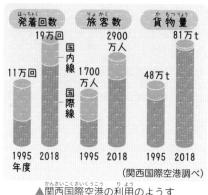

▲関西国際空港の利用のようす

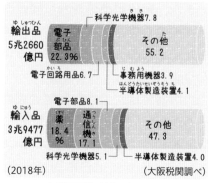

▲関西国際空港の輸出入品

なぜ 関西国際空港は，どんな国とつながっていますか。

答え げんざい（2017 年 7 月時点），関西国際空港は，22 か国の空港と飛行機の行き来があります。みなさんが，行きたい国はあるでしょうか。

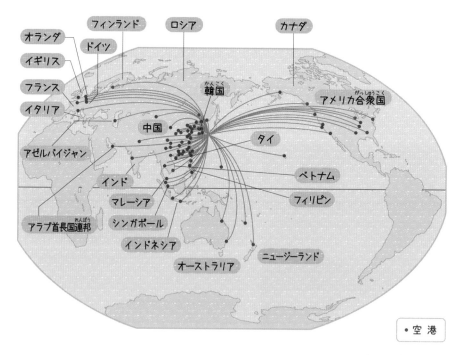

▲関西国際空港と飛行機の行き来がある外国とその空港

（関西国際空港調べ）

雑学ハカセ 飛行機で外国に行くと，行きと帰りでは乗っている時間がちがうことがあります。これは，風などのえいきょうで，飛行機がはやく飛んだり，おそく飛んだりするからです。例えば，日本からハワイに行く場合，行きよりも帰りのほうが時間が多くかかります。

2 さまざまな都道府県

4年

 学ぶことがら　1 各都道府県の面積と人口
2 各都道府県の特ちょう

1 各都道府県の面積と人口

 ここで学習すること　47都道府県それぞれの面積と人口は，どうなっているのだろう。

都道府県	面積(km²)	人口(万人)	都道府県	面積(km²)	人口(万人)	都道府県	面積(km²)	人口(万人)
北海道地方，東北地方			富山県	4248	105	島根県	6708	68
北海道	① 83424	529	石川県	4186	114	岡山県	7114	190
青森県	9646	126	福井県	4191	77	広島県	8480	282
岩手県	② 15275	124	山梨県	4465	82	山口県	6113	137
宮城県	7282	232	長野県	④ 13562	206	徳島県	4147	74
秋田県	11638	98	岐阜県	10621	200	香川県	1877	96
山形県	9323	109	静岡県	7777	366	愛媛県	5676	135
福島県	③ 13784	186	愛知県	5173	④ 754	高知県	7104	71
関東地方			近畿地方			九州地方		
茨城県	6097	288	三重県	5774	179	福岡県	4987	511
栃木県	6408	195	滋賀県	4017	141	佐賀県	2441	82
群馬県	6362	195	京都府	4612	259	長崎県	4131	134
埼玉県	3798	⑤ 733	大阪府	1905	③ 881	熊本県	7410	176
千葉県	5158	626	兵庫県	8401	548	大分県	6341	114
東京都	2194	① 1382	奈良県	3691	134	宮崎県	7735	108
神奈川県	2416	② 918	和歌山県	4725	94	鹿児島県	9187	161
中部地方			中国地方，四国地方			沖縄県	2281	145
新潟県	⑤ 12584	225	鳥取県	3507	56	合　計	377974	12644

(2019/20年版「日本国勢図会」)

各都道府県の面積と人口(2018年)　面積が大きい県や人口が多い県の上から5位までには，表の中に丸数字で順位をしめしてあります。

 パワーアップ　1km²(平方キロメートル)あたりに住んでいる人口を人口密度といいます。全国で最も人口密度が高いのは東京都で，1km²あたり約6300人の人口があります。一方，最も低い北海道では100人以下の人口しかありません。人口を調べるときは，人口密度を見ることも大切です。

2 各都道府県の特ちょう

ここで
学習
すること
47都道府県それぞれの自然や産業は，どうなっているのだろう。

各都道府県の自然や産業のようすを調べてみましょう。

※地図中の◎は都道府県庁所在地。各県のしゅくしゃくは同じではありません。島は一部しょうりゃくしています。

| 北海道地方 | **北海道**（面積8万3424km² 人口529万人） | 道庁所在地：札幌市 |

自然 北海道は，オホーツク海・日本海・太平洋にかこまれ，太平洋側の沖には冷たい親潮（千島海流）が流れています。気候は夏が短く，冬は長くてきびしい寒さです。地形は，北見山地・日高山脈・天塩山地が南北に走り，平野は釧路平野・十勝平野・石狩平野が広がっています。自然がゆたかで，釧路湿原やクッチャロ湖などがラムサール条約に，知床が世界自然遺産に登録されています。

産業 北海道では日本一大きな面積を生かして，米のほかに小麦・じゃがいも・だいず・たまねぎ・にんじんなどの畑作が大規模に行われています。すずしい東部の根釧台地では，らく農が行われています。まわりを海にかこまれ，さんま，たら，かに，ほたて貝，こんぶ，さけ・ますがよくとれます。

広大でゆたかな大地が広がる

📖 しりょうの広場

右の地図は，ラムサール条約登録地をしめしています。ラムサール条約とは，多様な生物がすむしっ地を登録して守ることを目的とした国際的な取り決めのことです。

◆ラムサール条約登録地
（2019年10月げんざい）

クッチャロ湖
宍道湖
尾瀬
琵琶湖
釧路湿原
宮島
藤前干潟

雑学ハカセ

北海道の北にあるオホーツク海では，冬に流氷が見られます。流氷とは海水がこおって流れることで，たくさんの氷が流れつくと，船は動けなくなります。そのため，オホーツク海に面した港は，冬の間は使うことができなくなります。

本州最北にある県で、漁業がさかん

→

[東北地方] **青森県**（面積9646km² 人口126万人） 県庁所在地：青森市

[自然] 青森県は本州の最も北にあり，**津軽海峡**をへだてて北海道と向き合っています。秋田県とのさかいにある**白神山地**は自然のままのぶなの林が広がり，**世界自然遺産**に登録されています。

[産業] 青森県は**津軽平野**を中心に，日本で最も多く**りんご**がつくられています。漁業もさかんで，八戸港ではいか・さば・いわしなどの水産物がたくさん水あげされ，陸奥湾ではほたて貝の養しょくが行われています。青森ひばは日本三大美林の１つとして知られ，木材などに使われています。また，青森市で夏に行われる，**ねぶた祭**は東北四大祭りの１つで，全国からたくさんの観光客がおとずれます。

漁業がさかん

[東北地方] **岩手県**（面積1万5275km² 人口124万人） 県庁所在地：盛岡市

[自然] 岩手県は北海道に次いで面積が広く，**奥羽山脈**や北上高地が連なる山がちな県です。東側の**三陸海岸**の南部は**リアス海岸**といい，海岸線が入り組んでいます。北部と海ぞいは，夏に**やませ**という冷たい北東の風がふき，**冷害**がおきやすいところです。

[産業] 岩手県は，山がちな地形のため，ちく産業や林業がさかんで，ビール用のホップやたばこもたくさんつくられています。暖流と寒流がぶつかる三陸海岸の沖に魚が多く集まり，大船渡や宮古・釜石などの漁港ではたくさんの魚が水あげされ，三陸海岸ではわかめやあわびなどの養しょくがさかんです。奥州市や盛岡市では，**伝統的工芸品の南部鉄器**づくりが行われています。

[パワーアップ] リアス海岸を地図で見ると，海岸線が入り組んだふしぎな形をしています。これは，長い年月の中で，谷が海にしずんで湾になってつくられた地形で，日本では三重県南部や福井県などでも見られます。

東北地方の政治・経済・文化の中心

東北地方 宮城県 （面積7282km² 人口232万人）　　県庁所在地：仙台市

自然 宮城県は，西側に奥羽山脈が連なり，北上川や阿武隈川の下流域にあたる東側に仙台平野が広がります。松島は260あまりの小島がうかぶ小さな湾で，日本三景の1つに数えられています。

産業 宮城県は，ブランド米の「ササニシキ」や「ひとめぼれ」がたん生したところで，仙台平野を中心に米づくりがさかんです。三陸海岸の沖に魚が集まるため，塩竈・石巻・気仙沼港ではたくさんの魚が水あげされます。また，水産物の加工もさかんで，仙台のささかまぼこは人気があります。仙台市は宮城県だけでなく，東北地方の中心として国の役所や会社の支社や支店が集まり，商業も発達しています。東北四大祭りの1つである**七夕まつり**が，夏に仙台市で行われます。雪が多くふる西部では，農作業ができない冬の間のしごととして，古くからこけしや鳴子しっ器などの工芸品づくりが行われてきました。

📖 宮城伝統こけし　314〜316 ページ

東北地方 秋田県 （面積1万1638km² 人口98万人）　　県庁所在地：秋田市

自然 秋田県は，東側に**奥羽山脈**が連なり，西側の日本海に**男鹿半島**がつき出ています。米代川と雄物川の下流にはそれぞれ能代平野と**秋田平野**が広がり，奥羽山脈と中央部に連なる出羽山地との間には，大館盆地や横手盆地があります。北側に広がる**白神山地**は，世界自然遺産に登録されています。かつて日本で2番目に広い湖であった**八郎潟**は，かんたくによって農地が広がっています。

📖 かんたく　276 ページ

産業 秋田県は，米づくりがさかんでブランド米の「あきたこまち」の産地として知られています。日本三大美林の1つに数えられている**秋田すぎ**がしげり，林業も発達しています。東北四大祭りの1つ，秋田市の**竿燈まつり**には，たくさんの観光客がおとずれます。

「あきたこまち」のふるさと

雑学ハカセ 仙台市の七夕まつり，秋田市の竿燈まつり，山形市の花笠まつり，青森市のねぶた祭の4つを東北四大祭りといいます。どの祭りも8月に行われ，毎年たくさんの人でにぎわいます。

くだものの生産がさかん

東北地方 **山形県**（面積9323km² 人口109万人）　県庁所在地：山形市

自然 山形県は，東側に奥羽山脈，中央部に出羽山地が南北に走り，その間に新庄・山形・米沢のそれぞれの盆地があります。そして，3つの盆地を流れる最上川の下流には庄内平野が広がっています。

産業 山形県は，庄内平野で米づくり，山形盆地でくだものづくりがさかんです。**さくらんぼと西洋なし**は日本で最も多くつくられています。米沢盆地では和牛の飼育もさかんです。温泉やスキー場がたくさんあり，多くの観光客がおとずれます。日本で生産されているしょうぎのこまは，ほとんどが天童市でつくられています。東北四大祭りの1つ，**花笠まつり**が夏の山形市で行われます。

農業と漁業がさかん

東北地方 **福島県**（面積1万3784km² 人口186万人）　県庁所在地：福島市

自然 福島県は，北海道・岩手県に次いで面積が広い県です。東から順に連なる阿武隈高地と奥羽山脈の間には福島盆地・郡山盆地があり，阿武隈川が流れています。西部には会津盆地が開け，新潟県とのさかいに越後山脈が連なっています。磐梯山の南側には，白鳥の飛来で有名な猪苗代湖があります。

産業 福島県は，米づくりやもも・りんごなどのくだものづくりがさかんです。漁業も行われ，小名浜の漁港には，さんまやかつおなどが水あげされています。太平洋岸には原子力発電所が2つありましたが，2011（平成23）年の東日本大震災の事故で，どちらも取りこわしが決まっています。

 東北地方には，6つの県があって，それぞれ特ちょうがちがうね。

 そう，都道府県によって，地形や産業のようすは，ちがうよ。ほかの地方のちがいもたしかめよう！

 パワーアップ 山形県ではくだものの生産がさかんです。これは，水はけがよい土地と夏は暑く，冬は寒い気候がくだものづくりにてきしているからです。同じような自然の山梨県もぶどうなどのくだものづくりがさかんです。

都心に向けた野菜づくりがさかん

関東地方 茨城県（面積6097km² 人口288万人）　県庁所在地：水戸市

自然 茨城県は，北部が阿武隈高地などの山地ですが，中央部から南部にかけて常総台地が広がり，**関東平野**となっています。南東部には日本で2番目に広い湖である霞ケ浦があり，近くを利根川が流れ，一帯は**水郷**とよばれる低しつ地になっています。

産業 茨城県は，首都圏向けの野菜やくだものづくり（近郊農業）がさかんで，ピーマンやはくさいは日本一多く生産されています。漁業もさかんで，いわしやさばなどが水あげされています。太平洋岸の鹿嶋市や神栖市には，大きな製鉄所や石油化学工場，発電所などが計画的に集められた**石油化学コンビナート**がつくられ，工業がさかんです。つくば市には大学や研究所が集まる**筑波研究学園都市**があります。

いちご・かんぴょうが有名

関東地方 栃木県（面積6408km² 人口195万人）　県庁所在地：宇都宮市

自然 栃木県は海に面していない県で，北部が山地，南部が平地になっています。**中禅寺湖**は日本一高いところにある湖として知られ，そこからは，落差97mもある華厳滝が流れ出ていて，美しい自然が見られます。

産業 栃木県は，米づくりや野菜づくりがさかんです。「とちおとめ」という**いちご**の産地として知られていて，いちごは日本一多く生産されています。すしの材料などに使われる**かんぴょう**もたくさんつくられています。また，電気機械や自動車などの工場がたくさん建っています。日光市にある**日光東照宮**など2つの神社と1つの寺が**世界文化遺産**に登録されていて，たくさんの観光客がおとずれます。そのほか，宇都宮市はぎょうざの店がたくさんあることで知られています。北部には火山があり，そこには温泉がわいていて，観光客を集めています。

雑学ハカセ 宇都宮市にはぎょうざの店がたくさんあり，宇都宮ぎょうざとよばれています。全国では，食べ物で地域をゆたかにしようとする動きが活発で，同じぎょうざでも静岡県浜松市では宇都宮市とはちがうぎょうざをつくって，多くの観光客を集めています。

2 さまざまな都道府県

第5章

都道府県のようす

1
わたしたちの
都道府県

2
さまざまな都道府県

すずしい気候を利用した野菜づくりがさかん

関東地方 群馬県（面積6362km² 人口195万人）　　県庁所在地：前橋市

自然 群馬県は海に面していない県で，南東部にある平地のほかは山地となっています。赤城山や榛名山・浅間山などの火山がそびえ，ふもとには温泉がたくさんあります。夏は暑くて，冬は「からっ風」という北西の風が強くふきます。

産業 群馬県は，首都圏向けの野菜づくりがさかんで，嬬恋村は夏のすずしい気候を利用してつくるキャベツづくり（抑制栽培）がさかんです。また，こんにゃくいもの生産が日本一で，ぶたや肉牛も多く飼われています。自動車や電気機械の大きな工場があり，古くからさかんな絹織物業では桐生織が伝統的工芸品の指定を受けています。

セメント工場が多くある

関東地方 埼玉県（面積3798km² 人口733万人）　　県庁所在地：さいたま市

自然 埼玉県は群馬県と同じく，海に面していない県です。東部に関東平野が広がっており，西部に関東山地が連なっています。秩父山地から流れ出た荒川が中央部を流れ，北部を流れる利根川が群馬県との県ざかいになっています。

産業 埼玉県では野菜づくりや花づくりがさかんです。ほうれんそう・ねぎ・かぶ・ブロッコリー・ゆりなどがたくさんつくられ，東京都や神奈川県などの大きな都市に送られています。自動車や電気製品の大きな工場があり，川口市では鋳物業がさかんです。石灰石が多くとれる秩父市には，大きなセメント工場があります。昔，城があった川越市には古い町並みが残っていて，観光地にもなっています。

パワーアップ 群馬県や埼玉県のように海に面していない県を内陸県とよびます。全国に内陸県は8県（栃木県，群馬県，埼玉県，山梨県，長野県，岐阜県，滋賀県，奈良県）あり，関東地方と中部地方に多く集まっています。

日本の政治・経済・文化の中心地

関東地方 東京都（面積2194km² 人口1382万人） 都庁所在地：東京

自然 東京都は全国で3番目にせまい面積の県（都）ですが，東部の平地を中心に日本で最も多くの人が住んでいます。西部の関東山地から流れ出る多摩川は武蔵野台地を通りぬけ，神奈川県とのさかいとなって東京湾に注いでいます。世界自然遺産の小笠原諸島や，日本の南のはしである沖ノ鳥島，東のはしである南鳥島も東京都に属します。

産業 日本の首都である東京都には，国の役所や大きな会社，交通機関などが集まり，たくさんの人が働いています。多くの情報が集まるため，出版社の数が全国で最も多く，印刷工場も多くあります。また，商業もさかんで，銀座・日本橋・新宿・渋谷にはさまざまな店が数多く集まっています。

⚠ くわしい学習

💬**なぜ** 東京が日本の首都になったのはなぜでしょうか。

😮**答え** 今から150年ほど前までは，東京は江戸とよばれていました。日本を支配していた徳川氏という武士は，江戸で政治を行っていましたが，都すなわち首都は天皇がいる京都でした。徳川氏の力が弱くなり，天皇を中心とする政治を行おうとした人たちは，江戸をそのまま政治の中心地とし，名まえを東京にかえました。そして，京都から天皇が東京にうつり住んで，東京は日本の首都になりました。

💬**なぜ** 「東京」が「東京市」でないのはなぜでしょうか。

😮**答え** 東京は，23の特別区という市のような地域の集まりで，東京23区，東京都区部ともよばれます。もともとは東京市でしたが，法律により都の区としてあつかわれることになり，特別区になりました。大阪市や横浜市などにも「区」があり，これらの市は都道府県と同じようなはたらきができることをみとめられていますが，東京23区については市と同じように取りあつかわれています。

雑学ハカセ 東京が首都になる前，日本の首都は京都でした。約150年前，政治の中心地だった江戸を首都にすることが決まると，京都から見て東にあるため「東京」と名づけられました。

工業と観光業がさかん

関東地方 **神奈川県**（面積2416km² 人口918万人）　県庁所在地：**横浜市**

自然 神奈川県は南につき出た**三浦半島**をさかいに，東は東京湾，南は相模湾に面しています。北西部には丹沢山地が広がり，静岡県との県ざかい近くには火山の箱根山があります。

産業 神奈川県は，あまり農業がさかんではありませんが，**三浦半島**ではキャベツやだいこんがたくさんつくられています。三浦半島にある三崎港は，遠くの海でとられた，まぐろがたくさん水あげされています。工業もさかんで，**横浜市**や**川崎市**の海ぞいに広がるうめ立て地は，石油化学工場や製鉄所・火力発電所などが立ちならんで，**京浜工業地帯**の中心となっています。また，横浜市の中華街や山下公園，箱根の温泉，大仏のある鎌倉市，江の島などの観光地があり，たくさんの観光客がおとずれます。

中学入試にフォーカス 工業地帯

● **工業地帯**　多くの工場が集まり，工業がとてもさかんな一帯を工業地帯または工業地域とよびます。

● **三大工業地帯**　東京都や神奈川県を中心とした**京浜工業地帯**，愛知県を中心とした**中京工業地帯**，大阪府を中心とした**阪神工業地帯**を三大工業地帯とよびます。福岡県を中心とした北九州工業地帯（域）をふくめて四大工業地帯とよぶ場合もあります。

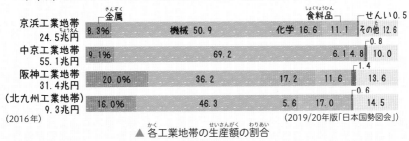

	金属	機械	化学	食料品	せんい	その他
京浜工業地帯 24.5兆円	8.3%	50.9	16.6	11.1	0.5	12.6
中京工業地帯 55.1兆円	9.1%	69.2	6.1	4.8	0.8	10.0
阪神工業地帯 31.4兆円	20.0%	36.2	17.2	11.6	1.4	13.6
（北九州工業地帯） 9.3兆円	16.0%	46.3	5.6	17.0	0.6	14.5

（2016年）　　　　　　　　　　　　（2019/20年版「日本国勢図会」）

▲ 各工業地帯の生産額の割合

パワーアップ　神奈川県の川崎市，横浜市，相模原市は**政令指定都市**とよばれます。政令指定都市とは，国がみとめた人口50万人以上の大都市から選ばれ，全国に20市（2019年10月げんざい）あります。それぞれの市内に区がつくられています。

関東地方　千葉県（面積5158km² 人口626万人）　　県庁所在地：千葉市

水あげ量1位の銚子港がある

【自然】千葉県は，大部分を房総半島がしめています。北部を流れる利根川は，茨城県とのさかいにあたり，その南側には下総台地が広がっています。北東部の太平洋側に面した九十九里浜は，ほぼまっすぐなすなはまの海岸線が長く続いています。

【産業】千葉県では，だいこん・にんじん・ねぎ・ほうれんそう・かぶなどを中心に野菜づくりがさかんです。房総半島の南部は，あたたかい気候を生かして，冬の花づくりがさかんなところです。漁業もさかんで，銚子港は全国で最も水あげ量の多い港です。東京湾岸のうめ立て地には，大きな製鉄所や石油化学工場があります。北部には全国で最も国際線の本数が多い成田国際空港があり，おとずれる外国人の数と，外国との貿易額はどちらも日本一です。

中部地方　新潟県（面積1万2584km² 人口225万人）　　県庁所在地：新潟市

米づくりがとてもさかん

【自然】南北に長い新潟県は，西側が日本海に面しています。東部に越後山脈が走り，信濃川と阿賀野川の下流には越後平野が広がっています。長野県から流れる信濃川は，日本一長い川です。冬には山地を中心に，たくさんの雪が積もります。

【産業】新潟県は，越後平野を中心に米づくりがさかんで，ブランド米の「コシヒカリ」の産地として知られています。海岸のさきゅうでは，すいかやだいこんなどのさいばいや，チューリップなどの球根づくりがさかんです。また，燕市ではナイフやフォークなどの洋食器がたくさんつくられていて，外国にも輸出されています。

雑学ハカセ　千葉県と茨城県の県境を流れる利根川は，約400年前までは東京湾に流れこんでいました。その後，まだ大きな機械のない時代に流れを変える大工事が行われ，今のように太平洋に流れる川となりました。（➡ 285ページ）

古くから薬の生産がさかん

中部地方 富山県（面積4248km² 人口105万人）　　県庁所在地：富山市

自然 富山県は，北が富山湾に面していて，三方を山にかこまれています。東部に連なる**飛驒山脈**は3000m級の山がそびえ，北アルプスともよばれています。

産業 富山県は，富山平野を中心に米づくりがさかんです。砺波平野では，米づくりのあと，冬に田んぼで**チューリップ**が育てられています。高岡市では**伝統的工芸品の銅器**のほかに，サッシなどのアルミ製品づくりがさかんで，古くから売薬の町として知られる富山市では，その伝統を受けついで薬の生産で有名です。

伝統産業がさかん

中部地方 石川県（面積4186km² 人口114万人）　　県庁所在地：金沢市

自然 石川県は南北に細長い県で，北部が**能登半島**になっています。南部には両白山地が連なり，**日本海**に面して金沢平野が広がっています。

産業 石川県は，金沢平野で早場米がつくられ，能登半島では「千枚田」という階だん状の田（棚田）が見られます。輪島市は**伝統的工芸品**である**輪島ぬり**や，1000年以上続く「朝市」がよく知られています。古くから絹織物づくりが続く小松市には，建設機械などの工場があり，同じく古くから**加賀友禅**や**九谷焼**などの伝統的工芸品で知られる加賀市には温泉街があります。2015（平成27）年，**北陸新幹線**が東京から金沢まで開通すると，金沢市は一大観光地となりました。

📖 輪島ぬり 302〜305ページ

石川県では，どうして伝統産業がさかんなのかな？

富山県，石川県，福井県は，冬の間は雪がふって，農作業ができないので，古くから家の中で物をつくる産業が栄えてきたのよ。

パワーアップ 富山県・石川県・福井県を**北陸地方**とよびます（新潟県をふくめることもあります）。中部地方は気候や地形，文化などの特ちょうによって，山梨県・長野県・岐阜県の北部をふくめた中央高地地方，静岡県・愛知県・岐阜県の南部をふくめた東海地方，北陸地方の3つに分けられます。

173

中部地方　福井県（面積4191km² 人口77万人）　県庁所在地：福井市

自然 福井県は象の横顔のような形をした県です。北部を流れる九頭竜川の下流に福井平野が開けています。若狭湾に面した海岸線はリアス海岸になっていて，入り組んでいます。

産業 福井県は，福井平野を中心に米づくりがさかんです。小浜市は漁業がさかんで，越前海岸の沖のかに漁のほか，あまえびもよくとれます。県内にはせんいの工場がたくさんあり，鯖江市では全国で最も多くめがねフレームを生産しています。

めがねフレームの生産量が日本一

福井県にもリアス海岸があるんだね！

リアス海岸は，日本の各地にあるわ。リアス海岸は，波が静かなので，養しょく業がさかんよ。

中部地方　山梨県（面積4465km² 人口82万人）　県庁所在地：甲府市

自然 山梨県は海に面していない県で，まわりを日本一高い山の富士山（世界文化遺産）や3000m級の山が連なり，南アルプスとよばれる赤石山脈など，高い山々にかこまれています。中央部には甲府盆地が開けています。

産業 山梨県は甲府盆地でくだものづくりがさかんで，ぶどうやももが日本一多くつくられています。甲州市や甲府市ではぶどうを生かしたワインづくりもさかんです。甲州市や韮崎市などには電子部品の工場が建ち，甲府市では古くから水晶細工が行われています。南東部にはリニアモーターカーの実験線があります。

フルーツ王国

雑学ハカセ 南アルプスの「アルプス」とは，ヨーロッパにある山脈の名まえです。アルプス山脈はスイス，イタリア，オーストリアなどの国をまたぐ4000m級の山が連なる大山脈で，日本の高くてけわしい山脈にも同じ名まえがつきました。

盆地でのりんご、高地での野菜づくりがさかん

中部地方 **長野県**（面積1万3562km² 人口206万人）　　県庁所在地：長野市

自然 長野県は海に面していない県で、8つの県とせっしています。面積は全国で第4位の広さがあります。**日本アルプス**とよばれる**飛驒・木曽・赤石山脈**が連なり、高い山々の間には長野・松本・諏訪などの盆地があります。雨が少なく、夏と冬、昼と夜の温度の差が大きいところです。

産業 長野県は、高原で夏のすずしい気候を利用した**レタス・はくさい**などの生産（抑制栽培）がさかんです。これらの野菜は、ほかの産地としゅっか時期がずれるので高く売れます。盆地ではくだものづくりがさかんで、**りんごやぶどう**などがたくさんつくられています。また、盆地には時計・カメラ・情報通信機械などの工場もあります。そのほか、ゆたかな自然と温泉やスキー場が数多くあり、観光客がたくさんおとずれます。

焼き物や和紙が有名

中部地方 **岐阜県**（面積1万621km² 人口200万人）　　県庁所在地：岐阜市

自然 岐阜県は海に面していない県で、南部の一部に**濃尾平野**が広がっていますが、大部分は山地となっています。濃尾平野には**木曽川・長良川・揖斐川**が集まっており、下流部には輪中とよばれる低い土地があります。

産業 濃尾平野では米づくりのほかに、かきづくりもさかんです。北部の飛驒高地では夏のすずしい気候を利用した野菜づくりや牛の飼育がさかんです。特に肉牛は「飛驒牛」として知られています。岐阜市や大垣市などは服の生産が多く、多治見市・土岐市は**焼き物**、美濃市は**和紙**が有名です。

美濃和紙 311〜313 ページ

パワーアップ

長野県の盆地では、りんごづくりがさかんです。盆地の土は水がたまらず、くだものの木がよく育ちます。同じ理由で、山梨県の甲府盆地や山形県の山形盆地などでは、くだものづくりがさかんです。

機械工業がさかん

中部地方　**愛知県**（面積5173km² 人口754万人）　　けんちょうしょざいち　県庁所在地：**名古屋市**

自然　愛知県は，西部に**濃尾平野**が広がっていて，その南には岡崎平野が広がっています。北から南につき出た知多半島には**愛知用水**がつくられていて，半島の西には伊勢湾があります。また，東から西につき出た渥美半島には**豊川用水**がつくられていて，半島の北には三河湾があり，南には太平洋が広がっています。

産業　愛知県は工業がさかんな県です。特に，**豊田市**などの**自動車**や自動車部品などの機械工業が，**中京工業地帯**の中心となっています。また，農業もさかんで，特にたまねぎ・はくさい・キャベツ・トマト・メロンの生産量が多くなっています。また，卵用にわとりもたくさん飼育しています。花づくりでも知られていて，きく・カーネーション・ばら・らんをさいばいしています。漁業では，いわし・あさりの漁かく量が多く，伊勢湾ぞいではのりの養しょくが行われています。伝統的工芸品には，**瀬戸染付焼**や**常滑焼**などがあります。

濃尾平野

岐阜県

長野県

名古屋◎

瀬戸染付焼
自動車
自動車部品
製鉄
あゆ
卵用にわとり
常滑焼
たまねぎ
カーネーション
のり
いわし
はくさい
自動車
静岡県
キャベツ
くるまえび・うなぎ
トマト
ばら
メロン
太平洋

中京工業地帯　**171** ページ

中学入試に フォーカス　**気候や場所に適した野菜づくり**

近郊農業	
場所	・人口が多い大都市のまわり
特色	・新せんなうちに野菜を市場に出せる。 ・野菜を運ぶ費用も安くすることができる。
促成栽培	
場所	・あたたかい地域
特色	・ほかの地域よりも早くしゅっかすることで，高く売れる。
抑制栽培	
場所	・すずしい地域
特色	・ほかの地域よりもおそくしゅっかすることで，高く売れる。

□ 生産額上位10道県

（2017年）
（農林水産省調べ）

▲ 野菜づくりがさかんな地域

雑学ハカセ　三重県の尾鷲市は，雨が多いことで有名です。強い雨がふるため，ふつうのかさよりも多い12本のほねをつけた「尾鷲がさ」がつくられました。自分の持っているかさのほねの数とくらべてみましょう。

茶の生産がさかん

中部地方 静岡県（面積7777km² 人口366万人）　　**県庁所在地：静岡市**

自然 静岡県は，北部に赤石山脈，北東部に世界文化遺産の富士山などがあって，平地が少なく山がちで，海岸ぞいには牧ノ原・磐田原などの台地が広がっています。主な川は，東から順に富士川・大井川・天竜川が流れていて，湖は西部に浜名湖があります。東部には伊豆半島があります。

産業 静岡県は日本一の茶の産地で，みかんやいちごの生産もさかんです。焼津港・清水港では，まぐろ・かつおが多く水あげされ，浜名湖はうなぎの養しょくで知られています。楽器・オートバイの生産や製紙などの工業もさかんで，伝統的工芸品には，駿河ひな人形などがあります。

真じゅの養しょくがさかん

近畿地方 三重県（面積5774km² 人口179万人）　　**県庁所在地：津市**

自然 三重県は，北東部で木曽川と揖斐川（長良川は揖斐川に合流）が伊勢湾に注いでいます。東部には志摩半島があり，半島から南部にかけての海岸線は，出入りが多いリアス海岸となっています。全体的に山がちで，県の南西部は高くけわしい紀伊山地にあたります。

産業 あたたかく雨の多い尾鷲市は，ひのき（尾鷲ひのき）の産地として知られています。志摩半島の英虞湾などでは真じゅの養しょくがさかんです。松阪牛の産地としても知られています。四日市市には石油化学の工場があり，伝統的工芸品には，伊賀くみひもなどがあります。

中部地方には，けわしくて，高い山脈がたくさんあるね。

中部地方には，3000m前後の山々が多く，日本アルプスは「日本の屋根」ともよばれているわ。

パワーアップ　静岡県の海ぞいには，たくさんの工場があります。富士市では製紙工業がさかんで，たくさんの紙がつくられています。紙をつくるためにはきれいな水が必要で，富士山から流れるわき水が製紙工業をさかんにしてきました。

日本一広い琵琶湖がある

近畿地方 滋賀県（面積4017km² 人口141万人）　県庁所在地：大津市

【自然】滋賀県は、中央に日本一大きな湖の琵琶湖があり、県の面積の約6分の1をしめています。海に面していない県で、琵琶湖の東と南には近江盆地が広がっています。

【産業】近江盆地では、米づくりがさかんに行われています。琵琶湖では**あゆ・ふな**の養しょくが行われ、琵琶湖のふなずしは特産品として知られています。東近江市は、牛の飼育がさかんで近江牛の産地になっています。草津市には電気製品の大きな工場があり、**伝統的工芸品の信楽焼**はたぬきの置き物で有名です。　📖信楽焼 297～300ページ

古い都のおもかげを残す

近畿地方 奈良県（面積3691km² 人口134万人）　県庁所在地：奈良市

【自然】奈良県は海に面していない県で、北部に奈良盆地が広がり、南部が**紀伊山地**にあたるため、山がちになっています。日本の中でも特に雨がよくふる紀伊山地から吉野川（下流では紀ノ川）や十津川（下流では熊野川）などが流れ出ています。

【産業】吉野川が流れる五條市や下市町では、**うめづくりやかきづくり**がさかんです。南部では、あたたかく雨も多い気候を利用して、質の良いすぎ（**吉野すぎ**）が育てられています。**伝統的工芸品**には、奈良筆や高山茶せん（茶をたてるときに使う道具）があります。**世界文化遺産の法隆寺や東大寺**などには、観光客が多くおとずれます。

どうして、奈良や京都には、お寺が多いの？

昔、奈良と京都は、日本の中心地だったの。古くから人が多く集まる場所で、寺も多くつくられたのね。

雑学ハカセ 奈良の寺社は、1993（平成5）年に姫路城（兵庫県）とともに、日本で最初に世界遺産に登録されました。約1400年前の50近い建物が登録され、大切に守られています。

伝統工業がさかん

近畿地方 京都府（面積4612km² 人口259万人）　**府庁所在地：京都市**

自然 京都府は北部が**日本海**に面しています。北部から中部にかけては丹波高地が広がっていて，また，南部も山がちな地形をしています。主な平地は福知山盆地・亀岡盆地・**京都盆地**です。北から桂川，東から宇治川，南から木津川が流れていて，これらの川は京都盆地に集まり，大阪府とのさかい目あたりで合流します。

産業 京都府南部の**宇治市**では，茶の生産がたいへんさかんです。また，九条ねぎ・京たけのこなど京都府独特の**京野菜**づくりも行われています。京都市北部では，**北山すぎ**という質の良いすぎが育てられています。京都市は昔の日本の中心地であったため，有名な神社や寺が多く，**世界遺産**に登録されているところもあり，観光地としてもにぎわっています。また，京都府は**西陣織，京友禅，京焼・清水焼，京しっ器**などの**伝統工業**がさかんです。

　　　　　　 🛠 **しりょうの広場** 🛠

　世界遺産には**文化遺産**と**自然遺産**とがあり，両方ふくめて日本には世界遺産に登録されているものが23件あります。

▲日本の世界遺産登録地

今の首都は東京ですが，その前は京都でした。さらに，時代をさかのぼると，京都の前は奈良が日本の政治の中心地でした。今から約1300年前にきずかれた平城京という都は，中国の都をまねてつくられた大都市でした。

商業がさかん

近畿地方　**大阪府**（面積1905km² 人口881万人）　府庁所在地：大阪市

自然　**大阪府**は，面積が2番目に小さい県（府）ですが，人口は全国で3番目の多さです。西側が**大阪湾**に面し，大部分を**大阪平野**がしめます。まわりの県から流れてきた淀川や大和川は，大阪平野を通り，大阪湾に注いでいます。海岸線はほとんどがうめ立てられていて，自然な海岸線は南部にわずかに残っています。

産業　大阪府は，住宅や工場・店などが立ちならぶため，農業はあまりさかんではありませんが，南東部でぶどうづくり，南部でみかんづくりが行われています。大阪湾ぞいの**大阪市**や**堺市**のうめ立て地には，金属や化学の大きな工場があり，門真市や守口市には電気製品の大きな工場が建っています。人の多く集まる大阪市にはいくつもの店が立ちならんでおり，商業が活発に行われています。**伝統的工芸品**には，大阪欄間・**堺打刃物**・大阪泉州桐たんすなどがあります。

📖 大阪府の伝統的工芸品　**158** ページ

🏛 しりょうの広場

どのような鉄道がどこに通っているのか調べましょう。

▲日本の主な鉄道の路線図

凡例
- —— 主な鉄道
- ═══ 新幹線

宗谷本線　石北本線　釧網本線
函館本線　根室本線　室蘭本線
高山本線　奥羽本線　東北本線
北陸本線　羽越本線
山陽本線　常磐線
山陰本線　上越線
予讃線　中央本線
長崎本線　東海道本線
鹿児島本線　土讃線　関西本線
日豊本線　紀勢本線

雑学ハカセ　大阪府は毛布づくりがさかんです。毛布の生産量は日本一で，全国の生産量の90％をこえています。

瀬戸内海一広い淡路島がある

近畿地方 兵庫県 (面積8401km² 人口548万人)　県庁所在地：神戸市

自然 兵庫県は，北部が日本海に面しています。北部から中部にかけては，中国山地にあたるため山がちになっていて，山の間には豊岡盆地や篠山盆地があります。一方，南部は大阪湾や瀬戸内海（播磨灘）に面していて，加古川などが流れる播磨平野が広がっています。瀬戸内海と大阪湾の間には，淡路島があり，神戸から明石海峡大橋がかけられており，徳島県の鳴門市まで道路で結ばれています。

産業 播磨平野では米づくりが中心で，淡路島ではたまねぎ・レタスづくりがさかんに行われています。北部の中国山地では，牛の放牧が行われ，但馬牛の産地になっています。日本海ではずわいがに・べにずわいがに，瀬戸内海ではたこがよくとれ，ほかにのりの養しょくもさかんに行われています。大阪湾や瀬戸内海ぞいには，工場がたくさん建っています。伝統的工芸品には，丹波立杭焼・出石焼・播州そろばんなどがあります。

⚒ しりょうの広場

どのような高速道路がどこに通っているのか調べましょう。

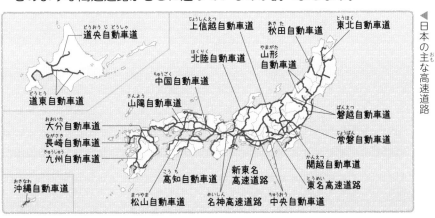

▶ 日本の主な高速道路

四国は長い間，本州とつながる道路や鉄道がありませんでした。1988（昭和63）年に瀬戸大橋ができて，初めて本州と四国が道路で結ばれると，その後，明石海峡大橋と瀬戸内しまなみ海道が開通して，人や物がたくさん移動できるようになりました。

みかんづくりとうめづくりがさかん

近畿地方　和歌山県 （面積4725km² 人口94万人）　　県庁所在地：和歌山市

自然 和歌山県は**紀伊半島**にあります。大部分が**紀伊山地**にあたるため，山がちの県であり，平地は**紀ノ川**の下流に広がる和歌山平野ていどです。沖合には，あたたかい**黒潮（日本海流）**が流れています。

産業 紀ノ川ぞいではかき・もも・はっさくづくり，有田川の下流では**みかんづくり**，田辺市・みなべ町では**うめづくり**がさかんに行われています。漁業では，勝浦港でまぐろがたくさん水あげされ，養しょく業では多くのあゆが生産されています。

大部分を山地がしめるため，林業がさかんで，すぎやひのきを利用した紀州しっ器・紀州たんすは**伝統的工芸品**になっています。

国内最大級のさきゅうがある

中国地方　鳥取県 （面積3507km² 人口56万人）　　県庁所在地：鳥取市

自然 鳥取県は，北部が**日本海**に面していて，鳥取平野や米子平野が広がっています。鳥取平野の海岸ぞいには，国内最大級のさきゅうである**鳥取さきゅう**があります。西部には美保湾があり，中海をとじこめるように弓ヶ浜という細長い州が続いています。一方，南部は**中国山地**にあたるため，山がちになっています。

産業 ぼうさ林を植えたり，スプリンクラーを設けたりしてある鳥取さきゅうでは，**らっきょう・すいか・ながいも**づくりがさかんに行われています。さきゅうから山のしゃ面にかけては，**二十世紀**という**日本なし**がたくさんつくられています。境港では，**ずわいがに（松葉がに）**をはじめ，ぶり・あじなどがたくさん水あげされています。伝統的工芸品には，**因州和紙・弓浜がすり**などがあります。都道府県の中で最も人口が少ない県です。

パワーアップ 島根県の湖である中海と宍道湖は大橋川を通してつながっています。湖なのに日本海ともつながっているため，海水がまざっています。このような湖を汽水湖といいます。

中国地方 島根県（面積6708km² 人口68万人）　県庁所在地：松江市

宍道湖のしじみが有名

自然 島根県は，北部が日本海に面しています。北東部には島根半島があり，出雲平野が広がっています。出雲平野の東には宍道湖があり，その東には中海があります。南部は中国山地などの山地や高原が大部分をしめます。中央部では，江の川が日本海に流れこんでいます。島根半島の沖には隠岐諸島があります。

産業 島根県は漁業がさかんで，宍道湖ではしじみ，日本海ではあじ・ぶり・ずわいがに・べにずわいがにがよくとれます。中国山地や隠岐諸島では牛の放牧が行われている地域もあります。伝統的工芸品には，石見焼・石州和紙・雲州そろばん・出雲石どうろうなどがあります。

中国地方 岡山県（面積7114km² 人口190万人）　県庁所在地：岡山市

ぶどう・ももの生産がさかん

自然 岡山県は，北部に中国山地，中部に吉備高原が広がり，北東部には津山盆地があります。南部は瀬戸内海に面していて，岡山平野が広がっています。児島半島と四国の香川県とは，瀬戸大橋で結ばれています。

産業 岡山平野では，米づくりのほか，くだものづくりがさかんで，ぶどう・ももがたくさんつくられています。また，瀬戸内海に面した倉敷市では，うめ立て地に石油化学や自動車の工場，製鉄所などがあり，工業がさかんです。備前市を中心とする地域では，伝統的工芸品である備前焼の生産を行っています。

「備前焼」の「備前」って，どういう意味なの？

都道府県ができる前，都道府県のもとは国とよばれていたの。昔の岡山県の一部に備前国という国があったから，この地の焼き物を「備前焼」というのよ。

パワーアップ
岡山県はぶどうなどのくだものの生産がさかんですが，学生服の生産量も日本一です。全国にしゅっかされる学生服の約70％が，岡山県で生産されています。

中国地方 広島県（面積8480km² 人口282万人）　　県庁所在地：広島市

自然 広島県は，北西部や北東部に冠山山地や中国山地が走り，東部から中央部にかけて吉備高原が広がっています。南側は瀬戸内海に面し，冠山山地から流れ出て広島湾に注ぐ太田川の下流に広島平野が広がっています。瀬戸内海の島々にかけられた橋を通して四国の愛媛県と結ばれています。

産業 平地が少ないため，瀬戸内海ぞいの山のしゃ面でみかんがたくさんつくられ，吉備高原ではまつたけもよくとれます。広島湾ではかきの養しょくがさかんです。広島市に自動車，呉市に船をつくる工場があり，福山市には製鉄所が建っています。熊野町では，伝統的工芸品の熊野筆づくりが行われています。原爆ドームや厳島神社は世界文化遺産に登録されています。

📖 熊野筆　317〜320ページ

！ くわしい学習

💭**なぜ** 太平洋側は夏に雨が多く，日本海側は雪が多いのはなぜでしょうか。

⚙**答え** 夏は，太平洋の方からふいてくるあたたかい風が，太平洋のしめり気をふくんで日本にふき，中央にある山地にあたって雨となります。このため，太平洋側の各地は夏に雨が多くなります。一方，冬は日本のはるか北西の方からふいてくる冷たい風が，日本海のしめり気をふくんで日本にふき，中央にある山地にあたって雪となります。このため，日本海側の各地は冬に雪が多くなります。

▲夏にふく風のしくみ

▲冬にふく風のしくみ

雑学ハカセ 瀬戸内海には，およそ900年前，村上水軍とよばれる海ぞくがいました。村上水軍は，国どうしの戦いが多かった時代，中国地方の力の強い武将のもとについて，活やくしました。

本州でいちばん西にある

中国地方 山口県 （面積6113km² 人口137万人）　　　県庁所在地：山口市

自然 山口県は本州の最も西にある山がちな県です。**関門海峡**をへだてて向き合っている九州とは，関門トンネルと関門橋で結ばれています。日本一大きなカルスト地形である**秋吉台**の地下水系は，**ラムサール条約**に登録されています。

ラムサール条約 **164ページ**

産業 農業は，米とみかんの生産が中心です。漁業もさかんで，西部の下関市に水あげされる**ふぐ**が有名です。山がちな地形のため森林が多く，そこではまつたけや竹が生産されています。工業は瀬戸内海沿岸で発達しており，周南市に石油化学やセメントの工場，防府市に自動車の工場があります。宇部市では，化学製品づくりなどがさかんです。萩市では，**伝統的工芸品**の**萩焼**づくりが行われています。

阿波おどりが有名

四国地方 徳島県 （面積4147km² 人口74万人）　　　県庁所在地：徳島市

自然 徳島県は四国の東側にあり，東部は紀伊水道に，南東部は太平洋に面しています。讃岐山脈や**四国山地**が連なる山がちな県です。北東部にある**鳴門海峡**は**うずしお**で有名です。

産業 徳島県では，れんこん・すだち・しいたけ・ゆずが多くつくられています。ちく産業では，にわとりの飼育が中心です。紀伊水道では漁業がさかんで，のりやわかめの養しょくも行われています。吉野川では，あゆの養しょくがさかんです。阿南市では，照明器具のＬＥＤが生産されています。夏に徳島市など県内各地で行われる**阿波おどり**は有名で，多くの観光客がおとずれます。

パワーアップ　広島県は，太平洋戦争で原子ばくだんが投下され，多くのひ害を受けました。広島市にある原爆ドームは世界遺産として登録されています。「負の遺産」ともよばれ，二度と戦争をおこさないという願いを世界に発信しています。

四国地方　香川県（面積1877km² 人口96万人）　県庁所在地：高松市

自然 香川県は日本で最も面積の小さい県です。北部には讃岐平野，南部には讃岐山脈があり，面積の半分を平野がしめます。雨が少なく，夏は水が不足しがちなため，多くのため池がつくられました。

産業 北部の讃岐平野では，香川用水を利用した米づくりが行われています。県の西部では，レタスやたま

ねぎがさいばいされています。花のマーガレットも多くつくられています。漁業では，はまちとのりの養しょくがさかんです。**瀬戸内海**沿岸では，船や化学製品をつくる工場があります。**伝統的工芸品**のうちわづくりは，全国1位の生産量です。名物のうどんは，**讃岐うどん**として全国的に有名です。

雨が少なく、ため池が多い

四国地方　愛媛県（面積5676km² 人口135万人）　県庁所在地：松山市

自然 愛媛県は四国の北西部にあり，瀬戸内海をはさんで本州と，宇和海をはさんで九州と向き合っています。海岸にそって平地があるほかは，**四国山地**の山々が連なる山がちな県です。

産業 山のしゃ面にあるだんだん畑で，みかんやいよかんをさいばいしています。キウイフルーツも多くつくられています。漁業では，たいやはまち（ぶり），真じゅ

を養しょくしています。今治市のタオルの生産のほか，新居浜市・今治市・松山市を中心に，化学・機械・せんいの工場があります。西予市では，伝統的工芸品の和紙づくりが行われています。

みかんのさいばいがさかん

雑学ハカセ　愛媛県や三重県の海岸では，真じゅの養しょくがさかんです。真じゅの養しょくは，貝を育てることから始め，真じゅを取り出すまでに4年かかるといわれています。長い年月をかけてつくられた真じゅは，アクセサリーなどとして売られます。

野菜の促成栽培がさかん

四国地方 **高知県**（面積7104km² 人口71万人）

県庁所在地：高知市

自然 高知県は，南側を暖流の黒潮が流れているためあたたかく，室戸岬や足摺岬では，あたたかいところで育つ植物が見られます。四国で最も長い四万十川が流れています。

産業 高知平野では，あたたかい気候を利用した，なす・ピーマン・きゅうりの促成栽培など，野菜づくりがさかんです。また，7月中ごろにしゅうかくしてしゅっかする早場米がつくられています。土佐湾には魚が豊富で，特に**かつおとまぐろ**が多くとれます。伝統的工芸品の**土佐和紙**や土佐打刃物づくりも行われています。

全国でも促成栽培をすれば，野菜が高く売れてよいと思うけど…。

促成栽培は，あたたかい気候にてきした栽培方法だから，どこでもできるわけではないわ。

有田焼・伊万里焼が有名

九州地方 **佐賀県**（面積2441km² 人口82万人）

県庁所在地：佐賀市

自然 佐賀県は九州の北西部にあり，北は玄界灘，南は**有明海**に面しています。玄界灘側は**リアス海岸**で，有明海沿岸には**かんたく地**が広がっています。南東部に広がる**筑紫平野**など，平野の多い県です。

産業 農業は，野菜やくだもののさいばいがさかんで，たまねぎ・みかん・いちごなどを多くつくっています。漁業では，有明海での**りの養しょく**がさかんです。工業は，鳥栖市を中心に，食品の生産などが行われています。伝統的工芸品の**有田焼・伊万里焼**は，世界的に有名です。

パワーアップ

四国は，香川県と岡山県をつなぐ瀬戸大橋など，3つのルートで本州と結ばれています。30年ほど前までは橋がなかったため，船を使って本州と行き来をしていました。

九州地方 **福岡県**（面積4987km² 人口511万人）　県庁所在地：福岡市

筑紫平野

自然 福岡県は関門海峡をはさんで山口県と向き合っており，九州と本州を結ぶ交通の要所です。県の中央部には筑紫山地があり，北部の平野にある福岡市は，九州の政治・経済・文化の中心都市となっています。また，中国や韓国などのアジアの国々に近く，交通がさかんなことから，「アジアのげんかん」とよばれています。

産業 筑紫平野では米や小麦がつくられています。いちご・かきなどのくだもののほか，だいず・なすなどの野菜のさいばいもさかんです。漁業では，有明海でのりの養しょくが行われています。工業では，北九州市を中心とした**北九州工業地帯（域）**があります。古くから北九州市に大きな製鉄所があり，鉄づくりがさかんです。苅田町に自動車工場ができて，今では自動車もたくさんつくられています。福岡市の**博多人形**や久留米市の**久留米がすり**など，伝統的工芸品も多くあります。

九州は7つの県からできているのに，なぜ「九州」とよぶの？

都道府県ができる前，九州には9つの国があったの。だから九州とよぶのよ。

⚒ しりょうの広場

養しょくとは漁業の一種で，魚や貝，海そうなどを，人の手で育てることです。多くは食べ物になりますが，真じゅのように，食べ物以外に利用する場合もあります。海だけでなく，湖，川でも行われます。

養しょくのさかんな地域▶

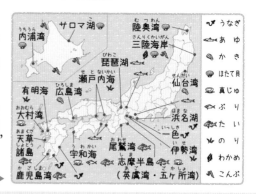

雑学ハカセ　福岡県の博多港は，アジアへのげんかん口の1つです。おとなりの韓国のプサンとは高速船で結ばれ，約3時間で着きます。また，福岡空港ではベトナムやタイ，フィリピンなどのアジアの国々を結ぶ飛行機が発着しています。（➡ 324〜325ページ）

九州地方 長崎県（面積4131km² 人口134万人）　県庁所在地：長崎市

600もの島々がある

[自然] 長崎県は九州の北西部に位置し，リアス海岸の入り組んだ海岸線と多くの島がある県です。島の数は約600で，全国一の多さです。南西から流れてくる対馬海流という暖流のえいきょうで，一年を通してあたたかい気候です。

[産業] 平地が少ないため，だんだん畑でじゃがいも・びわ・みかんなどの野菜やくだものをさいばいしています。複雑な海岸線を生かして港が発達しており，漁業もさかんです。県内には，電子部品をつくる工場のほか，長崎市や佐世保市では船をつくる工場があります。県庁所在地の長崎市は，観光地として有名です。

九州地方 熊本県（面積7410km² 人口176万人）　県庁所在地：熊本市

阿蘇山のカルデラが有名

[自然] 熊本県は九州の中西部にあり，北西に平野が広がるほかは，山の多い県です。西側は，有明海と八代海に面しています。阿蘇山の周囲には，火山の活動でできた土地のくぼみであるカルデラがあり，およそ120の島々からなる天草諸島とともに，国立公園に指定されています。

[産業] 農業がさかんで，熊本平野・八代平野での米づくりのほか，各地でトマト・なつみかん・メロン・すいか・くり・みかんなどの野菜やくだものがつくられています。たたみ表の原料となるいぐさの生産や，乳牛と肉牛の飼育もさかんです。有明海ではのりの養しょく，天草ではくるまえびの養しょくが行われています。熊本市にある熊本城と水前寺公園には，多くの観光客がおとずれます。

パワーアップ　長崎県は海岸線が入り組んでいて，島も多いです。そのため，海岸線がとても長く，その長さは北海道に次いで全国で2位です。

わき出る温泉の湯の量が日本一多い

九州地方　大分県（面積6341km² 人口114万人）

県庁所在地：大分市

自然 大分県は九州の北東部にある県で，東は豊後水道に面し，豊後水道をはさんで愛媛県と向き合っています。南部の海岸線は，入り組んだリアス海岸になっています。

産業 農業は，米とみかん類が中心です。林業では，すぎの生産が行われています。また，ほししいたけの生産量は日本一です。漁業では，ひらめの養しょくとたちうお漁がさかんで，豊後水道でとれるあじとさばは，高いね

だんで大都市にしゅっかされます。石油化学工場や製鉄所，デジタルカメラ工場などがあり，工業もさかんです。わき出る温泉の湯の量が日本一多く，有名な温泉がある別府市や由布市には，毎年多くの人がおとずれます。

大分県のほかにも，日本には温泉がたくさんあるけど，どうして？

日本は火山が多く，地下のマグマで熱せられた湯がふき出しているからよ。全国に3000をこす温泉があるわ。

野菜の促成栽培がさかん

九州地方　宮崎県（面積7735km² 人口108万人）

県庁所在地：宮崎市

自然 宮崎県は九州の南東部にある，南北に長い県です。北側には九州山地があり，南西側には火山があります。太平洋に面し，沖を暖流の黒潮が流れていることから，一年を通してあたたかく，南部では暑いところで育つ植物も見られます。

産業 農業がさかんで，あたたかい気候を利用して，ピーマンやきゅうりなどの促成栽培や，さといも・トマト・マンゴーなどのさいばいをしています。にわとりやぶた・肉牛の飼育もさかんです。

雑学ハカセ　鹿児島湾の桜島は陸続きなのに「島」と名づけられています。昔，桜島は陸からはなれた島でしたが，1914（大正3）年の桜島火山のふん火で，陸続きとなりました。

2 さまざまな都道府県

第5章

都道府県のようす

1

わたしたちの
都道府県

2

さまざまな都道府県

ロケット基地がある

九州地方	**鹿児島県** （面積9187km² 人口161万人）	県庁所在地：鹿児島市

自然 鹿児島県は九州の南部にあり，鹿児島湾をはさんで薩摩半島と大隅半島が向き合っています。種子島，屋久島，奄美諸島などの島が，県の面積の4分の1をしめる，島の多い県です。火山が多く，火山灰でおおわれた**シラス台地**が広がっています。すぎで有名な**屋久島**は，**世界自然遺産**に登録されています。

産業 農業では，**さつまいも・茶・なつみかん**などのさいばいや，ぶたやにわとりの飼育がさかんです。枕崎港ではかつおの水あげがさかんです。宇宙研究のしせつとして，種子島と内之浦に**ロケット基地**があります。奄美大島などで，**伝統的工芸品**の**本場大島つむぎ**づくりが行われています。

本場大島つむぎ　307～310ページ

日本で最も西にあり、多くの島々からなる

九州地方	**沖縄県** （面積2281km² 人口145万人）	県庁所在地：那覇市

自然 沖縄県は約160の島々からなる，日本の最も西にある県です。沖縄島や石垣島には，美しいさんごしょうの海岸が広がっています。**イリオモテヤマネコ**や**ヤンバルクイナ**など，ほかの都道府県にはいないめずらしい動物がすんでいます。那覇市の**首里城**あとや沖縄島内の城あとなどは，**世界文化遺産**に登録されています。

産業 年平均20℃をこえるあたたかい気候を利用して，さとうきび・パイナップル・マンゴー・ゴーヤ・きく・らんなどをさいばいしています。美しい海やさんごしょうの島々を求めて，多くの観光客がおとずれます。**アメリカ軍の基地**が多く，日本にあるアメリカ軍専用しせつの約70％が沖縄県にあり，沖縄島の面積の15％をしめています。

パワーアップ　沖縄県は，昔は琉球王国という1つの国でした。日本や中国，東南アジアと貿易を行っていたため，住たくや食べ物など，沖縄にしかない文化が発達しています。今では，一年を通して多くの観光客がおとずれる，人気の県となっています。

✎ 10 のミッション！❺

わたしたちの住む都道府県には，それぞれちがったマーク（県章や県旗）があります。それらの形や由来を調べて，まとめてみましょう。

👍 ミッション

自分の住んでいる都道府県のマークについて調べよ！

📖 調べかた（例）

▷ ステップ1 マークをたしかめよう！

自分の住んでいる都道府県のマークを，インターネットなどを使ってたしかめよう。県章と県旗が別の場合は，両方調べておくといいよ。

▷ ステップ2 マークの由来や都道府県のようすについて調べよう！

都道府県のマークには，それぞれつけられた由来があるよ。どのような由来なのか調べよう。

〈由来の例〉

• 都道府県の形をもとにしている。

• 都道府県の名まえをもとにしている。

• 都道府県の特ちょうのあることをもとにしている。

▷ ステップ3 まとめよう！

調べた都道府県のマークをノートに書きうつし，都道府県のようすやマークの由来を書こう。地図にまとめてもいいよ。

▷ ステップ4 わかったことや感想を書こう！

調べた結果について，何がわかったのか，また，どのような感想を持ったのかを書こう。

▷ ステップ5 発表しよう！

家族や友だちに教えてあげよう。自分の住む都道府県以外も調べて，地図にマークを入れて，かべにはっておけば，レベルの高い発表になるよ。

📖 解答例 376〜377 ページ

第**6**章

健康を守るくふう

健康を守るための
くふうを調べよう！

194

1 くらしをささえる水

4年

学ぶことがら
1 水道の利用
2 よごれた水のゆくえ

1 水道の利用

ここで
学習
すること

1 水道の水は，どこから送られてくるのだろう。
2 水道は，どうしてつくられるようになったのだろう。
3 水道は，どのようにささえられているのだろう。

1 水の使いみち

1 水の使いみちと使う量

①右のグラフのように，家庭（生活）で使う水は，いろいろなことに使われています。水は，人間の生活になくてはならないものです。

②一人が1日に使う水の量は，平均して約283Lです。

毎日 いっぱい水を
使っているんだな。

せんめん・
その他　6
せんたく
15
すいじ
18
ふろ
40%
1日あたり
283L
（2015年）
トイレ
21

（東京都水道局調べ）

▲水道の水の使いみち

すいじ
60L

トイレ
（水洗1回）8L

せんたく
（1回分）110L

ふろ
220L

1Lは牛乳パック1本分の量。

▲家庭（生活）で使う水の量（調べかたによって，数値はことなります）

雑学ハカセ

世界には，水道のない国があります。アフリカには，くらしに必要な水を得るために，かた道数時間かけて川やいどに行って，水をくんでくる地域があります。

2 水道の水が家庭にとどくまで

1 水の旅

　水道の水は，雨水からつくられます。ダムや湖にたまった雨水が川に流れ，その川の水を利用して，**じょう水場**で水道の水がつくられています。そして，じょう水場から家庭や学校・店・工場などへ水が送られています。

①**ダムや湖に水をためる**…川の上流につくられた**ダム**に雨水をためて，必要な量だけ水を川に流しています。湖も同じように川に水を流しています。そのため，日照りが続いて雨がふらないと，ダムや湖の水がへり，水道の水が十分に使えなくなることがあります。

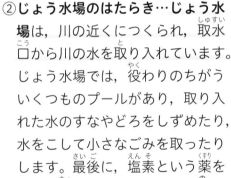
▲水をたくわえているダム

②**じょう水場のはたらき**…じょう水場は，川の近くにつくられ，取水口から川の水を取り入れています。じょう水場では，役わりのちがういくつものプールがあり，取り入れた水のすなやどろをしずめたり，水をこして小さなごみを取ったりします。最後に，塩素という薬を入れ，殺きんをし，**きれいな飲み水**にします。

▲水をつくるじょう水場

③**送水ポンプのはたらき**…送水ポンプは，きれいになった水を配水池に送ります。

④**配水池のはたらき**…じょう水場でつくられた，きれいな水は**配水池**にためられます。土地の高いところにつくられた配水池から，水は自然に流れ落ちる力で，水道管を通して，遠くへ送り出されています。

パワーアップ

大きな川がなく，ダムや湖に雨水をためておくのがむずかしい地域があります。沖縄県では，住たくの屋根の上に雨水をためるタンクをつくったり，海水から水道水をつくる工場を建てたりして，水を使えるようにしています。

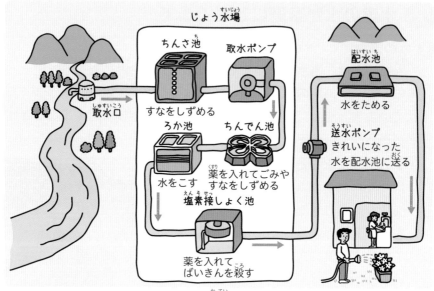

じょう水場〈すいじょう〉

ちんさ池〈ち〉　取水ポンプ

配水池〈はいすいち〉

取水口〈しゅすいこう〉

水をためる

すなをしずめる

送水ポンプ〈そうすい〉
きれいになった
水を配水池に送る〈おく〉

ろか池　　　ちんでん池

薬〈くすり〉を入れてごみや
すなをしずめる

水をこす

塩素接しょく池〈えんそせっ〉

薬を入れて
ばいきんを殺す〈ころ〉

▲水道の水が家庭にとどくまで〈かてい〉

じょう水場があるから、い
つも安心・安全〈あんしん・あんぜん〉な水を
飲む〈の〉ことができるんだね。

その通り！　じょう水場で働〈はたら〉
く人たちは、24時間、交代〈こうたい〉
で水を見はっているわ。

ポイント　水道の水は，ダム→川→じょう水場→配水池→水道管〈かん〉→家庭へ
と送られてくる。

🔍 くわしい学習

なぜ ダムが，わたしたちの生活にとって大切だといわれるのは，なぜ
でしょうか。

答え ①発電用〈はつでん〉の水・田畑用〈たはた〉の水・飲み水・工業用〈こうぎょう〉の水をためています。
②こう水をふせぐのに役立っ〈やくだ〉ています。
③景色〈けしき〉がよく，船をうかべて，観光地〈かんこうち〉になることもあります。
　このように，日本のダムの多くは，いくつもの大切な目的〈もくてき〉を持っ〈も〉ってい
るからです。日本の国土は山がちで，多くのダムがつくられています。

雑学ハカセ　じょう水場には，金魚をかっているしせつがあります。金魚は，水の変化〈へんか〉にびんかんです。
もし，金魚たちのようすがおかしいときは，じょう水場で働く人たちは，すぐに水質を検査〈すいしつ・けんさ〉
して，水の安全性をたしかめることにしています。

3 水道ができるまで

1 昔の水の使いかた

　今から130年ほど前は，水道はまだできていませんでした。当時の人々は，くふうして水を使っていました。

①飲み水として，主に**いど**をほって，わき水を使っていました。また，川の水がきれいなところは，その水を飲み水として利用していました。せんたくやあらい水は，いどや川の水を使っていました。

②いど水は，夏は冷たく，冬はあたたかくておいしいうえ，お金がいらないという長所があります。

▲いど水をくむ

▲水屋から水を買う

▲川の水を使う

2 水道をつくってほしい

　今から140年ほど前，コレラなどのかんせんしょうがはやりました。ばいきんにおせんされた水を使っていたことが原因でした。また，人口がふえて，町が大きくなっていたので，火事のときにたくさんの家がもえてしまうことがありました。火を早く消し止めるためにも，すぐに水が使える水道が必要

> **さんこう　日本で初めての水道**
>
> 　今から約500年前，今の神奈川県小田原市に引かれた早川上水が，日本で初めての水道だといわれている。今のような水道になったのは，1887（明治20）年，横浜につくられたものが初めである。

でした。人々の間で「水道をつくってほしい」という声が大きくなってきました。そこで，衛生的で安心して飲める水をいつでも得られる水道が，つくられるようになりました。

パワーアップ　今からおよそ370年前，水道のない江戸（今の東京）に，多摩川の水を約40km にわたって引く工事が進められました。これを玉川上水とよびます。玉川上水の完成によって，江戸の町に水がいきわたるようになりました。（➡ 265～266 ページ）

4 水道の今とこれから

1 水不足

①雨のふる量がいつもの年にくらべてとても少ないと，水道の水が1日に決められた時間しか出なかったり（**時間給水**），まったく出なかったり（**断水**）することがあります。

②日本は雨の多い国です。しかし，山地が多く，海にせまっているので，川は短く，流れが急で，雨水はすぐに海へ流れ出てしまいます。

③また，最近では，年ごとに雨のふる量の変化が大きくなっていて，**水不足**が心配されています。このため，水をつくるくふうと努力が必要ですが，水をむだ使いしないことも大切です。

▲給水車

> **ポイント**：水道ができた今でも，水不足になる心配はなくなっていない。

🔍 くわしい学習

💬**なぜ** 水を守るために，森林を大切にしなくてはならないのは，なぜでしょうか。

💬**答え** 森林にふった雨は，土の中にしみこみ，ちょうどスポンジに水がふくまれたようになります。この水は，少しずつしみ出していき，川の水となります。もし森林がないと，ふった雨の水はどんどん川に流れこみ，川の水があふれてしまいます。このように，森林はダムのようなはたらきをするので，「**緑のダム**」とよばれています。

雨　森林（緑のダム）　人工の湖　人工のダム
雨水をたくわえる→ゆっくり水が流れる

雑学ハカセ

道路にあるマンホールのふたが丸いのはなぜでしょう？　実は，四角いふただと，ななめにしたときに，ふたがマンホールの中に落ちてしまうからです。

2 水の確保

①水不足にならないように**ダム**や**貯水池**に水をためて，雨水がすぐに海へ流れないようにすることが大切です。

②しかし，ダムをつくるには，とてもたくさんのお金と時間がかかります。さらに，そこに住んでいる人たちの家を水の底にしずめてしまうことになるので，かんたんにふやすことはできません。

③そこで，一度使った水をきれいにして再利用することや，むだ使いしないくふうが必要になります。

▲水がへった矢木沢ダム（利根川水系）

> 水洗式トイレが広まるなどの生活の変化で，1965年から2000年までの間に，水の使用量は大きくふえましたが，2000年からは，家庭での水のむだ使いがへり，使用量はへってきています。

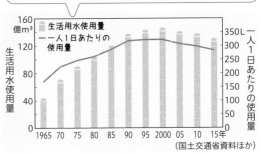
▲生活用水使用量の変化

（国土交通省資料ほか）

3 水道しせつ

①日本の**上水道**のふきゅう率は高く，ほとんどの家庭で水道の水を利用できます。わたしたちが毎日安心して水道の水を使えるように，市では，じょう水場の設備を新しくしたり，古くなった建物を建てかえたりしています。

> **さんこう　上水**
>
> 人間の飲み水にするために，みぞや管で運んできたきれいな水をいう。下水に対することば。このほか，最近では，下水を処理して水洗式トイレや冷ぼうに利用する**中水**もある。

②また，じょう水場の設備を大きくしたり，新しい技術を使った効率のよいものに取りかえたりもしています。

パワーアップ　ダムをつくるには，川をせきとめて谷に水をためていきます。場所によっては，集落が谷にしずむこともあるので，ダムづくりに反対する集落もあります。そのような場合は，工事をする側と集落の人たちが話し合って，解決方法をさぐります。

4 県やまわりの市町村との協力

①水道を引くには，大きなダムや広いじょう水場などのしせつが必要です。しかし，これらのしせつは，市内だけでなく，ほかの市や県にも流れる川の広い地域に関係するので，近くの市や県の協力がなければ，つくることができません。

②京都市では，水道の水をつくるために，滋賀県にある琵琶湖から水を引いています。琵琶湖から京都市への水路を琵琶湖疏水とよび，疏水の完成によって，水道水だけではなく，工業用水や農業用水も確保できるようになりました。　琵琶湖疏水　258～260ページ

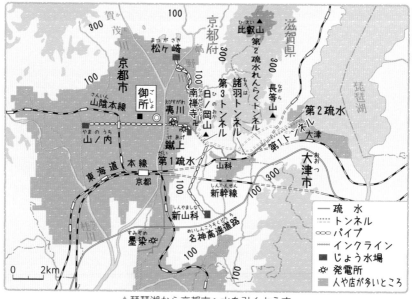

▲琵琶湖から京都市へ水を引くようす

③京都市以外にも三重県，滋賀県，京都府，大阪府にある市町村が，琵琶湖や，琵琶湖から流れ出る川から水を引いています。

▲琵琶湖疏水

雑学ハカセ　琵琶湖疏水のように，山の中にトンネルをほって水を通す用水路はほかにもあります。神奈川県の箱根用水（深良用水）もその1つで，トンネルをほって湖の水を静岡県まで通しています。

5 水の利用のくふう

①**中水道（水の再利用）**…雨水や下水の水をきれいにした水（中水）を水洗式トイレや冷ぼうの水，工業用水，植木の水，車をあらう水などに使うことが試みられています。

②**むだなく水を使う**…一人ひとりが水のむだ使いをやめて，じょうずにくふうして使うようにすると，水不足の心配が少なくなります。

地下で水をきれいにする

▲水をくり返し利用するしくみ

せんたくはふろの残り湯を使う。

車をあらうとき，バケツにくんだ水を使う。

歯をみがくとき，コップにくんだ水でうがいをする。

▲水をむだなく使う例

しりょうの広場

琵琶湖疏水は 1890（明治 23）年に完成しました。琵琶湖から京都市に水を引くには山があるため，トンネルをほって水路を通す，とてもむずかしい工事でした。完成後，新たに 2 つ目の疏水もできて，今の京都市の発展のきそをつくりました。

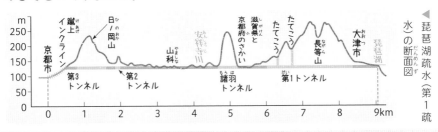

▲琵琶湖疏水（第 1 疏水）の断面図

全国には琵琶湖疏水のような用水路がたくさんあります。愛知県の豊川用水のように「用水」と名がつく用水路や，長野県で多くみられる「堰（せき）」と名のつく用水路もあります。

くわしい学習

なぜ 水道の水が，いつでも安心して飲めるのは，なぜでしょうか。

答え 水道の水は，市が水や水道の設備をきちんと管理しているので，わたしたちは，安心して飲めるのです。

市が行っている水道設備の管理
水道の水のもととなる川や湖，じょう水場の中，水を家庭に送るとちゅうなどで，水質を検査します。
じょう水場では，ろか池のすなをあらったり，新しいものに取りかえたりして，清けつに保ちます。
水道管の水もれを調べたり，古い水道管を取りかえたりします。

なぜ 高度じょう水処理をする市があるのは，なぜでしょうか。

答え じょう水処理をした水よりも安全で，おいしい水をつくれるからです。高度じょう水処理とは，これまでのじょう水処理に，オゾン処理とつぶ状活性炭処理を加えたもので，かびや塩素のにおいをなくし，がんになるきけんのあるトリハロメタンという物質を少なくします。

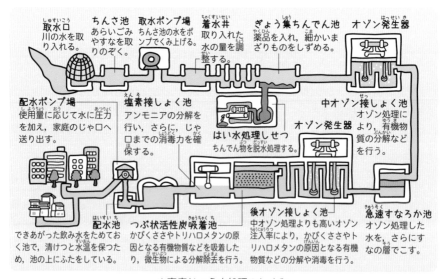

▲高度じょう水処理のしくみ

雑学ハカセ 水道水には塩素という消毒のための薬が入っています。そのため，金魚をくみたての水道水に入れると弱ってしまいます。金魚をかうときは，水道水をバケツなどに取り，日光に当ててから使うとよいでしょう。

2 よごれた水のゆくえ

ここで
学習
すること

1 下水道は，どうしてつくられるようになったのだろう。

2 下水道のしくみは，どうなっているのだろう。

3 下水道を広げるには，どのようにすればよいのだろう。

1 下水のしまつ

1 下水とは

それぞれの家庭で使った台所・ふろ・せんたくなどの生活はい水と，工場から出される工場はい水，雨水の 3 つを，下水といいます。

▲下水が流れる川

2 昔のよごれた水（もの）のしまつ

工場で使ったはい水
水の中にふくまれていた有害物質のため，川の水がよごれたり，魚が死んだりしました。

のき下のみぞ（どぶ）
くさいにおいがして，はえやかがわき，川もよごれました。かんせんしょうがはやる原因にもなりました。

しにょう（大便・小便）
肥料として田畑にあたえていましたが，衛生面からみてもよくありませんでした。

今から 70 年ほど前，日本には，まだあまり下水道がありませんでした。しかし，工業がさかんになると，工場のはい水などで川のよごれがひどくなり，多くの下水道がつくられるようになりました。

パワーアップ
道路にあるマンホールのふたをよく見ると，「汚水」「雨水」と書かれていることがわかります。人の生活によって出された汚水用と，ふった雨を流す雨水用の下水があるため，マンホールには「汚水」「雨水」と書かれているのです。

2 下水道のしくみ

1 使った水のゆくえ

①家庭や工場から出された水は，地下にうめられている下水管に集められます。この下水管が，人が立って歩けるほど大きくて太い管につながり，**下水処理場**に続いています。

②**下水道❶**のある地域では，地下に**下水管❷**がはりめぐらされています。

③下水管は，家や工場から遠ざかるほど深くなるようにうめられていますが，これは自然に水が1か所に集まるようにするためです。最後は，ポンプで下水処理場にくみ上げられます。

④下水道をつくるには，地下に管をうめなければならないので，その工事には多くの人手と費用がかかります。

> **ことば** ❶ **下水道**
> 　家や工場から出るよごれた水を集めて，処理するまでの設備をいう。日本のふきゅう率は，世界の進んだ国々にくらべて低い。
>
> ❷ **下水管**
> 　下水を，家庭や工場から下水処理場まで送る管。

▲下水道の工事

ポイント | 家庭や工場のはい水→下水管からポンプ場→ポンプで下水処理場へくみ上げられる。

2 下水処理場

①下水処理場に集められた下水は，**ちんさ池**で大きなごみやすなを取りのぞき，**第一ちんでん池❸**で細かいよごれをしずめます。

②次に，反応そうで微生物（バクテリア）が入ったどろを加えて，**第二ちんでん池❹**でかたまりになったどろをしずめます。

③きれいなうわずみの水は，消毒して川や海へ流し，ごみやどろは，焼いてからうめ立て地へ運びます。

雑学ハカセ 下水管の太さは地区によってさまざまですが，直径約25cmのものから，2階建ての家がすっぽり入るくらいの大きなものまであります。

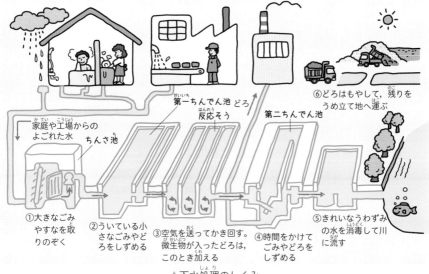

第一ちんでん池 どろ
反応そう
第二ちんでん池

⑥どろはもやして，残りを
うめ立て地へ運ぶ

家庭や工場からの
よごれた水
ちんさ池

①大きなごみ
やすなを取
りのぞく

②ういている小
さなごみやど
ろをしずめる

③空気を送ってかき回す。
微生物が入ったどろは，
このとき加える

④時間をかけて
ごみやどろを
しずめる

⑤きれいなうわずみ
の水を消毒して川
に流す

▲下水処理のしくみ

ことば ❸ 第一ちんでん池

　下水の中のごみやすなをし
ずめて，ごみやどろと，うわ
ずみの水とに分けるための池。

❹ 第二ちんでん池

　反応そうから出た水を静か
に流して，どろを時間をかけ
てしずめ，うわずみをきれい
な水にするための池。

▲下水処理場

3 しにょうのしまつ

　水洗式トイレで下水道に流されたしにょうは，下水処理場でしま
つしています。また，しにょう処理場でしまつすることもあります。
しにょう処理場では，におい消しの薬を入れたり，いろいろな設備
を使ったりして，公害をふせぐくふうをしています。

川からとってきた水は，
家庭や工場で使われ
て，もう一度川にもどっ
ていくんだね。

川をよごさないようにするため
に，下水処理場の役わりは，
とても大切ね。

パワーアップ

水道料金とは，水の料金だけではありません。家庭まで運ぶ上水道の料金と，下水道によっ
てよごれた水を運び，下水処理をする料金もふくめて水道料金とよんでいます。

3 下水道を広げる

1 下水道のない地域

①下水道のふきゅうは，上水道のふきゅうにくらべておくれています。全国平均でみると，上水道のふきゅう率約98％（2016年）に対して，下水道は約79％（2017年）です。

②まだまだ下水道のない市町村は多く，下水道があっても市の中心部だけというところもあります。下水管をはりめぐらせるには，たくさんのお金と時間がかかるからです。

③しにょうが田畑の肥料として使われていたことも，下水道のふきゅうをおくらせる原因の1つになっていました。

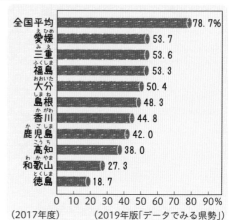

全国平均　78.7%
愛媛　53.7
三重　53.6
福島　53.3
大分　50.4
島根　48.3
香川　44.8
鹿児島　42.0
高知　38.0
和歌山　27.3
徳島　18.7

（2017年度）　（2019年版「データでみる県勢」）

▲下水道のふきゅう率の低い県

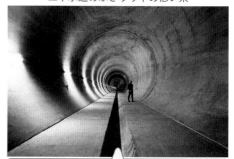

地下にある大放水路　大阪市の南東部の一帯にふった雨水を集めるために，大きな下水管をうめています。

ポイント　下水道は上水道にくらべて，ふきゅうがおくれているが，少しずつ広がってきている。

2 県やまわりの市町村の協力

①1つの市（町・村）にだけ下水道ができても，川はきれいになりません。そこで，1つの川にそった市町村で同じように下水のしまつをする計画が進められています。

雑学ハカセ　新幹線などの列車にもトイレがついています。これらの下水は，列車内にあるタンクに入れておき，列車の基地で処理を行います。昔の列車にはタンクがなく，下水はそのまま線路に流されていました。

②県がつくった大きな下水管やポンプ場・下水処理場に，市町村からの下水管をつなぐようにしています。

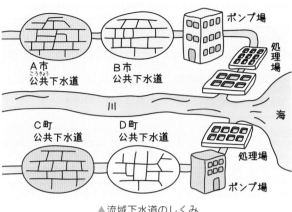

▲流域下水道のしくみ

③２つ以上の市町村の区域にまたがる下水道を**流域下水道**といいます。市町村ごとに工事をするよりも，下水を効率よくしまつし，海に流すことができます。

3 下水道ができてよくなること

①どぶがなくなり，かやはえも少なくなって，かんせんしょうの予防になります。

②よごれたままの水が川に流れこまなくなるので，川や海がきれいになります。

③水洗式トイレになり，においもしなくなります。

④どぶがなくなり，その上を道路や公園などに利用するなど，町がきれいになります。

⑤下水処理場できれいにした水は，工業用水に使用するなど，**水の再利用**ができます。

▲下水道ができて町のようすが変わる

> **さんこう　下水道のはじまり**
>
> 　1885（明治18）年に東京で日本初の近代的な下水道ができた。下水処理場ができたのは，1922（大正11）年である。東京でコレラがはやったことが近代的な下水道づくりのきっかけになった。

下水道ができる前は，下水は，道のわきにあるどぶとよばれるみぞに流されていました。どぶは食べ残しやどろなどがたまってつまることもあり，地域の住民が手分けしてそうじをしていました。

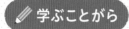

2 ごみのしまつと活用

4年

✏ 学ぶことがら

1 ごみのゆくえ　　2 ごみの活用
3 電気・ガスの確保

1 ごみのゆくえ

ここで
学習
すること

1 ごみには，どのようなものがあるのだろう。
2 家や学校などから出るごみは，どのようにしまつしているのだろう。

1 ごみの種類

1 さまざまなところから出るごみ

ごみは，生活していれば必ず出てしまうよね。

そうね。ごみの種類は，家庭・学校・商店・会社・工場など，場所によってちがうのよ。

家庭から

学校から

商店から

会社・ビルから

工場から

町から

雑学ハカセ

ごみは，出るところによって，種類がちがいます。会社からは，主に紙などのごみが多く，工場からは，原材料となる鉄くずやゴム，プラスチックなどが多く出ます。

2 ごみのいろいろ

ごみには**もえるごみ・もえないごみ・資源ごみ・そ大ごみ（大きなごみ）**など，いろいろあります。

| もえるごみ | もえないごみ | 資源ごみ | そ大ごみ |

あたしたちがふだんすてているごみはどれが多いかな。

ぼくはもえるごみが多いと思うな。くわしく調べてみよう！

3 ごみの変化

①人々の生活からは，どうしてもごみが出ます。

②京都市の1年に出るごみの量は約41万t（2018年）です。一人の市民が1日に約760gのごみを出したことになります。

③ごみ処理にかかる費用も，昔にくらべると大はばにふえています。

④2000（平成12）年までごみの量がふえていたのは，人々のくらしのようすが昔と大きく変わってきたことが原因となっています。

・いろいろな品物をたくさん使うようになったこと。

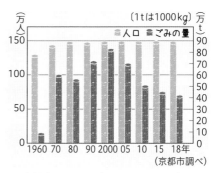
▲京都市の人口とごみの量のうつり変わり

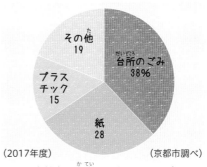
▲京都市の家庭から出るもえるごみ

今から60年ほど前まで，ごみの分別は今ほどしっかり行われていませんでした。しかし，食べ残しや野菜の切れはしなどの生ごみは，多くの家庭で分別されていました。生ごみはぶたなどのかちくのえさとして活用されていました。

健康を守るくふう

1 くらしをささえる水

2 ごみのしまつと活用

第6章

- くらしがゆたかになって，食べ残しや1回使っただけですてる「使いすて」のものがふえたこと。
- 品物の包装のしかたが変わって，ごみとしてすてられるものが多くなったこと。

 ポイント：ごみの量や種類は，くらしのようすとともに，変化する。

2 ごみの集めかた

1 集める日（ごみ収集日）……市によって集める日がちがいます。

①家庭から出るごみ…もえるごみは1週間に2回集めます。分別の種類によって回数はちがいます（京都市）。市によって分別の種類や回数などはちがいます。

②商店街や地下街などのごみ…量が多いので，毎日集めます。人通りの少ない夜中か早朝に，役所にかわって，専門の会社が集めます。

③大きなごみ（そ大ごみ）…古くなったたんすや，こわれた自転車などの大きなごみは，電話で申しこんで約束した日に集めます（京都市）。

うちが1週間に出したごみの量をグラフにまとめたよ。

台所のごみと紙くずは，特に多いね！

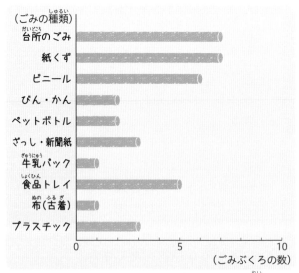

▲ある家庭から出る1週間分のごみの種類と量（例）

 ごみは，とてもかさばります。そのため，パッカー車にはごみをつぶすそうちがついています。このそうちは，ごみを投げこみ，スイッチを入れると回転する板で自動でごみを小さくおしつぶしていきます。

2 ごみステーション

①ごみを集める日には，ごみの入ったポリぶくろを，ごみステーションへ持っていきます。置かれたごみは，**パッカー車**が集めにきます。市によって，市の決めたごみぶくろに入れないと，持っていってくれないところもあります。

▲ごみステーション

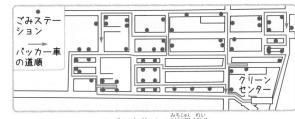

ごみステーション

パッカー車の道順

クリーンセンター

▲ごみを集める道順(例)

②ごみは，においがしたり，町がよごれたりするので，ごみステーションには，ごみを集める日に出してもらうことや，集めたあとのそうじを交代ですることなどを，近くの人たちで決めています。

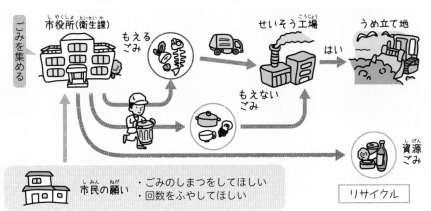

ごみを集める

市役所(衛生課)

もえるごみ

せいそう工場

うめ立て地

はい

もえないごみ

資源ごみ

市民の願い ・ごみのしまつをしてほしい
・回数をふやしてほしい

リサイクル

▲ごみ集め(ごみ収集)のしくみ

3 パッカー車のごみの集めかた

①係の人は，パッカー車でごみステーションを回ってごみを集め，せいそう工場へ運びます。

②パッカー車がごみを集める道順は決まっています。集め残しがでないようにするためです。

パワーアップ

せいそう工場は，行っているしごとはどこもほぼ同じですが，地域によってよびかたがちがう場合があります。京都市のようにクリーンセンターとよばれたり，ごみ処理場，かんきょう美化センターなど，いろいろなよびかたがあります。

しりょうの広場

　ごみの分けかた・出しかたが書かれたごみカレンダーを各家庭に配っている市や町があります。ごみカレンダーがあれば，自分の住む地域のごみの出しかたや出す日のまちがいをへらすことができます。

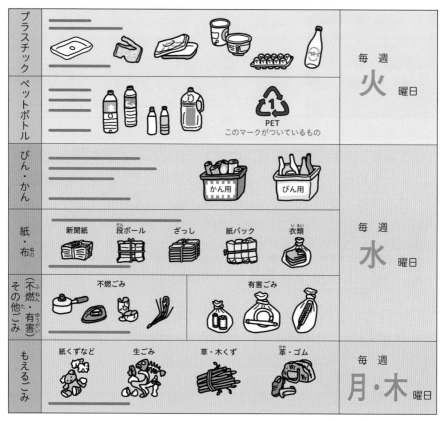

プラスチック		毎週 **火** 曜日
ペットボトル	このマークがついているもの PET	
びん・かん	かん用　びん用	
紙・布	新聞紙　段ボール　ざっし　紙パック　衣類	毎週 **水** 曜日
その他ごみ（不燃・有害）	不燃ごみ　　　　　　有害ごみ	
もえるごみ	紙くずなど　生ごみ　草・木くず　革・ゴム	毎週 **月・木** 曜日

3　せいそう工場(焼きゃく工場)

1　ごみをもやす

　もえるごみは，全部もやすようにしています。

①もやすとはいになり，ごみのかさが約15分の1にへります。
②病気のもとになる悪い細きんも死んでしまいます。

雑学ハカセ　昔のおもちゃは，こわれると直して使えるものが多くありました。しかし，今のおもちゃは，小さなコンピューターが入っているものもあり，直すことがむずかしく，こわれたらすてて，多くがごみになります。

2 せいそう工場の位置

①せいそう工場は，市のまわりにあるところが多いです。

②これは，せいそう工場でごみをもやしたときに出るけむりなどから**公害**がおこる心配があったためです。げんざいは，さまざまなそうちや薬品を使い，まわりの空気や水をよごさないようにしながらごみを処理しています。

③工場を建てるときには，市の係の人と地域の人が何回も話し合いをして建てることにしています。

④市が，市民の意見を聞かずに工場を建てることはよくありません。また，市民も自分たちのことだけを考えていては，ごみのしまつはできません。

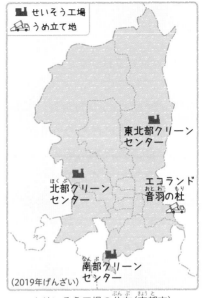

▲せいそう工場の分布（京都市）

（地図中のラベル）
■ せいそう工場
🚛 うめ立て地
東北部クリーンセンター
北部クリーンセンター
エコランド音羽の杜
南部クリーンセンター
（2019年げんざい）

🔍 くわしい学習

💬 **なぜ** ごみを出すときに，出しかたの決まりや注意すべきことがあるのは，なぜでしょうか。

⚙ **答え** ごみの処理や再利用をしやすくしたり，ごみを集める人がけがをしたりしないようにするためです。ごみを出すときは，

①もえるごみ，もえないごみ，資源ごみなどに分別します。

②ポリぶくろの口は，きちんとしばります。

③水気の多いごみは，水をよく切ります。

④ガラスや刃物などのきけんなごみは，厚紙などで包みます。

▲せいそう工場

パワーアップ

せいそう工場のない市区町村があります。東京都の新宿区や中野区がその例です。そのような市区町村では，まわりの市区町村に協力をお願いし，せいそう工場を使わせてもらっています。

3 せいそう工場のしくみ

①せいそう工場では，750℃〜900℃の高温で，生ごみをもやしています。

②ちりやにおいなどを出さないようにくふうしています。
- ごみのにおいをふくんだ空気は，**焼きゃくろ**に送りこんでいる。
- けむりの中の**ちり**は，機械で集めている。
- **体に悪いけむり**を取りのぞいて，きれいにしてえんとつから出す。
- **よごれた水**はきれいにして下水へ流す。
- **焼きゃくろ**は高い熱で，ごみを早く完全にもやすようにしているので，いやなにおいやすすなどが，ほとんど出ない。
- 機械は，大きな音をほとんど出さない。

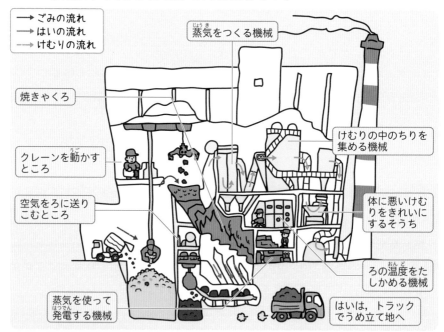

- → ごみの流れ
- → はいの流れ
- ⇢ けむりの流れ

蒸気をつくる機械

焼きゃくろ

クレーンを動かすところ

空気をろに送りこむところ

けむりの中のちりを集める機械

体に悪いけむりをきれいにするそうち

ろの温度をたしかめる機械

蒸気を使って発電する機械

はいは，トラックでうめ立て地へ

③ごみをもやすと，熱が出るので，この**熱を利用**して工場近くのしせつにある温水プールやおふろに蒸気を送って温めたり，部屋をだんぼうで温めたり，電気をおこしたりして，市民のくらしに役立てています。

雑学ハカセ スプレーかんやカセットボンベは，もえるごみの中に分別しないで入れておくと，せいそう工場の高温のろの中でばく発することもあります。これらは中身を使い切ってから，決められたとおりにごみとして出しましょう。

▲温水プール

▲おふろ

▲部屋のだんぼう

▲電気をつくる

> **さんこう　ダイオキシン**
>
> 　低い温度でごみをもやすと，ダイオキシンというもう毒の物質が出る。そのために，せいそう工場では，高い温度で完全燃焼させて，ダイオキシンが発生しないように注意している。

4　うめ立て地

1　ごみのうめ立て

①ごみをもやしたあとのはいや，もえないごみをしまつするごみすて場が必要です。

②海辺の市では海の中に，海のない市では山の中に，ごみのうめ立て地をつくっています。

▲空から見たうめ立て地

③ごみをうめ立てると，よごれた水がにじみ出てきて，まわりの水や土をよごしてしまうなど，かんきょうに悪いえいきょうをあたえることがあります。このようなことをふせぐために，よごれた水が外にもれないようにされています。

> **さんこう　ごみによる島づくり**
>
> 　海の中にていぼうをつくって海を区切り，その中の水をポンプでくみ出す。そして，そこにふつうの土とごみをサンドイッチのように積み上げていく。ごみがくさるときの熱で，はえのたまごや細きんが死んでしまい，また，ごみがくさるときに出るガスをもやすことで，細きんやいやなにおいのない，きれいな島をつくっている。

パワーアップ　東京都江東区の海ぞいには，「夢の島」とよばれる大きなうめ立て地があります。およそ60年ほど前，東京都のふえ続けるごみをうめ立ててできました。今では，せいそう工場のほか，スポーツしせつなどがつくられています。

2 もえないごみのしまつ

①土や石・すな・れんがなどは，うめ立て地へそのまま運び，うめ
立てます。

②ビニールやプラスチック，空きびん，くず鉄など，手を加えれば
再び利用できるごみは，これらを再生して使えるものにする工場
まで，それぞれ運びます。

5 ごみのしまつのうつり変わり

1 昔のごみのしまつ

家の庭や近くの空き地でもやす。

もえないものは，あなをほってうめる。

近くの空き地や川にすてる。

野菜くずなどは，ぶたのえさや肥料にする。

　昔はごみの量が少なく，種類も多くありませんでした。空きび
ん・くず鉄・新聞紙などは，もう一度使うために，買い集めにくる
人がいました。しかし，空き地や川にごみがすてられ，はえやねず
みがたくさん発生して，何度もかんせんしょうがはやりました。

 ポイント 昔は，自分の家でごみのしまつをしていた。

2 ごみのしまつのうつり変わり

①かたびき車で，1けん1けんのごみ箱から，ごみを集めました。

②船に積みかえ，ごみはほとんど海にすてました。

③海がよごれるので，焼きゃく場をつくり，ごみをもやしました。

④自動車でごみを集め，機械を使った便利なせいそう工場をつくり
ました。

 雑学ハカセ　大きなうめ立て地のごみ処分場に行くと，たくさんのえんとつが見られます。これは，積み
重なったごみから発生するガスをぬくためにつくられています。えんとつがないと，地中に
ガスがたまって，発火するおそれがあります。

時代	年代	ごみのしまつのうつり変わり（京都市）
明治	1890	・自分でごみのしまつをする。 ・市がごみのしまつを専門の人にまかせる。
	1901	・市がごみのしまつをする。
	1904	・ごみの焼きゃく処分が始まる。
大正	1923	・ごみを集めるために4台の自動車を使う。
	1925	・市の焼きゃく場が完成する。
昭和	1935	・ごみ集めを，ほとんど自動車で行う。
	1943	・戦争で，市がごみのしまつをやめる。
	1954	・ごみ処理に関する，市の決まりができる。
	1962	・ごみ集めの車が，パッカー車になる。
	1986	・南部クリーンセンター第1工場ができる。
	1987	・ごみ処理の熱を利用した体育館ができる。
平成	2001	・家電リサイクル法がじっしされる。 ・東北部クリーンセンターができる。
	2006	・ごみの回収に，市が決めたごみぶくろを使うようになる。
	2007	・北部クリーンセンターができる。
	2008	・魚アラリサイクルセンターができる。
令和	2019	・南部クリーンセンターに，かんきょう学習しせつ「さすてな京都」ができる。

かたびき車

馬力車

小型三輪車

パッカー車

健康を守るくふう

1 くらしをささえる水

2 ごみのしまつと活用

くわしい学習

なぜ 家電リサイクル法という法律がつくられたのは，なぜでしょうか。

答え 資源を大切にし，かんきょうを守っていくために，リサイクル（再利用）を進めるためです。2001（平成13）年4月1日より，使わなくなった冷蔵庫・エアコン・テレビ・せんたく機の4つは，ごみとして出せなくなり，電器店に手数料や運賃をはらい，引き取ってもらうことになりました。引き取られた冷蔵庫・エアコン・テレビ・せんたく機は，それぞれ専門のリサイクル工場で使える部品を取り出し，再利用されます。

自動車は，自動車リサイクル法が定められており，ほぼすべての部品がリサイクルされています。自動車をすてる人と自動車メーカーや関連会社が協力して，部品をリサイクルするしくみがつくられています。

2 ごみの活用

ここで
学習
すること

1 ごみをへらすために，わたしたちにはどのようなことができるだろう。

2 ごみを活用するために，市ではどんな取り組みをしているのだろう。

1 ごみの活用

1 3つの「Ｒ」

これからは，ごみをへらすこと，また，ごみを活用することが大切になってきます。このときにポイントとなるのが，リデュース（Reduce）・リユース（Reuse）・リサイクル（Recycle）の，3つの「Ｒ」です。

▲資源ごみの回収箱

リデュース	・買い物をするときは，レジぶくろをもらわない。 ・食べ残しをしない。
「ごみになるものを買わない」，「長く使えるものを買う」という考えかた	
リユース	・再使用できるびんなどを使う。 ・つめかえ用の商品を買う。 
「ものをくり返し使う」という考えかた	
リサイクル	・資源ごみを分別する。 ・生ごみをたい肥にして使う。 
ごみを「再び資源として活用する」という考えかた	

雑学ハカセ

昔は，しょうゆを買うときは，今のようなペットボトルではなく，自宅にあるびんを店に持って行き，必要な量だけ入れてもらって代金をしはらっていました。びんは何度も使えるため，ごみの発生をおさえるのに役立っていました。

2 ごみをいかすための工場

　ごみを処理する工場には，せいそう工場のほかに，ごみを再利用するための工場もあります。

①京都市では，２つの資源リサイクルセンターが，かんやびん，ペットボトルなどを再利用するための作業をしています。かんはスチール製とアルミニウム製とに分けられて，新しいかんの材料になります。びんは細かくくだかれて，新しいびんの材料になります。ペットボトルは，キャップなどを取り，とかして服などの材料であるせんいにします。

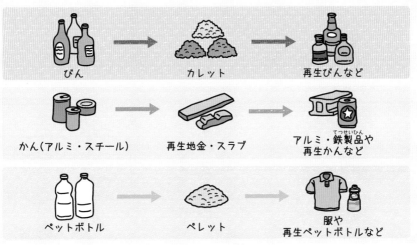

▲リサイクルの例

②魚アラリサイクルセンター※

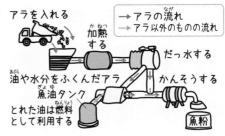

▲魚アラリサイクルセンターのしくみ

では，まず魚のアラ（食べられる部分以外のもの）を細かくくだき，熱します。次に，細かくしたアラをだっ水し，かんそうさせて水分を取りのぞきます。こうしてできた魚粉は，にわとりのえさとして再利用されます。

※ 2019年に廃止されましたが，民間事業者によってしせつは運用されています。

パワーアップ　リサイクル工場では，持ちこまれたびんやかん，牛乳パック，ペットボトルなどから，新しいものをつくる材料を再生します。例えば，牛乳パックから紙の原料を取り出すと，製紙工場に運び，ティッシュペーパーやトイレットペーパーなどに生まれ変わらせます。

3 電気・ガスの確保

ここで
学習
すること

1 電気やガスは，わたしたちの生活に，どのように役立っているのだろう。

2 電気やガスは，どのようにつくられ，送られてくるのだろう。

1 くらしと電気

1 電気の利用

　わたしたちが生活する今の時代は，電気の時代だといわれています。電気が日本全国の 90 % 近くにゆきわたったのは，今から 90 年ほど前です。電気はいろいろなことに利用され，くらしをゆたかに，便利にしています。

熱を使うもの　　　　　光を使うもの　　　　モーターを動かして使うもの

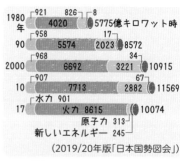

2 電気の発電量

　電気の発電量は年々多くなっていて，ここ 40 年ほどの間に約 2 倍になりました。これは電気を使う道具がふえたり，夜おそくまで起きている人が多くなったりするなど，わたしたちのくらしが変わってきたからです。

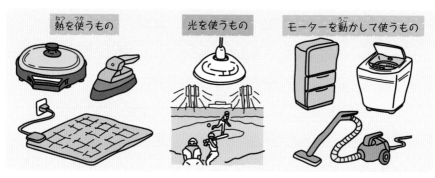

年				
1980年	921	826	8	
	4020		5775億キロワット時	
90	958	17		
	5574	2023	8572	
2000	968	34		
	6692	3221	10915	
10	907	67		
	7713	2882	11569	
17	水力 901			
	火力 8615	10074		
	原子力 313			
	新しいエネルギー 245			

(2019/20年版「日本国勢図会」)

▲電気の発電量のうつり変わり

雑学ハカセ

世界で初めて電池が発明されたのは，1799 年で，発明者はイタリアのボルタです。ボルタのなしとげたことを記念して，電圧の単位は今でも「ボルト」とよびます。

2 電気の旅

1 電気をおこすエネルギー

電気は，水力・火力・原子力など，いろいろなエネルギーによっておこされます。

2 発電所から工場や家庭へ

電気は，発電所から右の図のように送られてきます。

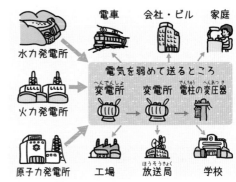

電気を弱めて送るところ

変電所　変電所　電柱の変圧器

水力発電所　電車　会社・ビル　家庭

火力発電所

原子力発電所　工場　放送局　学校

▲電気が送られてくる道すじ

中学入試にフォーカス さまざまな発電方法

● **水力・火力・原子力発電**　水力発電は水の流れ落ちる力を，火力発電は石油や石炭などをもやしてできた水蒸気を，原子力発電は原子炉で発生する熱エネルギーを利用して電気をおこします。

日本には水力・火力・原子力のほかにもさまざまな発電方法があります。どんな方法があるかたしかめましょう。

風力発電
風の力で発電しています。海の上で発電することもあります。

地熱発電
地熱によって生まれる水蒸気を利用して発電しています。

太陽光発電
家の屋根などにパネルを取りつけて，太陽光を利用して発電します。

▲ 風力発電　　　　▲ 地熱発電　　　　▲ 太陽光発電を取り入れた家

パワーアップ

主だった発電方法は国によってちがいます。日本，アメリカ合衆国，中国などでは火力発電，カナダやブラジルでは水力発電，フランスでは原子力発電が中心です。

③ くらしとガス

1 ガスの利用

　ガスが，まきや炭にかわって多くの家庭に広まったのは，今から60年ほど前です。ガスは人々のくらしをゆたかに，便利にしています。

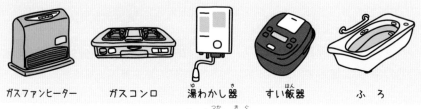

ガスファンヒーター　ガスコンロ　湯わかし器　すい飯器　ふろ

▲ガスを使う器具

2 ガスの使われかた

　ガスの使用量は年々ふえ，ここ40年ほどの間に約4倍になっています。その約60％が工業用として使われていて，工業用のわりあいが年々ふえています。

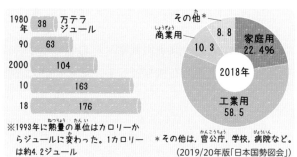

1980年	38	万テラジュール
90	63
2000	104
10	163
18	176

※1993年に熱量の単位はカロリーからジュールに変わった。1カロリーは約4.2ジュール

その他* 8.8
商業用 10.3
家庭用 22.4％
2018年
工業用 58.5

* その他は，官公庁，学校，病院など。

（2019/20年版「日本国勢図会」）

▲都市ガスの使用量（左）と使いみち（右）

🔧 しりょうの広場

▶電気を使うとき気をつけること

1つのコンセントから多くの電気器具を使わない。

電気プラグをぬくときは，プラグを持ってぬく。

▶ガスを使うとき気をつけること

フィルターをこまめにそうじする。

正しくつなぐ。

ガスファンヒーター

ときどき空気を入れかえる。

雑学ハカセ

ガスを使わずに，家庭にあるすべてのエネルギーを電気でまかなうことをオール電化といいます。今では，オール電化住宅がふえてきています。

4 ガスの旅

1 ガスの種類

　天然ガスなどを原料につくられ，ガス管で家庭や工場に送られる都市ガス❶，石油を原料につくられ，家庭へボンベでとどけられるプロパンガスなどがあります。

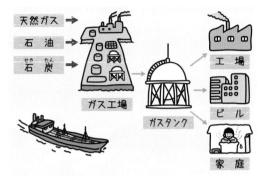

▲都市ガスが送られてくる道すじ

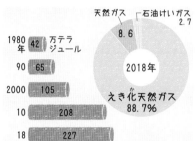

天然ガス 8.6　石油けいガス 2.7

1980年 42 万テラジュール
90 65
2000 105
10 208
18 227

2018年
えき化天然ガス 88.7%

(2019/20年版「日本国勢図会」)
▲ガスの生産量(左)と原料の内訳(右)

ことば ❶ 都市ガス

　大都市では，たくさんのガスを使うので，ガス会社は，ガス管を通じて都市ガスを送っている。

2 ガスを送る

　都市ガスは，ガス工場などでつくられ，ガスタンクにたくわえられて，地下のガス管で家庭や工場に送られます。

さんこう 共同こう

　ガス管や電話線，上下水道などをまとめて入れた地下のしせつ。道路の下にあるので，台風や地震などのひ害を受けにくい。

上水道　下水道　ガス　電話　電気

くわしい学習

● なぜ 日本は電気・ガスを外国にたよっているといわれるのは，なぜでしょうか。

● 答え 日本は，石油・石炭の生産量が少なくて，ほとんどを外国からの輸入にたよっているからです。

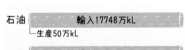

石油 輸入17748万kL
生産50万kL

石炭 輸入18932万kt
生産104万t

(2018年) (2019/20年版「日本国勢図会」)
▲日本の石油・石炭の生産量と輸入量

パワーアップ

ガスは，ばく発するおそれがあるので，もれたら大変です。しかし，本来ガスには，においがありません。そのため，ガスにはくさいにおいをつけており，もれたらすぐにわかるようにしてあります。

10のミッション！❻

わたしたちの身の回りには，いろいろなリサイクルマークがついた品物があります。リサイクルマークを見つけて，意味を調べましょう。

👍 ミッション

身の回りのリサイクルマークを調べよ！

📖 調べかた（例）

▶ ステップ1　リサイクルマークがついた品物をさがそう！

スーパーマーケットなどで買ってきた品物についているリサイクルマークを見つけよう。

〈リサイクルマークの例〉

▶ ステップ2　見つけたリサイクルマークの意味を調べよう！

リサイクルマークの意味は，図書館の本やインターネットで調べよう。

▶ ステップ3　まとめよう！

調べたリサイクルマークについて，つけられていた品物，意味をノートや大きな紙に書こう。

▶ ステップ4　わかったことや感想を書こう！

調べた結果について，何がわかったのか，また，どのような感想を持ったのかを書こう。

▶ ステップ5　発表しよう！

調べたことをもとに，これからの自分たちの行動について，家族や友だちといっしょに考えよう。

📖 解答例 378〜379 ページ

第7章

自然災害から人々を守る

自然災害から人々を守るしくみを知ろう！

1 さまざまな自然災害

4年

1 地震・津波にそなえる

ここで
学習
すること

1 地震・津波のひ害とは，どのようなものだろう。

2 地震・津波からわたしたちのくらしを守るために，どのような取り組みが行われているのだろう。

1 地震・津波

1 地震

日本は，世界の国々の中でも，特に地震の多い国です。今までに大きな地震が何度もおこり，ひ害が出ました。

2011（平成23）年3月11日にはマグニチュード（M）❶9.0，最大震度❷7を記録した東日本大震災が発生し，2万人以上の死者や行方不明者が出ました。この後も，熊本県（2016年），北海道（2018年）など各地で地震がおこっています。

年月	地震名（災害名）	死者・行方不明者（人）	失われた家屋の数（戸）
1923.9	関東大震災	約10万5000	約57万6262
1995.1	阪神・淡路大震災	6437	11万1942
2004.10	新潟県中越地震	68	3175
2011.3	東日本大震災	2万2233	12万1783
2016.4	熊本地震	273	8667
2018.9	北海道胆振東部地震	43	469

▲日本でおこった主な地震　（消防庁調べ）

ことば ❶ マグニチュード（M）

地震のきぼを表す数字。数字が大きいほど，強い地震となる。

❷ 震度

地震のゆれの度合いを表す数字。

2 津波

日本は，四方を海にかこまれていて，海底を震げんとする地震が多いため，津波が発生することがあります。東日本大震災では，津波によって多くの人々がぎせいになりました。

雑学ハカセ　「津波」は英語でも「tsunami（つなみ）」とよびます。もとは日本語でしたが，今では世界中で，地震などによる大きな波を「つなみ」とよぶようになりました。

地震・津波によるひ害の例

▲家屋がこわれる

▲道路がこわれる

▲火災がおこる

▲津波が町をはかいする

2 地震・津波にそなえる

1 家庭でのそなえ

①家具がたおれてこないようにする。

②**ひなん用リュック**をじゅんびする。

③**ハザードマップ**でひなんルート・場所を調べておく。

④家族の間で，別々にいるときに地震がおきた場合の約束をする。
例えば，電話やメールがつながりにくいときは，**災害用伝言ダイヤル**を利用する，**ひなん場所**に集まるなど。

そなえが
大切だぞ！

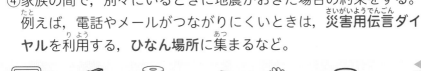
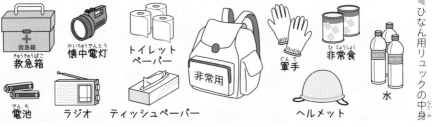

救急箱　懐中電灯　トイレットペーパー　非常用　軍手　非常食　水

電池　ラジオ　ティッシュペーパー　ヘルメット

▲ひなん用リュックの中身

雑学ハカセ 日本の歴史上の記録に残されているいちばん古い地震は，約1600年前に今の奈良県付近でおきたものです。この地震については，マグニチュードも震度もわかりませんが，『日本書紀』という歴史書に「地震」ということばが書かれています。

2 学校でのそなえ

①防災教育やひなん訓練を行う。

②ものが落ちたり，たおれたりしないようにする。

③きん急用の水・食料，非常用トイレをじゅんびしておく。

④大きな地震のときは，家の人が学校にむかえに来るなど，保護者との間でルールを決めておく。

⑤学校周辺の住民や役所と協力し合えるようにしておく。

3 地域でのそなえ

　地域では，自治会が**防災倉庫❶**を管理したり，**防災訓練**を行ったりしています。また，**自主防災組織**をつくって，地域の住民が自主的に防災活動や災害時の救助などを行うところもあります。

> **ことば ❶ 防災倉庫**
>
> 　地域での災害へのそなえとして，食料だけでなく，毛布やかせつトイレなど必要なものを保管している倉庫。
>
> **❷ 防災計画**
>
> 　救助や消火，情報の伝達などの方法や住民のひなん場所などを定めたもの。

4 市や県，国の取り組み

①災害から住民を守るしくみ

　市(区町村)では，災害がおきたときの対おうについて，防災計画❷を定めています。また，大きな地震がおきて，市だけでは対おうがむずかしいときは，県(都道府)やほか

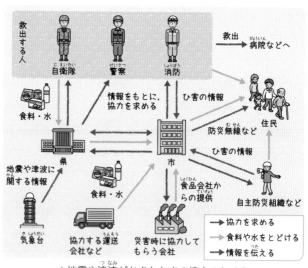

▲地震や津波がおきたときの協力のしくみ

の市にしえんを求めるしくみになっています。

パワーアップ　地域の住民が災害にそなえて自主的につくっている組織のことを自主防災組織といいます。自主防災組織は防災訓練をはじめ，災害のときは住民と役所との情報のやりとり，初期消火，けが人の手当てなどを行います。

②**ひ害をふせぐ情報**…市や県，国は，地震のひ害をおさえるために，さまざまな**情報**を人々に伝えています。

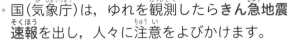

▲ひなん場所をしめすかん板

- 市は，震げんの近い大きな地震がおこったと想定して，予想されるゆれの強さや建物がたおれる度合いを土地ごとに色分けした，**地震ハザードマップ**をつくっています。

- 国（気象庁）は，ゆれを観測したら**きん急地震速報**を出し，人々に注意をよびかけます。

- 地震のあと，津波が予想されるときは，気象庁は**津波警報・注意報**を出します。警報にもとづき，市は津波のひ害が予想される地域に，**ひなん指示**を出します。

> **ことば ❶ SNS**
>
> Social Networking Service（ソーシャル・ネットワーキング・サービス）のりゃく。インターネットを通じて，ほかの人と交流できる会員制のサービスのこと。

- 市や県，国は，地震や津波によるひ害をふせぐための情報を，**テレビ・ラジオ・メール・ＳＮＳ❶**などで人々に伝えます。一方，地震や津波のあと，地域の人々どうしがひ害に関する情報を，SNS などでやりとりすることもあります。

▲神奈川県鎌倉市のひなん所マップ（左）と津波ハザードマップ（右）

地球の地下は，プレートという板のような岩ばんにおおわれています。十数まいのプレートが少しずつ動き，たがいにせっするところでは強い力が働いて地震がおこります。日本は，いくつものプレートがせっするところにあり，地震が多いので，「地震大国」とよばれています。

5 地震直後の取り組み

①市や県，国の動き

- 大きな地震がおこったとき，市は災害対策の指揮をとる**災害対策本部**をもうけ，ひ害に関する情報を集めたり，県や国にその情報をほうこくしたりします。そして，さらなる災害のきけんが高まったときは，住民に**ひなんかんこく**や**ひなん指示**を出します。

- 市は，地震によるひ害が大きく，自分の市だけでは対おうできないときは，ほかの市や県におうえんをたのみます。また，人の命がきけんにさらされ，警察や消防だけでは対おうしきれないときは，県に**自衛隊**のはけんを求めます。

②自助・共助・公助の役わり

…大きな災害では，市によるしえん活動や訓練を積んだ消防・警察・自衛隊の救助活動が大きな役わりを果たします。しかし，これらの公的機関によるしえん(**公助**)だけでは，げん界があります。自分の身は自分で守る(**自助**)ことが第一ですが，それにくわえて地域の人々による協力(**共助**)が必要です。そして，この自助・共助・公助の3つがうまく連けいできることで，大きな災害がおきてもひ害をできるかぎり少なくおさえ，少しでも早いふっきゅう・ふっこうにつながります。

中学入試にフォーカス ハザードマップ

ハザードマップとは，地震や津波，こう水など，自然災害の発生によって予想されるひ害地域やひなんに関する情報をのせた地図のことです。

ハザードマップはいくつかの種類があります。**防災マップ**はひ害が予想される地区，**ひなん所マップ**はひなんしせつの位置をしめしています。また，**津波ハザードマップ**は津波のとう達が予想される時間を色分けしてしめしています。

▲ 各自治体のハザードマップを見ることができるホームページ

雑学ハカセ スウェーデン・オーストラリア・ロシア・カナダなど，世界には地震の少ない国があります。これらの国では，一生の間に一度も地震を経験することのない人もいるそうです。

くわしい学習

なぜ 学校や地域にある防災しせつだけでなく,「防災公園」とよばれる公園があるのは,なぜでしょうか。

答え 「防災公園」は,大きなひ害が想定される場所に多く,ひ災者の救出・救助活動のきょ点にでき,また,ひなん場所として大人数をしゅうようできるからです。東京都では多くの場合,大きな公園が大きぼ救出・救助活動やヘリコプターの活動きょ点,地震による大きな火災からのがれるためのひなん場所として「防災公園」に指定されています。

「防災公園」には,いろいろな防災設備がそなわっています。

平常時　使用時

揚水ポンプ 水道が使えなくなったときに,手動ポンプで水をくみ上げることができます。

マンホール型トイレ マンホールの上にテントを組み立てて,トイレとして利用することができます。

ソーラー照明灯 電気が止まっても,太陽光発電で明かりをつけることができます。

平常時　使用時

かまどベンチ ベンチのすわる板の部分を持ち上げると,かまどになっていて,にたきができるようになります。

ヘリコプターきん急離着陸場 大型ヘリコプターが使用できる広いスペースのある公園が,ヘリコプター離着陸場の候補地として指定されています。

雑学ハカセ 日本でくらす外国人の中には,ひなん場所がわからなかったり,地震や台風などから身を守る方法を知らなかったりする人がいます。そこで,外国人向けのハザードマップをつくり,外国人を守るしくみづくりを進める市も出てきました。

2 風水害にそなえる

ここで
学習
すること

1 風水害とは，どのようなものだろう。

2 風水害からわたしたちのくらしを守るために，どのような
取り組みが行われているのだろう。

1 風水害

1 つゆと台風

①**つゆ**…毎年，6月中ごろから7月中ご
ろにかけて，北海道をのぞく日本各地
で毎日のように雨がふり続く時期のこ
とを**つゆ**といいます。つゆの終わりご
ろは，たくさんの雨が集中的にふり，
日本各地で水害をもたらすことがあり
ます。

②**台風**…日本のはるか南の海上で発生し
た台風が，夏から秋にかけて日本によ

▲台風の月別の主な経路

く近づきます。台風はとても強い風と大雨をともなうので，日本
に近づいたり上陸したりすると大きなひ害をもたらすことがあり
ます。

2 災害の多い日本の川

日本の国土は南北に細長く，中央には
山地・山脈が連なっています。日本の川
は中央の山地・山脈からすぐに海に流れ
るため短く，川はばもせまいため，流れ
が急になっています。そのため，つゆや
台風などの大雨のときには，川がはんら
んしてこう水になり，たびたび大きなひ
害を出してきました。

▲日本の主な川

雑学ハカセ

日本では台風とよぶ，強い風がふく大きな雲のうず（熱帯低気圧）は，活動するところでよび
名がかわり，アメリカ合衆国ではハリケーン，インドではサイクロンとよばれています。過
去には，日本のほうへ進んだハリケーンが台風にかわったこともありました。

風水害の例

▲川のていぼうがくずれる

▲がけがくずれる

▲川の水がはんらんする

▲橋のすぐ近くまで水が上がる

▲山のしゃ面がくずれる

▲農作物がひ害にあう

2 風水害にそなえる

1 地域の取り組み

　水防団がていぼうを見回ったり，水防倉庫❶の道具を点検したりして，水害をふせぐ活動をしています。水防団は地域住民を団員とする組織です。ていぼうがくずれると土のうを積んだり，水害にあった人を助けたりします。

> **ことば**　❶ 水防倉庫
>
> 　水害をふせぐ活動をするために必要な，土のうぶくろやシャベルなどをそなえた倉庫。

パワーアップ

台風とは，熱帯低気圧のうち太平洋の北西区域で発生した，10分間の平均最大風速が約17m以上のものをよびます。台風は，あたたかい海面からエネルギーをもらって大きくなりますが，上陸するとエネルギーがもらえなくなり，力はおとろえていきます。

② 市や県，国の取り組み

市や県，国などは風水害をへらすために協議会を開き，例えば，市がハザードマップを作成したり，国や県が川のかんしを行ったりしています。風水害に関する気象警報が出されたときや風水害が発生したときは，市が災害対策本部をもうけ，風水害の対策にあたります。そして，人の命にきけんがおよびそうなときは，住民にひなんかんこくやひなん指示を出し，**防災無線**やメール，ＳＮＳなどを使ってひなんをよびかけます。

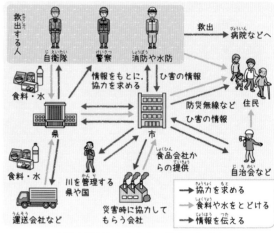

▲風水害がおきたときの協力のしくみ

▲防災無線

③ ひ害をふせぐ情報

国や県，市では，住民に対して日ごろからこう水への意識を高め，災害が発生したときには安全にひなんできるように，**まるごとまちごとハザードマップ**という取り組みを行っています。これは，こう水でつかると予想される，または過去のこう水でつかった水の深さや，ひなん場所をしめした標識を町の電柱などに表示するものです。

◀茨城県常総市の
まるごとまちごとハザードマップ

自然災害が発生しそうなときや，すでに発生しているとき，市や気象庁から警かいレベルが出されます。警かいレベルは１～５まであり，数字が大きくなるほどきけん度が高まります。自分の住む地域に警かいレベル４が出たら，すぐにひなんしましょう。

3 火山のふん火にそなえる

ここで
学習
すること

1 火山のふん火のひ害とは，どのようなものだろう。
2 火山のふん火のひ害からわたしたちのくらしを守るために，どのような取り組みが行われているのだろう。

1 火山のふん火

1 火山国の日本

日本は**活火山**が多くあり，世界でも有数の火山国です。火山は美しいながめやまわりの温泉などで観光地となっていますが，一方，日本ではこれまでに火山のふん火によって，大きなひ害を受けてきました。

・活火山

有珠山
御嶽山
雲仙岳
浅間山
桜島
三宅島
霧島山

▲日本の活火山の分布と主な火山

2 これまでのふん火によるひ害

1991（平成3）年に雲仙岳がふん火し，**火さい流**という高温の火山灰や火山ガスなどがまじりあったものによって43人が，2014年には，御嶽山のふん火によるふん石などで，63人がぎせいになりました。このほかにも，火山活動が活発になる山は毎年のように発生しています。

年月	火山名	地域
1991.6	雲仙岳	長崎県
2000.3	有珠山	北海道
2000.8	三宅島	東京都
2004.9	浅間山	長野県・群馬県
2006.6〜	桜島（昭和火口）	鹿児島県
2011.1〜	霧島山（新燃岳）	宮崎県・鹿児島県
2014.9	御嶽山	長野県・岐阜県
2015.5〜	口永良部島	鹿児島県
2018.1	草津白根山	群馬県

▲近年の主な火山のふん火

パワーアップ

2000年，三宅島（東京都）の火山がふん火し，島民全員が島外にひなんしました。島民は，4年5か月後にひなん指示がかいじょされるまで，島に帰ることができませんでした。

火山のふん火によるひ害の例

▲高温の火さい流が町をのみこむ

▲ふん石によって家屋がこわれる

▲溶岩流が町に流れこむ

▲火山灰で町がうもれる

（！）くわしい学習

● **なぜ** ずっとふん火していないのに「活火山」とよばれる山があるのは，なぜでしょうか。

● **答え** 以前は，活動している山を「活火山」，ずっと昔にふん火していた山を「休火山」，ふん火した記録がない山を「死火山」とよんでいました。しかし，ふん火の記録のない山でも調べるとふん火していたことがわかったり，数千年間の休止のあとにふん火した火山があったりしたことから，今はおおむね過去 1 万年以内にふん火したことのある火山と，今も蒸気やガスをふき出している火山を活火山とよぶようになりました。日本では，活火山は 111（2017 年げんざい）を数えます。

少しでもふん火すると考えられる火山を，活火山とよぶんだね。

そうなの！ 活火山の指定を受けた火山のある市や県では，ふん火から住民を守る取り組みをしているのよ。

雑学ハカセ 日本は火山が多く，火山の熱であたためられた温泉がたくさんあります。また，温泉の数が世界的に見ても多く，古くから温泉を利用する文化が栄えてきました。

2 火山のふん火にそなえる

1 市や国の取り組み

火山のふん火にそ
なえるために，火山
のまわりにある市で
は，共同で**ハザード
マップ（火山防災マ
ップ）や火山防災計
画**を作成し，協力し
て住民をひなんさせ
るしくみを整えてい
ます。また，国は注
意が必要な火山を 24 時間かんしし，ふん火のときには**ふん火警報**
や**ふん火警報レベル**を出します。

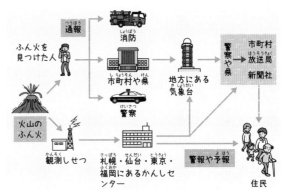

▲火山のふん火がおきたときの協力のしくみ

2 住民の取り組み

火山のまわりでくらす地
域の人々は，ハザードマッ
プでふん火によるきけんな
場所やひなん場所をかくに
んするとともに，ひなん訓
練に参加して，ふん火にそ
なえています。

自然災害から住
民を守るには，市
だけではなく，県
や国との協力も
必要なんだね。

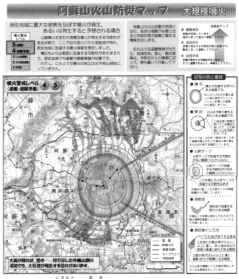

▲熊本県阿蘇市の火山防災マップ

パワーアップ

火山のふん火は，陸地の形を変える力を持っています。阿蘇山（熊本県）はふん火したときに
山頂部分がしずみこみ，東西 18 km，南北が 25 km にもおよぶ，大きなすりばちのような
地形（カルデラ）がつくられました。

4 雪害にそなえる

ここで学習すること

1 雪害とは，どのようなものだろう。

2 雪害からわたしたちのくらしを守るために，どのような取り組みが行われているのだろう。

1 雪 害

1 雪の多い地域

冬になると，特に北海道や本州の日本海側では北西からふくしめった風（季節風）のえいきょうでたくさんの雪がふります。これらの地域では，平地でもたくさんの雪が積もり，例えば北海道の札幌市では，こう雪量が1mをこえる月があります。

▲日本の豪雪地帯

■豪雪地帯

2 雪によるひ害

雪によるひ害としては，2005（平成17）年から次の年にかけての「平成18年豪雪」であったように，雪の重みで家がつぶれたり，雪おろし❶中に人が屋根から転落したりなどのひ害があります。また，大雪で停電したり，道路に積もった雪で自動車が通行できなくなったりもします。さらに，なだれにスキー客や登山者がまきこまれたり，家がのみこまれたりすることもあります。

▲雪の重みでつぶれた家屋

> ことば　❶ 雪おろし
>
> 屋根の上などに積もった雪を，スコップなどで地面に落とす作業のこと。

雑学ハカセ　豪雪地帯とそうでない地域とでは，信号機の形がことなります。いっぱんには，信号機は横に3つのライトがつけられていますが，豪雪地帯では信号機はたて型で，雪の重みで信号機がたおれないようにしてあります。

2 雪害にそなえる

1 雪害に強いまちづくり

雪の多い地方では，雪害にそなえた町づくりが行われています。道路には雪をとかす消雪パイプがはりめぐらされ，道路わきには雪かきや雪おろしでたまった

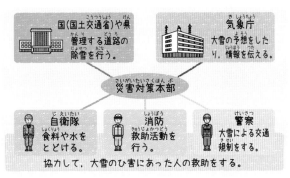

国（国土交通省）や県
管理する道路の除雪を行う。

気象庁
大雪の予想をしたり，情報を伝える。

災害対策本部

自衛隊
食料や水をとどける。

消防
救助活動を行う。

警察
大雪による交通規制をする。

協力して，大雪のひ害にあった人の救助をする。

▲雪害がおきたときの協力のしくみ

雪を流せる**流雪こう**がもうけられています。また，山道には，なだれのひ害をふせぐために，**スノーシェッド**とよばれる屋根がつけられているところもあります。市は，大雪でこまったときは，まわりの市に協力してもらえるようにしています。

2 雪を取りのぞく

雪の多い地方では，雪の重みで家がつぶれないように，雪おろしが行われます。雪おろしは屋根から落ちるなど事故のきけんがあります。地域によっては，住民がいっせいに雪おろしをしているところもあります。みんなで見守り

▲除雪車による除雪のようす

ながらの作業なので事故をふせぐことができます。また，雪で道路が通れなくなるとこまります。市や県，国は**除雪車**で道路から雪を取りのぞいています。作業は，事前に作業を行う雪の深さや作業の時間帯を住民に伝え，計画的に行われます。

パワーアップ

雪の重みで家屋がつぶれるのも雪害の1つです。氷のつぶのようにざらざらした雪だと，1m³（立方メートル）の重さは，300〜500kgにもなります。いっぱんの家屋の屋根に1mの雪が積もれば，何tという重みがかかるため，家屋がつぶれることもあります。

🚩 10のミッション！❼

　地震などの災害は，いつおこるかわかりません。いざというときのために，家族用の防災マップをつくっておきましょう！

👍 ミッション

家族専用！　防災マップをつくれ！

📖 調べかた（例）

▶ ステップ1　自分の住む地域におこりそうな自然災害をかくにんしよう！

市のホームページを見て，どのような災害がおこると考えられているか，たしかめよう。

▶ ステップ2　防災マップをつくろう！

- 例えば，こう水がおこる地域だったら，こう水がおこる場所を地図に記入しよう。そして，にげるための高台などをさがして，地図に書きこもう。
- 市のホームページにある防災マップを参考にして，市で決められたひなん場所をかくにんし，家族でいざというときのルールをつくろう。

▶ ステップ3　わかったことや感想を書こう！

つくった防災マップを見て，何がわかったのか，また，どのような感想を持ったのかを書こう。

▶ ステップ4　家族で防災会議を開こう！

つくった防災マップをもとに，自然災害がおきたときの行動について，家族で話し合おう。

📖 解答例　380〜381ページ

第8章

県内の伝統や文化と，
地域の発展につくした人々

ここから
スタート！

昔から受けつがれて きたことを調べよう！

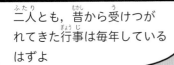

二人とも，昔から受けつがれてきた行事は毎年しているはずよ

例えば，お正月とかひな祭り，こどもの日なども，ずっと昔から受けつがれてきた行事よ！

そうなの!?知らなかった！

昔から受けつがれてきたことってほかにもありそうだね

いいことに気づいたわね！学校の近くの用水路だって，昔から受けつがれてきたものなのよ

用水路が？

では，昔から受けつがれてきたことについて調べてみよう！住んでいる地域のことがもっと好きになるわよ！

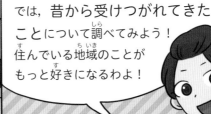

昔にタイムスリップだぞ！

1 受けつがれてきた文化財・行事 4年

📝 学ぶことがら

1 受けつがれてきた伝統文化
2 昔から伝わる行事

1 受けつがれてきた伝統文化

ここで
学習
すること

1 市に，昔から伝わる伝統文化について調べてみよう。
2 伝統文化をとだえさせないように伝えていくために，どのようなことが行われているのだろう。

1 文　楽 (大阪市の例)

1 文楽のなりたち

①浄瑠璃❶の語りに合わせて人形をあやつる劇を文楽(人形浄瑠璃)といいます。浄瑠璃が人形劇と結びついたのは今から約400年前で，京都で始まり，大阪や江戸(今の東京)へと広まりました。

ことば　❶ 浄瑠璃

三味線をばんそうに使い，音楽に合わせて物語に節をつけて語る，語り物音楽の1つ。

▲昔の人形浄瑠璃のようす

舞台

浄瑠璃を語る太夫

▲文楽のようす

雑学ハカセ

約400年前，浮世絵という版画がとても流行しました。かかれていたのは人物や風景でしたが，全国の名所をえがいた浮世絵は，かんたんに旅行できなかった人々に人気がありました。

②大阪で人形浄瑠璃をさかんにしたのは**竹本義太夫**です。今から約340年前，義太夫は大阪の道頓堀に劇場を開き，劇の話の作者に**近松門左衛門**というすぐれた作家をむかえました。

③義太夫がなくなって50年ほどすると，人形浄瑠璃の人気はしだいにおとろえ，今から約110年前には人形浄瑠璃を専門にする劇場は大阪の**文楽座**だけになりました。そのため，人形浄瑠璃は文楽という名まえでよばれるようになりました。

④その後，文楽は一時とだえそうになり，文楽専門の劇場がない時期もありました。しかし，国や大阪府・大阪市などが**文楽がとだえないように手助け**をし，また，1984 (昭和59) 年に大阪の日本橋に文楽中心の劇場である**国立文楽劇場**をつくりました。

▲国立文楽劇場

2 文楽の人形のあやつりかた

文楽では，人間と人形がいっしょに舞台に出ます。1体の人形を，体をささえながら頭と右手を動かす人（主づかい），左手を動かす人（左づかい），足を動かす人（足づかい）の3人であやつります。

人形つかいは黒いずきんをかぶりますが，だいじな場面などでは顔を出します。

人形をあやつる場所。主づかいは足づかいが動きやすいよう，高いげたをはきます。

パワーアップ

江戸時代には，浄瑠璃とならんで歌舞伎という劇も，とても人気でした。音楽に合わせて，役者がえんじる歌舞伎は，今も受けつがれています。

2 伝統文化を伝えるために

　地域に残る**伝統文化**をとだえさせないように，さまざまな取り組みが行われています。

伝統文化を受けつぐ人を育てる	伝統文化を受けつぐ人が少ないので，伝統文化を伝えていくために，受けつぐ人を育てるいろいろなくふうが行われています。
地域全体で取り組む	保存会などの集まりをつくり，地域の人々が協力して伝統文化を伝えています。また，地域によっては，学校の授業やクラブ活動で伝統文化を教えているところもあります。
発表の機会をふやす	にない手のやる気を高めるために，祭りや行事のとき以外にも，ふだんの練習の成果を多くの人に見てもらう機会をつくっています。
伝統文化を記録する	伝統文化をとだえさせないように伝えていくために，伝統文化がどのように行われているかを調べ，記録をつくっています。

さんこう　恵那文楽

　岐阜県中津川市に，300年ほど前から伝わる恵那文楽は，人形つかいの数が少なくなっていた。しかし，保存会の努力によって守り伝えられ，1989（平成元）年に，県の重要無形民俗文化財に指定された。今では保存会が地元の小学校で文楽を教え，また，市も小学生用に軽い人形を用意するなどして，次の世代に伝えようとしている。

雑学ハカセ　地域には，古い行事もあれば，新しく生まれる行事もあります。例えば，高知県で1954（昭和29）年に始まった「よさこい祭り」は，今では全国各地に広まり，それぞれの地域の新しい行事となっています。

2 昔から伝わる行事（大阪市の例）

第8章
県内の伝統や文化と、地域の発展につくした人々

1
受けつがれてきた
文化財・行事

2
郷土や地域の発展に
つくした人々

ここで学習すること

1 わたしたちの市に，昔から伝わる行事には，どんなものがあるのだろう。

2 昔から伝わる行事をこれからも残していくために，どんなことが行われているのだろう。

1 さまざまな年中行事

地域には，昔から毎年決まった時期にくり返し行われている，いろいろな行事があります。このような行事を，**年中行事**といいます。これらは，人々が健康などの願いをこめ，また，だいじな楽しみとして，大切に伝えてきたものです。

年中行事には，寺や神社で行われるような祭りのほかに，節分や端午の**節句❶**のように，家庭でも行われる行事があります。

> **ことば ❶ 節句**
>
> 年中行事の中でも，季節の節目となるものをいう。端午の節句のほかには，もの節句（ひな祭り），七夕などがある。

十日戎（1月）
商売の神をまつる今宮戎神社の祭りで，商売がうまくいくように願って，多くの人がおまいりします。

節分祭（2月）
露天神社（お初天神）では，節分の日に，1年を健康にすごせるようにという願いをこめて，豆をまき，火をたきます。

パワーアップ 地域の伝統文化の1つに，祭りのときに笛やたいこでえんそうする「お囃子」があります。伝統を受けつぐために，げんざい，いろいろな地域で子どもを中心とした「お囃子」が行われています。

御田植神事（6月）
　住吉大社で毎年6月14日に行われる祭りです。豊作をいのり，境内にある田で田植えが行われます。田のまわりでは，歌やおどりがえんじられます。

杭全神社夏祭（7月）
　9台のだんじりが前進と後退をくり返しながら，町の中をめぐり，夜おそくに宮入りします。「けんか祭り」ともよばれる，いさましい祭りです。

盂蘭盆会万灯供養法要（8月）
　四天王寺で，毎年お盆の時期に行われる行事で，祖先のめいふくを願っておきょうを唱え，先祖の名まえが書かれた約1万本のろうそくに火をともします。

神農祭（11月）
　薬の神をまつる少彦名神社の祭りで，11月22日・23日に行われます。家族の健康と安全を願って，多くの人がおまいりします。

　年中行事が行われるお寺や神社には，長い歴史を持ち，古い建物を残しているものが多くあります。また，祭りは，昔の音楽やおどりをげんざいに伝える役目を果たしています。年中行事は，さまざまな伝統文化と結びついているのです。

雑学ハカセ　「お花見」も大切な年中行事の1つです。古くはうめの花を見る行事でしたが，だんだんとさくらの花を見るようになり，今では多くの人がさくらの花見を行っています。

しりょうの広場

▶主な年中行事

　古くから毎年，同じ時期に各地で行われる行事を年中行事といいます。作物の豊作や人々の健康を願う気持ちがこめられています。

月	年中行事の例
1	正月 初もうで
2	節分
3	ももの節句 （ひな祭り）
4	お花見
5	端午の節句
6	衣がえ 田植え
7	七夕
8	お盆
9	お月見
10	秋祭り もみじがり
11	七五三
12	すすはらい 大みそか

初もうで
　1年のはじめに神社や寺に行って，1年の無事をいのる行事。

七夕
　竹に願いごとを書いた短ざくをかざる行事。

お月見
　作物がたくさんとれたことを感謝して，だんごなどを月におそなえする行事。

パワーアップ　今では外国の行事も日本の行事として，とけこんでいます。例えば，キリスト教の行事であるクリスマスは，日本にはありませんでしたが，世界との交流の中で，自然と日本でも毎年行われる行事の1つとなりました。

253

2 天神祭

1 天神祭

　天神祭は，大阪市北区にある**大阪天満宮**の夏祭りで，毎年，7月24日・25日に行われます。25日が祭りの本番で，みこしやだんじりが行進する陸渡御や，それに続く船渡御が行われ，100万人をこえる見物人が集まります。

> ### ことば ❶ 菅原道真
>
> 　今から約1150年前の学者。大臣として都（京都）で活やくしたが，ほかの大臣にねたまれたため，九州の役所にうつされて，そこでなくなった。なくなったあと，「天神さま」としてまつられるようになり，今も学問の神として，多くの人々からあがめられている。

2 天神祭のなりたち

　大阪天満宮は**菅原道真**❶をまつる神社です。天神祭は，菅原道真のたましいをなぐさめ，また，病気のはやりやすい夏を無事にすごせるようにいのる行事として，今から約1070年前に始まりました。その後，天神祭は大阪の商人によって大がかりに行われる

▲大阪天満宮

ようになり，**東京の神田祭**，**京都の祇園祭**とともに日本の**三大祭り**の1つに数えられるようになりました。

3 天神祭の特ちょう

　天神祭のいちばん大きな特ちょうは，みこしを船にのせて川をわたる船渡御という神事です。みこしをのせた船を中心に，ちょうちんなどでかざられた約100せきの船団が川を行き来します。その間，船の上で伝統的な舞が行われたり，両岸のかがり火が水面を照らしたりして，はなやかなふんいきになります。

地域に祭りがあるときは，その祭りにどのような由来があるのか，調べるとよいでしょう。図書館の「郷土コーナー」に行ってみると，地域の祭りについて書かれた本があるかもしれません。

陸渡御（だんじり） 大きなだんじりなどの行列が、みこしの先に行進します。

陸渡御（みこし） 夕方になると、みこしが大阪天満宮から天神橋まで行進します。

船渡御 陸渡御を終えた行列が船に乗りこみ、今度は水上を行進します。

花火 船渡御が行われる中、川の両岸から花火が打ち上げられます。

たくさんの見物人 見物人が多いので、警察官が、事故がおきないように気をつけています。

市民ボランティア 見物人が出すたくさんのごみをかたづけるなど、天神祭に協力している人たちです。

パワーアップ 地域の祭りには、由来があります。多くは春祭りや秋祭りとして行われますが、これらは、農作物がゆたかに育つことへの願いや、たくさんのしゅうかくがあったことへの感謝の気持ちをこめて、行われます。

③ 祭りを伝えていく努力 (天神祭の例)

① 祭りをささえる人々と，新しい取り組み

祭りをささえる人々	・講社 昔から，酒屋や米屋などの職業ごとに，講社という集まりをつくり，祭りをささえてきました。講社はそれぞれ，たいこやみこしなど，決められた役目を，代々受けついできました。
	・講社に加わっていない会社 天神祭をもりあげるためのもよおしを開いたり，天神祭をせん伝するポスターをつくったりして，祭りに協力しているところがあります。
	・ボランティア ごみをかたづけたり，祭りを見物に来た人を案内したりして，天神祭に協力している人たちもいます。
新しい取り組み	・女の人だけでみこしをかつぐギャルみこしや，ドラゴンボートレースという，手こぎの船がきそう大会などを取り入れています。 ・みこしのかつぎ手として留学生を受け入れたり，外国に出かけて天神祭を行うなど，外国の人々との交流も，積極的に行っています。

▲天神祭の前夜祭

▲ギャルみこし

雑学ハカセ

地域の祭りで，「子どもみこしをかついでみたい」，「山車を引きたい」などの希望がある場合は，おうちの人に相談してみましょう。祭りに参加している友だちがいれば，聞いてみてもいいかもしれません。

くわしい学習

なぜ 昔から伝わっている行事を、これからも残していくのは、なぜでしょうか。

答え ①**人々の願い**……昔から伝わっている行事には、健康や安全、幸せなど人々の願いがこめられています。

②**生活の節目**……季節の変わり目に行われる行事は、生活の節目としての役目を持っていました。2月3日の「**節分**」は、その日で冬が終わって、次の日からは春であるという、季節の節目にあたります。3才・5才・7才の子どもが神社におまいりをする「**七五三**」は、人生の節目です。

▲節分

▲七五三

③**楽しみとしての行事**……祭りの日には、地域の人々全員で祭りに参加し、家では、ふだんは食べられないごちそうを用意するなど、行事は人々の楽しみでもありました。

④**地域の人々をまとめる**……祭りなど、人々が力を合わせて行う行事は、地域の人々がふだんの生活の中でも協力し合える関係をつくることに役立ちました。

⑤**文化を受けつぐ**……お正月に見られるししまいなど、昔から伝わっている行事は、長い年月をかけて、わたしたちの世代にまで受けつがれてきました。このような行事を受けつぎ、次の世代に伝えていくことは、わたしたちの大切な役目です。

▲ししまい(富山県氷見市)

パワーアップ

日本には今から1400年以上も前にインドで生まれた仏教が伝わり、広まりました。そのため、仏教にちなんだ年中行事が多くあります。花祭りや大みそかの除夜の鐘などは仏教の行事です。

2 郷土や地域の発展につくした人々 4年

 学ぶことがら

1 用水を引いた人々　2 土地を開いた人々
3 こう水をふせいだ人々　4 天然とうをふせいだ緒方洪庵
5 沖縄文化を伝えた伊波普猷

1 用水を引いた人々

ここで
学習
すること

1 用水を引くのにだれが中心となり計画したのだろう。
2 地域の人々は，どのように工事に協力したのだろう。
3 用水を引くのにどんな苦労をしたのだろう。
4 用水を引いて人々のくらしはどのように変わったのだろう。

1 各地の用水路

A 琵琶湖疏水 琵琶湖疏水 202～203 ページ

1 疏水❶をつくる目的

① 1869（明治 2 ）年に，都が京都から東京へうつったため京都の人口がへり，町は急におとろえました。

② 1881 年に京都府知事になった北垣国道は，琵琶湖の水を京都に引いてその水で産業をさかんにし，京都を立て直そうと考えました。

③琵琶湖疏水をつくる目的は，

琵琶湖疏水

ことば ❶ 疏水

　舟の交通や田畑のかんがい，発電や水道用水などのために，新しく土地を切り開いて，湖や川から引いた水路（水を流すみぞ）。

- 琵琶湖～京都～大阪が舟で行き来できるようにする。
- 水車でいろいろな機械を動かし，新しい工業をさかんにする。
- 飲み水や農業用水・防火用水などを十分にする。
- 疏水に通じる小さな川にも水を流して，町をきれいにする。

 雑学ハカセ

「疏水」と「用水」は，よびかたはちがいますが，どちらも水を利用するために人がつくった水路です。全国には名まえに「疏水」とつけられた用水路もあれば，「用水」とつけられた用水路もあります。

④しかし，疏水をつくることに反対する声もありました。滋賀県の人は，琵琶湖の水面が下がり舟の行き来や農業用水・漁業にえいきょうが出るといい，大阪府の人は，疏水の水を淀川に流すとこう水になったり水がよごれたりするといい，京都府の人は，工事費の負担が重いといって反対しました。北垣知事は，疏水の重要性を説明して，反対する人々の理解を得て，1885（明治18）年に工事が始まりました。

▲琵琶湖疏水の分線にある南禅寺水路閣

2 工事のようす

①工事の計画からしごとの指図まで，21才の**田辺朔郎**技師が行いました。

②トンネル工事では「たてこう」という方法をとりました。これは山を両側からほるだけでなく，山の上から垂直にあなをほり，そこから両側に向かってほるもので，工事を早く進めることができました。

③日本ではじめての大工事で，工事場の近くに工事で使う木材を加工する工場やれんがをつくる工場を建て，外国からダイナマイトやセメントを買いました。

年	主なできごと
1881	北垣国道が京都府知事になる。
1883	田辺朔郎技師が工事の担当となる。
1885	第1疏水の工事が始まる。
1890	第1疏水が完成する。
1891	日本で最初の発電所である蹴上にある水力発電所の運転が始まる。
1894	鴨川運河が開通する。
1908	第2疏水の工事が始まる。
1912	第2疏水が完成する。水道の給水が始まる。

▲琵琶湖疏水の年表

パワーアップ

大きな川がはんらんすると田が流されてしまうため，昔の米づくりは山間部で行われていました。しかし，江戸時代以後，ていぼうがつくられるようになると，広い平地にも田ができるようになりました。

④ 1888（明治 21）年，アメリカ合衆国を調査した田辺技師は，水車をつくるよりも**水力発電所を**つくるほうがよいことを学び，計画を立て直しました。

⑤ また，琵琶湖の水面が京都より 40 m 以上も高いところにあるため，疏水に舟を通すためには**こう門❶**や**インクライン**（けいしゃ鉄道）をつくる必要がありました。

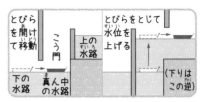

▲こう門のしくみ

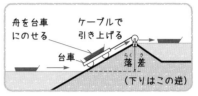

▲インクラインのしくみ

3 琵琶湖疏水ができて

① 1890 年に第 1 疏水ができ，1894 年に**鴨川運河**が開通すると，**大津〜京都〜大阪間で舟の行き来**がさかんになりました。

② 蹴上につくられた水力発電所の電力で，1895 年，京都の町に日本で最初の**路面電車**が走りました。また，その電力は，**家庭の電灯**や工場の動力にも使われるようになりました。

③ また，疏水の水は，田畑のかんがいにも利用されました。

> **ことば ❶ こう門**
>
> 水は，高いほうから低いほうへ流れるので，水位（水面の高さ）のちがう 2 つの水路をつないで船を通すために，水位を調節する水門をつくっている。太平洋とカリブ海を結ぶパナマ運河は，こう門式運河として有名である。

4 第 2 疏水をつくる

① 第 1 疏水ができて，京都の人口がふえだし，産業も発達したので，さらに多くの飲み水や電力が必要になり，1912 年に**第 2 疏水**と**蹴上じょう水場**をつくりました。

② この水は，今日ではほとんどが**上水道**として約 147 万人の京都市民のくらしをささえています。また，その後，さらに発電所が 2 か所つくられ，家庭用・工業用の電力もゆたかになりました。

用水などの工事を行った中心人物は，のちに碑や像（銅像や石像など）がつくられることがあります。自分の住む地域の発展につくした人物の碑や像を，さがしてみましょう。

くわしい学習

なぜ 京都市を流れる鴨川の西側に，人工の川である高瀬川がありますが，この川がつくられたのは，なぜでしょうか。

答え 荷物を運ぶためです。鴨川では，日照りが続いて水が少なくなったり，大雨で水かさがふえたりすると，しばらく舟が使えませんでした。江戸時代のはじめ，京都の大商人であった**角倉了以**は，こうした不便さをなくし，京都の中心部と大阪などとの物の行き来をより便利にしようと，**高瀬川**をつくりました。

▲高瀬川の水路

　この川は浅い川だったので，底の平らな「高瀬舟」という船を使いました。川の名まえはこの舟からつけられています。

▲高瀬川

▲高瀬舟

なぜ うめ立て地で工業がさかんになったのは，なぜでしょうか。

📖 うめ立て ▶280ページ

答え うめ立て地に，港や運河がつくられることが多いからです。港や運河は，工業に必要な材料や，できた製品を運ぶのに便利でした。また，うめ立てでできた何もない広い土地は，大きな工場を建てるのにてきしていました。

▲うめ立て地にならぶ工場

パワーアップ 昔の用水工事は，大きな機械などがないため，すべて手作業でした。江戸時代の工事では，土をほる係，土を運び出す係，みんなの食事をつくる係などいろいろな係に分かれて，大人数で進めていました。それらを管理するのが役人のしごとでした。

B　安積疏水

1　水の少ない土地

①今から140年ほど前の**福島県郡山市**の西側は，台地のため水が不足し，あれ地が広がっていました。

②集落や田や畑は台地のところどころにありましたが，人々は小さな川やぬまの水を使ってくらしていました。

③水は，**木管❶**をたくさんつないで川やぬまから引いていましたが，日照りが続くとぬまの水がかれ，人々はとてもこまりました。

```
■ 森林   ▨ ぬま    □ 田畑
□ あれ地など    ▨ 集落    0 —— 3km
```

▲安積疏水がつくられる前の土地利用

2　疏水をつくる必要性

①郡山市の東側にある**阿武隈川**は低いところを流れているため，水が引けません。そのため，西側の高いところにある**猪苗代湖**から水を引こうと，江戸時代のころから何人もの人が計画を立てましたが，たくさんのお金がかかるため，実現しませんでした。

ことば　❶ 木管

近くの川や池・ぬまなどから水を引くために使った，木の管のことをいう。

②明治時代（今から150年ほど前）になって県のかいたく係になった**中条政恒**は，郡山をゆたかな町にしようとあれ地をかいたくしましたが，水不足のため一部しかかいたくできませんでした。

▲中条政恒

③そのため，中条政恒は，猪苗代湖から水を引く必要性を国の役人である**大久保利通**に説明しました。

猪苗代湖は全国で4番目に広い湖です。1位は琵琶湖（滋賀県），2位は霞ケ浦（茨城県），3位はサロマ湖（北海道）です。ちなみに，世界一広い湖はカスピ海で，日本全体の面積とほぼ同じ大きさです。

④大久保利通もここをかいたくすれば，**もと武士だった多くの人にしごと❶**があたえられると考え，かいたくを国の事業にして疏水を引こうと，全国の人々によびかけました。

> **ことば ❶ もと武士のしごと**
>
> 江戸時代に武士だった人たちは，藩からしごとと禄（給料）をもらってくらしていたが，明治時代になってからは自分でしごとをみつけて生活していかなければならなかった。多くの人はしごとがうまくいかずに，くらしにこまっていた。

3 工事のようす

①疏水を引くための測量は**南一郎平**らが行いましたが，工事の指導はオランダ人技師の**ファン＝ドールン**にたのみ，1879（明治12）年から工事を始めました。

②疏水は3年後の1882年に完成し，のべ85万人が働きました。

▲安積疏水の水路

4 安積疏水ができて

①耕地面積や米のとれ高もふえて，農業がさかんになりました。

②疏水の水は発電にも使われ，生糸工場などが建てられ，今の郡山市付近の工業を発達させるもとになりました。

③疏水の近くながら，その水を使うことのできない地域のため1943（昭和18）年から新安積疏水の工事が始められ，完成（1962年）後は，農業・工業用水，飲み水としてげんざいも生活に役立っています。

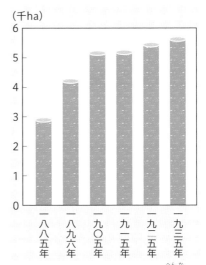

▲疏水の水を使った耕地面積の変化

安積疏水をつくるためによばれた技師は，オランダ人です。オランダは土地が低く，海水が町に流れるのをふせぐために，風車がたくさんつくられました。今では数はへっていますが，風車は大切な観光スポットにもなっています。

C　箱根用水（深良用水）

箱根用水

1 水の少ない深良村

①今から350年ほど前まで，**静岡県深良村**（今の裾野市）では，村を流れる黄瀬川の水量が少なく，かんがい用には不十分であったため，米をほとんどとることができませんでした。

②村の東にある**芦ノ湖**にはたくさんの水がありますが，芦ノ湖のまわりは山にかこまれているため，そのままでは水を引くことができません。

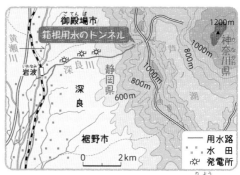
▲箱根用水がつくられたあとの土地利用

2 用水路をつくる

①深良村の**名主❶**の**大庭源之丞**は，水不足に苦しむ村の人々を助けようと，土木工事の経験がある江戸の商人**友野与右衛門**に協力をたのみました。与右衛門は，湖尻とうげの下にトンネルをほり，芦ノ湖の水を深良村まで引く計画を立てました。

②まず，芦ノ湖の水の権利を持つ**箱根権現（神社）**に工事のゆるしを得て，その後，苦労して**幕府**（武士の時代の政府）にも工事のゆるしを得ました。

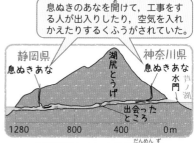

息ぬきのあなを開けて，工事をする人が出入りしたり，空気を入れかえたりするくふうがされていた。

▲箱根用水トンネルの断面図

> **ことば　❶ 名主**
>
> 今の村長にあたり，江戸時代に村を治めていた大地主。このよびかたは関東で主に使われ，関西では**庄屋**とよばれていた。

雑学ハカセ
芦ノ湖は，箱根の火山がふん火したときに，山がくずれて水がせき止められてできた湖です。四方は山にかこまれているため，深良村に用水を通すには，トンネルをほる必要がありました。

③工事は，1666年にとうげの東と西からほり始められ，3年半かかって，**1280mのトンネル**が開通しました。

④トンネルは，人の力だけでほり進められました。固い岩のところではまわり道をしてほったにもかかわらず，2本のトンネルが合流したのは当時の土木技術の高さを物語っています。

▲深良川と箱根用水碑

3 箱根用水ができて

①用水路の完成によって，**500ha以上の水田**ができ，今も使われています。

②また，この水を利用した発電所もつくられ，人々のくらしをささえています。

▲トンネル工事のようす

D 玉川上水

1 用水路をつくる

①今から400年ほど前，江戸(今の東京)は，**幕府**が置かれてから人口が急にふえ，飲み水が足りなくなってきました。

②幕府の役人は，**多摩川**の水を江戸に引く計画を立て，**庄右衛門**と**清右衛門**の兄弟に命じて，工事をさせました。

③**羽村**(今の羽村市)から**武蔵野**を通って江戸の**四谷**(今の新宿区)までは，**43km**もあります。そのころの武蔵野は，雑木やすすきのしげるあれ地でした。また，羽村と四谷の土地の高さの差は92mしかなく，かたむきを考えてほらないと，水は流れません。

▲玉川上水の水路

パワーアップ

江戸時代，江戸の人口はとても多く，水を確保することがとても重要でした。そこで，43kmもはなれた羽村から多摩川の水を引く計画を立てました。

④今のように進んだ機械や技術はありません。夜になると，ちょうちんを台地にならべて土地の高さをはかり，水路の向きを決めました。そして，日中は多くの人たちが道具を使い，手作業でほり進めました。

⑤１年あまりで，四谷までの用水路が完成しました。幕府は兄弟のてがらをほめ，**玉川の姓（名字）**を兄弟にあたえました。

▲あなをほる道具

▲石などを運ぶ道具

▲土をほり出す道具

▲土などを運ぶ道具

昔の工事は，たいへんだったんだね。

地域の発展につくした人たちは，みんなの願いをかなえるために，努力を続けたのよ。

2 玉川上水ができて

①江戸の人々は，飲み水の心配がなくなりました。げんざいでも，玉川上水は東京の上水道の一部として使われています。

②主に飲み水（上水）を通す用水路のため，玉川上水とよんでいますが，この上水からは**野火止用水**などのたくさんの用水路もつくられ，台地に**新田❶**も開かれました。

さんこう ▶ **姓（名字）**

　江戸時代の人々は，**武士・百姓**（農民・漁民）・**町人**（職人・商人）などの身分に区別されていて，姓を使えるのは武士だけであった。

　江戸の町人と伝えられる庄右衛門と清右衛門兄弟は，工事を完成させたあと，幕府から「**玉川**」の姓をあたえられた。

ことば ▶ ❶ **新田**

　あれ地のかいこん，海岸や湖などのかんたくによって，新しくつくられた田畑をいう。

雑学ハカセ 　玉川上水が江戸の四谷まで完成すると，今度は江戸の町じゅうに水を運ぶ工事が行われました。地下にたくさんの配水管を通し，水をとどけることで，人々が安心して水を使えるようになりました。

E　明治用水

1　水の足りない地域

明治用水

①愛知県の安城市のまわりの土地は，矢作川より高い台地にあるため，川から水を引くことができませんでした。

②今から 360 年ほど前に，この土地を開こうという人々がうつり住んできましたが，作物をつくるための水が足りなくてたいへんこまりました。

③そこで人々は，**ため池**をつくったり，**いど**をほったりしました。しかし，日照りが続くと，ため池やいどの水はすぐにかれてしまいました。

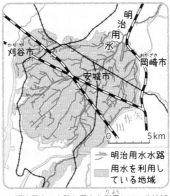

▲明治用水の水路と用水を利用している地域

2　用水路をつくる

①今から 200 年ほど前，この土地に住んでいた**都築弥厚**が，用水路をつくる計画を立てました。

②弥厚は数学者の**石川喜平**に土地の測量をたのみました。そして，どこにどのような用水路をつくったらよいかを決めました。

▲都築弥厚

③村の人々は，土地がせまくなる，こう水になるなどといって反対しました。弥厚は，反対する人々に用水路の必要性を話してまわりました。しかし，弥厚は多くの借金をしたまま，工事にとりかからないうちに，病気でなくなりました。

④今から 150 年ほど前になって，**岡本兵松**と**伊予田与八郎**が弥厚の用水路づくりの計画を受けつぎ，借金をしながら工事のじゅんびをしていたところ，県から工事のゆるしを得ることができました。

玉川上水は，全長が 43 km もあったにもかかわらず，土地の落差は 92 m しかなかったので，水を流すためには，1 km 進むのに約 2 m ずつ低くなるように土地を選んで工事をしなくてはなりませんでした。

⑤その後は，県が中心となって工事が進められ，弥厚がなくなってから50年ほどたった1880(明治13)年，用水路にはじめて水が流れました。

⑥その後も工事は何回にもわたって行われ，用水路の長さはげんざいでは**約300 km**になりました。

▲明治用水の取水口

3 明治用水ができて

①あれ地に田や畑がつくられ，この台地に農業が発展するもとになりました。特に安城市を中心とした地域の農家は，米や野菜のさいばいのほかに，ぶたや乳牛・にわとりなどのかちくをかう日本でも進んだ**農業地帯**になりました。

②しかし，太平洋戦争後は，**中京工業地帯**の発展にともない，この地域にも自動車関係の工場や住たくがふえました。

中京工業地帯　**171**ページ

F 通潤橋

1 水の足りない村

①まわりを千滝川や緑川にかこまれた**熊本県白糸村**(今の山都町)は，台地にあるために，水にとぼしく，田畑に引く水や飲み水にもこまっていました。

②水がとぼしいため，米はあまりとれず，飲み水は深い谷底までくみに行かなければなりませんでした。村の人々は何とか水を引きたいと願っていました。

▲通潤橋のまわりの地形

雑学ハカセ

世界には通潤橋よりも古い水路橋があります。2000年以上も前，今のフランスにつくられたポン・デュ・ガールは，とても大きな水路橋で，橋の長さは約270mあります。

2 通潤橋をつくる

① 矢部地区の 76 か村をまとめる役で
あった**布田保之助**は，6 km 先の笹
原川から水路をつくり，五老が滝川
の谷の上に**水路橋**をかけ，白糸村に
水を引いたらどうかと考えました。

（水をとるところ）
笹原せき（水が出るところ）
白糸村
7.5m 75.6m 5.8m
21.4m
27.9m
五老が滝川

▲通潤橋のしくみ

② 水路橋は橋の上に水を通すため，重
さにたえる強さが必要です。そこで，
石の橋をつくることにしました。石の
積みかたは，熊本城の石がきを見て研
究しました。

③ 橋の中を通す管は，木をくりぬいた管
では水の力が強いため，すぐにこわれ
てしまいます。そこで，つなぎめをく

▲通潤橋の放水風景

ふうして**石をくりぬいた管**を何本もつなぎ，通すことにしました。

④ このようにいろいろくふうを重ね，今から 170 年ほど前の 1852
年，**藩主**❶にたのんでお金を
出してもらって工事を始め，
1 年 8 か月後，今も残る石の
アーチ型の橋が完成しました。

> **ことば** ❶ 藩主
> 藩の領主（大名・との様）のこと。
> 江戸時代の中ごろには，全国に約
> 270 の藩があった。藩主は将軍によ
> って任命された。

3 通潤橋ができて

水をたくさん引けるようになったので，水田が 100 ha 以上もふ
え，米のとれ高も 3 倍になりました。

2 水の利用と用水路

1 **水の利用**……水は，くらしになくてはならないものです。

①**飲み水・使い水**…飲んだり，あらいものをするときに使います。
②**かんがい用水**…田畑で作物をつくるときに，水が必要です。
③**発電や工業用水**…発電のときや工場でも，水を使います。

パワーアップ

通潤橋は石づくりの橋です。水が外にもれないのは，「しっくい」とよばれるセメントのよ
うなものを石の間にぬりこんでいるからです。

2 土地を開いた人々

1 昔，土地を開くのにだれが中心となり計画したのだろう。
2 地域の人々は，どのように工事に協力したのだろう。
3 昔の人々は，土地を開くのにどんな苦労をしたのだろう。
4 土地が開かれて，人々のくらしはどのように変わったのだろう。

1 あれ地を開く（北海道のかいたく）

1 新しく開けた土地

①北海道は，昔は「**えぞ**」とよばれ，ところどころに**アイヌの人々❶**が住む土地でした。

② 1869（明治 2 ）年「えぞ」は「**北海道**」と名を改められ，国が**かいたく**していきました。

③明治政府は，アメリカ合衆国から技術者をまねいて道路や港をつくり，農業もアメリカ式の大きな機械を用いた農作物のつくりかたを学びました。

④太平洋戦争後の 1950（昭和25）年，国は**北海道開発庁**という役所をつくり，北海道の開発にあたってきました（2001 年の省庁の統合・再編で北海道開発庁はなくなり，げんざいは国土交通省の北海道局が引きついでいます）。

⑤大きぼならく農のかいたくは，1956 年から根室市の近くで行われています。

▲北海道のかいたく地の広がり

> **ことば　❶ アイヌの人々**
>
> 　昔から北海道に住んでいた民族で，今は約 1 万 3000 人ほどのアイヌの人々が北海道に住んでいるといわれている。また，1997（平成 9 ）年には，アイヌの人々の民族としてのほこりが尊重される社会をつくるため，「**アイヌ文化振興法**」という法律ができた。

雑学ハカセ 北海道には，アイヌ語に由来する地名が多く残っています。例えば，札幌は「かわいた大きな川」，室蘭は「小さい坂」，稚内は「冷たい水の川」，知床は「大地の先」などといわれています。

2 屯田兵によるかいたく

①明治時代のはじめ，新しい土地で新しい生活をしようとする人々が，本州から北海道へわたり，かいたくにあたりました。

②そのころのかいたくの中心になったのは，屯田兵という特別な兵隊の集まりでした。

③兵隊である屯田兵は，かいたくのしごとをしながら北海道の警備もしました。この兵隊の村を屯田兵村といいます。

▲かいたくのようす

3 でいたん地のかいたく

①でいたん地は，ふつうのかいたくのしかたでは田畑にできないため，ほとんど原野のまま取り残されていました。

②本格的にでいたん地のかいたくが始められたのは，太平洋戦争後のことです。

③でいたん地を田畑に変えるのはたいへんな苦労で，その土地の土をつくり変えるといった作業が必要でした。

▲北海道のでいたん地と火山灰地

でいたん地 272 ページ

4 火山灰地のかいたく

①北海道には，火山灰❶におおわれた土地が広がり，長い間あれ地のままでしたが，かいたくが進み，今では牧草を育てて乳牛や馬をかっています。

②また，畑にして大型機械を使った農作物づくりも行われています。

> ことば ❶ 火山灰
>
> 火山がばく発したときにふき上げられる細かい灰のこと。火山灰におおわれた土地は，水が土にたまらず，地中にしみこむ。

パワーアップ

アイヌの人々は，北海道に住む先住民族でしたが，長い間差別されてきました。江戸時代には幕府の軍と戦ったこともありました。

5 北海道をかいたくして

①田畑は年々ふえ，120年ほどの間に約6倍になりました。

②北海道は気候や1農家が持っている田畑の広さが本州とちがうので，農業のしかたや農産物の種類も，本州とはちがったものになっています。

③寒い土地で多くの人々がいろいろくふうしてかいこんしたおかげで，北海道が発展し，人々のくらしもゆたかになりました。

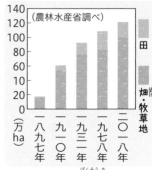

▲北海道の田畑・牧草地のふえかた

くわしい学習

なぜ でいたん地を田畑に変えるのがたいへんだったのは，なぜでしょうか。

答え でいたん地とは，水はけが悪く土がじめじめしているうえに気温が低いため，あしなどの植物がくさりきらないまま，長い間積み重なってできた土地のことです。深さは4〜5mもあり，栄養分が少ないため，作物はできません。

①じめじめした土地なので，まず，みぞを深くほってはい水し，表面の土をかわかします。

②別の場所からよくこえた土を運んできて，かわかした土とまぜ合わせ，土の性質を変えます。これを客土とよびます。

③できた土地は畑として使えますが，田にするためには，さらに用水路をつくって水を引いてこなければなりません。

▲でいたん地の改良工事

▲土地改良後の土地

北海道の農業は，ほかの地域とはちがってきぼがとても大きいです。1つの農家がもつ耕地面積はほかの都府県の約13倍もあり，大きな機械を使って生産をしています。これらの土地も，もとは，明治時代にかいたくが進められてつくられました。

2 さきゅうの開発

A 鳥取さきゅう

鳥取さきゅう

1 さきゅう❶のようす

①**鳥取市**北部の日本海岸にあり，東西 16 km，南北 2 km もある**国内最大級のさきゅう**です。

②大昔から千代川によって海に流れこんだすなが，日本海のあらい波によって岸に打ちよせられ，そのすなが強い北西の風によって積み上げられることで，さきゅうはできました。

③風の強い日は，**すなあらし**となって飛んでいき，田畑や道路のほか，家までうずめることがありました。

> **ことば ❶ さきゅう**
>
> 風によって運ばれたすなが，長い間に積み重なって，おかのようになったところをいう。海岸にできるものと内陸にできるものとがあるが，日本では海岸にできているものが多い。

▲鳥取さきゅう付近の地図

2 すなの害をふせぐ

①今から 280 年ほど前，鳥取の武士たちが**くろまつ**を植えて，すなの害をふせぐ努力をくり返しました。しかし，松は育たず，失敗に終わりました。

②その後，1785 年に米子の商人の船頭**越作左衛門**が財産をなげうって木を植え，作左衛門の親せきの人もあとをついで 10 万本もの木を植え，すなの害をふせごうとしました。

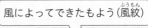

風によってできたもよう（風紋）

▲鳥取さきゅう

雑学ハカセ さきゅうは新潟県にもあります。新潟さきゅうでも土地の改良が進められ，すいかやだいこん・ねぎなどが生産されるようになりました。

③すなの害をふせぐ研究は，1921（大正10）年にできた**鳥取高等農業学校**で本格的に行われました。1932（昭和7）年にさきゅうに松が根づくすぐれた方法を見つけました。それは**せいさがき**を2つ使う方法で，まず，海側に高さ1mのもの，内側に高さ60cm，長さが2mほどのかきをごばんの目のようにつくり，そこに**はりえんじゅ**と**くろまつ**をまぜて植えるというものでした。

▲せいさがき

3 さきゅうを畑地に変える

さきゅうを畑にするには，水が必要です。そこで，動力で近くの池や川の水をすいあげ，**スプリンクラー**という水まき機で水をすな地にかけるようにしました。こうして，すな地は畑に変わり，作物のとれ高も多くなりました。

▲スプリンクラーによる水まき

4 さばくになるのをふせぐ研究

鳥取さきゅうに，**鳥取大学かんそう地研究センター**がつくられました。世界中でおこっている**さばく化**をふせぐ研究に，世界の国々から注目が集まっています。

らっきょう　たばこ　ながいも
すいか　メロン
ねぎ　ぶどう　さつまいも
▲主なさきゅう地の作物

ポイント　さきゅうの開発によってすなの害をふせぎ，作物もつくられるようになった。

雑学ハカセ　鳥取県では，すな地でもさいばいできるらっきょうの生産が特にさかんで，生産量は国内第1位です（2016年）。

B 庄内さきゅう

① **山形県酒田市**付近には庄内さきゅうがあり，すなの害で風下の平野では農業ができませんでした。ふきつける風をくいとめるために，藩主は植林に力を入れてきましたが，失敗の連続でした。

▲酒田市付近のさきゅうとぼうさ林

② 1746年，酒づくりをしていた**佐藤藤左衛門・藤蔵**親子は，自分たちの財産をなげうって植林する決心をしました。特に藤蔵は，さきゅうに小屋を建てて住みこみながら，植林を始めました。

③ 何十回もの失敗を重ねながら，藤蔵は**ねむのき**を植え，その根がはったところに**くろまつ**を植える方法を考えて成功し，次々と**ぼうさ林❶**をつくりました。

> **ことば ❶ ぼうさ林**
>
> すなの害をふせぐためにつくった林をいう。日本では，松を植えることが多い。

④ 風やすなの害が少なくなるにつれて，さきゅう地の開発が進んで畑がつくられるようになりました。今では，メロンのほかに，だいこん・ながいもなどの作物がさいばいされています。

C 秋田さきゅう

① **秋田県**の海岸にもさきゅうが広がっています。今から220年ほど前に，秋田藩に仕えていた**栗田定之丞**が，海岸のすなどめ役になりました。数十kmの海岸を歩いて調べた定之丞は，田畑や家がすなにうまっているありさまを見て，おどろきました。

② 村の人たちが何回松を植えても育たないので，あきらめていたところ，定之丞は先に**ぐみ**と**やなぎ**を植え，それらが根をはってから**松**のなえを植えると松が根づくことを見つけました。

パワーアップ 庄内さきゅうは，400年ほど前までは林でおおわれていましたが，まきなどにするために無計画なばっさいが進み，村や町はすなにうまるようになりました。そこで，江戸時代にぼうさ林をつくることになりました。

③このようにして，定之丞はなくなるまで**ぼうさ林**をつくるしごとを続けました。そのため，数百万本の松が今も生いしげり，**秋田**や**能代**の平野は，米のたくさんとれる土地になっています。

④近年になってさきゅうの開発が進み，また，スプリンクラーなどのかんがいしせつもふきゅうしたため，今ではさきゅうを畑にして，ねぎ・メロン・すいか・ながいもなどがさいばいされています。

3 かんたく

A 児島湾のかんたく

1 かんたく❶のようす

①**岡山県**の**児島湾**は，川が運んでくる土やすななどが積もったため海が浅くなり，しおが引くと**ひがた❷**があらわれました。土地がほしい農民たちはここに目をつけ，少しずつかんたくを始めました。

▲児島湾のかんたく地の広がり

②江戸時代になって，岡山藩の藩主**池田光政**は，自分の領地の米のとれ高をふやそうと大がかりなかんたく工事を始めましたが，苦心してできあがった土地は，海の塩気が残っていて，すぐには米がつくれませんでした。

③1889（明治22）年からは，大阪の商人**藤田伝三郎**が大がかりな工事を進めました。伝三郎の子孫もそれを受けつぎ，約3000 haもの広いかんたく地をつくりあげました。そして，そこに**藤田村**（今の岡山市南区藤田）がつくられました。

> **ことば　❶ かんたく**
>
> 浅い海や湖・ぬまなどの水をほし，陸地にすること。つくった陸地は，主に農地に利用された。
>
> **❷ ひがた**
>
> 引きしおのとき，海の水が引いてあらわれるすな地のことをいう。

すなによるひ害をふせぐぼうさ林のほかにも，風によるひ害をふせぐぼう風林や，ふぶきなどのひ害をふせぐぼう雪林など，町を自然の力から守るための林は各地にあります。

④昭和時代になってからもかんた
くは続けられ，1944（昭和19）
年からは国が工事を引きつぎ，
残されたところをすべてかんた
くしました。

⑤しかし，かんたく地では，次の
ようななやみがありました。
・土地が低いため，大雨がふる
と水びたしになる。
・日照りが続くと，土の中から
塩水がしみ出し，いねがかれ
る。
・水田が広くなって，今までの
川の水だけでは足りなくなる。

▲児島湾をしめ切ったていぼう

▲児島湾かんたく地での農業

⑥そこで，湾の入り口をしめ切っ
て塩気のない湖にする工事を，1950年から12年もかかって行い，
塩気のない湖の児島湖ができました。このため，かんたく地のな
やみがなくなり，また，児島湾をしめ切ったていぼうには道路も
つくられ，自動車などが通れるようになっています。

2 かんたくされて

①かんたくされた農業用地には田畑が広がり，用水路や農道もよく
整っています。
②農家1けんあたりの耕地面積が広く，田畑が規則正しい形につく
られているため，大きな機械を使った農業をしています。
③最近では，米があまっているため，米のほかに大麦・小麦・な
す・レタスなどの農作物もつくっています。

土地を変えること
が，地域の発展
に結びつくんだね。

さきゅうの開発やかんたくなど，各
地で土地が改良されて，地域の
農業がさかんになっていったのよ。

パワーアップ
児島湾のかんたくによってつくられた児島湖は，日本で最初にできた人工湖です。人工湖と
は，農業や工業のための用水，大雨のときのため池，水力発電などのために，人の手によっ
てつくられた湖です。日本には，数多くの人工湖があります。

第8章
県内の伝統や文化と，地
域の発展につくした人々

1
受けつがれてきた
文化財・行事

2
郷土や地域の発展に
つくした人々

B 有明海のかんたく

1 かんたく地にてきしたところ

①九州の北西部にある**有明海**は遠浅で，そのうえ，しおの満ち引きの差が大きいので，しおが引くと広い**ひがた**があらわれます。このひがたが大きくなると，川の河口をふさいで，こう水がおこるきけんもありました。

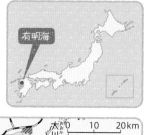

②有明海は海の底が平らで，こえた土があることや，土の塩分を取りのぞいたり，かんがいをしたりするために川が近くにいくつも流れていることも，かんたくするのにつごうがよかったのです。

▲有明海のかんたく地の広がり

2 かんたくのようす

①有明海でかんたくがさかんに行われるようになったのは江戸時代からですが，はじめて行われたのは今から1400年くらい前の飛鳥時代のころだといわれています。

②**かんたくのしかた**

▲昔のていぼうづくりのようす

- 海の中に**ていぼう**をきずく。
- ていぼうのとちゅうにつくった**はい水門**から，しおの引くときに中の水を外に出す。
- しおが満ちてきても，ていぼうが海水の入るのをふせぐので，ていぼうの内側は陸地となる。
- こうしてできた土地は塩分をふくんでいるので川の水を入れる。このため，かんたく地には**用水路**や**はい水路**をつくる。

雑学ハカセ 有明海のひがたには，ムツゴロウとよばれる魚がすんでいます。水面から出すユーモラスな顔が特ちょうです。また，有明海のひがたでは，鹿島ガタリンピックが行われ，どろの上でのかけっこや自転車に乗る競技が行われています。

・また，深いところの土と表面の土を何度も入れかえることで，ぬかるんだ土地をかんそうさせる。

③江戸時代のはじめごろは，水田を広げるために，農民が地主や藩のゆるしを得て，協同でかんたくを進めました。江戸時代の中ごろには，大名や大商人などが費用を出し，大がかりなかんたくを行いました。

④明治時代になってからは，かんたくは県や市町村のしごととなり，今では国や県が行っていることが多くなっています。

▲ かんたく地に開かれた畑

3 かんたくされて

①多くの田畑がつくられ，はじめは塩気に強い**すいか**や**わた**などをつくって，数年たってから**米づくり**に変えていきました。

②しかし，近ごろでは米があまっているため，米づくりから**野菜づくり**などに変える農家がふえています。

中学入試にフォーカス 全国のかんたく地

● 山が多い日本では，田畑をふやそうと，古くから浅い海や湖などのかんたくが各地で行われてきました。特に太平洋戦争後には，食料不足をおぎなうため，全国200か所以上でかんたくが行われました。

▲ 全国の主なかんたく地

パワーアップ

かんたくを行うと，それまでいた魚や貝がいなくなってしまいます。そこで，漁業関係者などが，かんたくに反対する地域もあります。例えば，今ではかんたくして，農地となった有明海の諫早湾では，かんたくを行いたい国と地域住民とが長く対立しました。

4 うめ立て

A 神奈川県川崎市のうめ立て

①明治時代，このあたりは遠浅の海が広がるさびしい漁村でした。実業家の浅野総一郎は，この海辺を開発し，**工業のさかんな土地**にしようと考えました。

②大正時代のはじめに，東京と当時の日本のげんかん口であった**横浜港**を結びつけようと思いたった総一郎は，川崎に**運河❶**をほることを計画し，工事に取りかかりました。この運河工事には，もう1つの目的がありました。それは，運河をつくるときにほり取られた土で，**うめ立て地**をつくることでした。

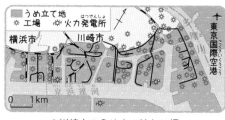

▲川崎市のうめ立て地と工場

> **ことば** ❶ **運河**
>
> 船などが通れるように，人工的につくった水路。

中学入試にフォーカス 土地改良のまとめ

●自然の土地に手を加えて，農地や工業用地にする土地改良は，全国で行われています。土地改良について，次の表を見て，整理しておきましょう。

かんたく	浅い海や湖・ぬまなどの水をほし，陸地にすること。 →主に農地として利用するために行われる。	児島湾（岡山県） 有明海（長崎県，佐賀県，熊本県，福岡県）など
うめ立て	海や湖などを，土やすななどでうめて陸地にすること。 →主に工業用地として利用するために行われる。	東京都，神奈川県，愛知県，大阪府，岡山県など
客土	ほかの土地から土を運んでくること。 →主に農地として利用するために行われる。	石狩平野（北海道）など

雑学ハカセ 大きな人工島をつくる目的でうめ立てが行われる場合もあります。兵庫県のポートアイランドは，六甲山地を切りくずした土で，海をうめ立ててできた大きな島です。また，関西国際空港（➡161〜162ページ）もうめ立てでつくられた人工島です。

③うめ立て工事は，1928(昭和3)年に終わり，およそ250 ha の土地ができました。

④うめ立て地には，大きな船が直接横づけでき，原材料や製品を運ぶのに便利なため，製鉄所や造船所，化学などの大工場が次々に建てられました。

▲うめ立て地の工場と京浜運河

⑤太平洋戦争後は，横浜市から横須賀市にかけてもうめ立てが行われ，ここにも工場が建てられて**大工業地帯**になりました。

B 倉敷市水島のうめ立て(岡山県)

①高梁川の河口付近には**遠浅の海**が広がっていました。河口にある水島は，昭和時代のはじめごろまで，農業と漁業を行う村でした。

②1940 年代ごろから，高梁川の河口のうめ立て地に工場が建てられはじめました。

③太平洋戦争後，工業がさかんになり，工業用地が足りなくなってきたので，1953 年ごろから海をほり下げて港をつくり，そのときに出た土で**うめ立て地**をつくることにしました。

▲水島地区のうめ立て地の広がり

④今では，港は 20 万 t 級の**タンカー**が入れるほどに整備され，うめ立て地には鉄道もしかれ，**大きな工場**が立ちならんでいます。外国から輸入した石油を中心に製品をつくる化学工場や大きな製鉄所がつくられ，日本有数の工業地域の 1 つになっています。

👆 **ポイント** ：港や運河をつくるときに出た土は，うめ立てに利用。

パワーアップ

地図帳で大都市近くの海岸を見ると，四角形や台形の形をした地形があることがわかります。これらの多くは，うめ立てによってできた地形です。地図帳で全国のうめ立て地の場所をさがしてみましょう。

3 こう水をふせいだ人々

ここで学習すること

1 昔，こう水をふせぐのをだれが中心に計画したのだろう。
2 地域の人々は，どのように工事に協力したのだろう。
3 昔の人々は，こう水をふせぐのに，どんな苦心やくふうをしたのだろう。
4 こう水をふせぎ，人々のくらしはどのように変わったのだろう。

1 淀川の工事・大和川のつけかえ工事 （大阪府）

1 淀川の工事

▲淀川と大和川

①**大阪平野**を流れる**淀川**は，昔からたびたびこう水をおこしていました。そのため，今から1200年ほど前，淀川のとちゅうから水を**神崎川**へ流すようにしました。

②江戸時代になって，幕府はこう水をくり返す淀川の工事を商人の**河村瑞賢**に命じました。瑞賢は，淀川の下流に新しく**安治川**をつくって，そこに水を流すようにしました。

③しかし，1885（明治18）年に大こう水がおこったため，国の力を借りて，1910年に**毛馬**からまっすぐに海に流れる**新淀川**をつくりました。

2 大和川のつけかえ工事

①昔，**大和川**は大阪平野の東側を北に流れて淀川とつながっていたので，たびたび水害をおこしました。

②そこで，**中甚兵衛**らは，何とかして大和川の水を**柏原**あたりから西へ流したいと考え，何度も幕府に工事のゆるしを願い出ました。

雑学ハカセ

今のようにていぼうができる前，川の流れは一定ではありませんでした。大雨がふると，川の水量がふえ，流れを大きく変えることもありました。このような川を「あばれ川」とよびます。関東地方を流れる利根川も「あばれ川」の1つです。

③一方，新しい川がつくられるところに住んでいる人たちは，今の田や畑を失うことや新しい川をつくると水害のおそれがあるということなどから，つけかえ工事に反対しました。

④幕府は何度も現地を調べました。そして，甚兵衛が工事の必要性をうったえてから約50年後の1703年に，幕府はようやくつけかえ工事をみとめました。

▲中甚兵衛の銅像

⑤新しくつくられた川は，はば180m，長さ14.3kmという広くて長いものでした。毎日およそ1万人，のべおよそ245万人が働いた大工事で完成までに約8か月かかりました。

3 つけかえ後のようす

①もとの大和川ぞいのこう水はなくなりました。しかし，川の水量がへったため，水不足がおきてこまることもありました。

②新しい川をつくるために，270haの田畑がつぶされましたが，もとの川や池のあとに，1050haの新田が開発されました。

③もとの大和川での舟の行き来がなくなり，馬や馬車で荷物が運ばれるようになったので，運賃が高くつくようになりました。

昔は，こう水が多かったの？

そうなの。今のようなていぼうがなかった時代は，大雨などによるこう水が，たびたび村をおそい，家や農地が流されたのよ。

2 天竜川の工事と植林 (静岡県)

1 天竜川の改良工事

①静岡県を流れる天竜川は昔からよくこう水をおこしました。1868(明治元)年，金原明善が36才のときのこう水は，田畑はもちろん下流の村が3か月も水びたしになるというひどいものでした。

天竜川

パワーアップ
日本はこう水が多い国です。日本列島は細長く，中央にある山脈から流れる川の流れがとても急なため，大雨などのとき，こう水になりやすいのです。

②明善は，天竜川をくわしく調べ，ていぼうを修理するよう明治政府にたのみましたが，かなえられませんでした。

③そのため，明善は自分の財産をなげうって，1874(明治7)年から工事を始めました。とちゅうでお金がなくなったため，明善は自分の家や田畑を売ってお金にかえることまでして，ていぼうを強くしたり川底の石やすなをさらって川を深くしたり，川すじをまっすぐにしたりしました。

④1886年になって政府がお金を出して県が工事を引きつぎ，1889年にやっと完成しました。

▲金原明善

▲天竜川の下流付近

2 上流の山に木を植える

①山に木を植えると，大雨がふっても一度に水が流れるのをふせぐことができ，**山くずれ**の心配もなくなります。明善は，こう水をふせぐためには，山に木を植えればよいと気づきました。

▲植林のようす

②1886年，明善は54才で植林の勉強を始めました。また，げんざいの浜松市龍山町の山おくで山の調査をしました。

③こうして，**すぎ**や**ひのき**のなえの植林を1899年までの13年間300万本600ha にわたって行いました。多いときには800人もの村の人たちが植林を手伝いました。そのおかげで，それ以後，こう水の心配がなくなりました。

雑学ハカセ

急流の多い日本の川の中で，最上川(山形県)，富士川(山梨県・静岡県)，球磨川(熊本県)の3つの川は，特に流れが急で，「三急流」とよばれます。

3 ダムをつくる

　1956（昭和31）年，3年がかりで天竜川の中流に**佐久間ダム**が完成しました。このダムは，こう水をふせぐだけでなく，電気をおこしたり，田畑へ水を送ったりする**多目的ダム**として役立っています。

▲佐久間ダム

 ポイント：佐久間ダム＝多目的ダム。

3 利根川の工事 （関東平野）

1 川すじを変える

①**関東平野**を流れる**利根川**は，大きな平野の水を集めて流れるために，たびたびこう水をおこしていました。

②江戸時代にも，利根川はたびたびこう水をおこしたので，役人の**伊奈氏**は今から370年ほど前に川すじを変えて，東京湾に注いでいた利根川を今のように**太平洋**に流れるようにしました。工事には60年もかかりました。

2 利根川の水の利用

　太平洋戦争後，下流の人口がふえると，利根川の水をじょうずに利用しようとする動きがおこりました。そのため1950年に法律がつくられ，利根川上流にこう水の調節，飲み水，田畑の水，発電などのために多くの**多目的ダム**がつくられました。

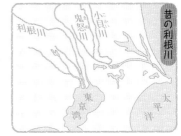

▲昔と今の利根川

 水害から町や村を守るために，ていぼうでかこまれた集落を輪中とよびます。岐阜県の木曽川，長良川，揖斐川の下流には輪中があり，以前使われていたひなん用の舟が置かれた家屋が残されています。

285

4 天然とうをふせいだ緒方洪庵

ここで
学習
すること

1 天然とうをふせいだ緒方洪庵は，どんな人だろう。
2 わたしたちの住んでいる地域の発展につくした人は，だれ
　で，どんなことをしたのか，調べてみよう。

1 緒方洪庵

1 天然とうをふせぐ

▲緒方洪庵

　江戸時代に，天然とうという病気がたいへんは
やり，おおぜいの人がなくなりました。**緒方洪庵**
は，このおそろしい病気から人々を救いたいと考
え，外国で発見された**牛とう種とう法**を広めよう
としました。洪庵は 1849 年，
大阪に**除とう館**を開き，人々に
種とうをしましたが，やがて
「種とうは，天然とうをふせぐ
のに何の役にも立たない。それ
どころか，かえって体を悪くす
る」という悪いうわさが広がり
ました。洪庵たちは，このうわ
さがまちがっていることを人々
にわかってもらうため，説明会
を開き，人々の前で子どもに種
とうをして，安全なことをしめ
しました。やがて，町の人々も
除とう館へ種とうを受けにくる
ようになり，1858 年には幕府
も除とう館の牛とう種とうをみ
とめるようになりました。

▲牛とう種とうのようす(想像図)

年	一八一〇	一八二六	一八三八	一八四九	一八六二	一八六三
主なできごと	備中（今の岡山県）に生まれる。	大阪でらん学者・中天游のもと，学の修行を始める。	大阪に適塾を開く。	大阪に種とう所（大阪除とう館）を開く。	幕府の医官として江戸にまねかれる。	江戸でなくなる。

▲緒方洪庵の年表

雑学ハカセ

天然とうは，かつて世界各地に発生し，死にいたることもあるこわい病気でした。しかし，
種とうの広まりで，1980（昭和 55）年には世界で天然とうの発生がゼロになりました。

2 洪庵と適塾

　洪庵は 1838 年，大阪の瓦町に**適塾**というらん学❶の塾を開き，その後，げんざいの北浜に場所をうつして，多くの塾生を育てました。その数は3000人にもなるといわれています。塾生の中から，『学問のすゝめ』を書いた**福沢諭吉**をはじめ，日本赤十字社をつくった**佐野常民**など，多くのすぐれた人々が世に出て，日本の発展のためにつくしました。

▲適塾の内部

> **ことば ❶ らん学**
>
> 　江戸時代，オランダを通じて日本に伝えられたヨーロッパの学問。医学のほか，地理学や天文学，化学など，進んだ学問が日本の学者に広まった。

緒方洪庵のような人のおかげで，たくさんの命が救われたんだね。

らん学によって，正確な日本地図ができたのも江戸時代よ。らん学は日本の発展に大きなえいきょうをあたえたわ。

しりょうの広場

　適塾には，緒方洪庵が牛とう種とう法を広めようとしていたころの薬をつくる道具と，牛とう種とう法のめんじょうが残っています。

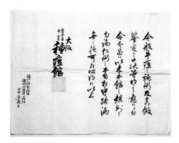

▲牛とう種とう法のめんじょう

▲薬をつくる昔の道具

パワーアップ　日本で病気をなおすとき，古くから中国の医学をもとにしていました。江戸時代にヨーロッパから西洋の医学が伝わると，げんざいの日本の医学のもとがつくられました。

5 沖縄文化を伝えた伊波普猷

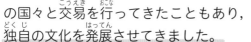

ここで
学習
すること

1 沖縄の文化を伝えた伊波普猷は，どんな人だろう。
2 伊波普猷は，どのようにして文化を研究し，伝えたのだろう。
3 わたしたちが住んでいる地域の文化を広めた人は，だれで，どんなことをしたのか，調べてみよう。

1 伊波普猷

1 沖縄の文化

▲伊波普猷

　沖縄は，かつては**琉球王国**という国でした。1872（明治5）年に，日本政府が沖縄を日本のものとし，1879年に**沖縄県**ができました。古くから，中国やタイ，ベトナムなどの東南アジアの国々と交易を行ってきたこともあり，独自の文化を発展させてきました。

　沖縄には，方言がたくさん残されています。「めんそーれ」とは「いらっしゃいませ」，「うきみそーち」は「おはようございます」という意味です。今では，沖縄県の独自の文化や美しい自然を求めて，世界中から観光客がおとずれています。

▲沖縄県の位置

しりょうの広場

沖縄県には，ほかの都道府県にはない，独自の文化がたくさんあります。

▲紅型

▲シーサー（家の守り神）

▲エイサー

雑学ハカセ

沖縄は，料理においても独自の文化があります。特にぶた肉を使った料理が特ちょう的で，耳やあしの先まで，料理の材料になります。

2 伊波普猷の研究

①**伊波普猷**は，1876（明治9）年にげんざいの沖縄県で生まれました。当時は，沖縄が日本のものになったばかりで，沖縄文化のよさは，ほとんど知られていませんでした。普猷は，沖縄文化のよさを知り，人々に教えようと決意をしました。

▲今の沖縄県立図書館

②東京の大学（東京帝国大学）を卒業した普猷は，沖縄にもどると，**沖縄文化**の研究を始めました。しかし，当時は沖縄文化を研究した人がおらず，調べるための本や資料はありませんでした。そこで，普猷は，古くから伝わる風習や考えかたなどの資料をつくり，研究を進めました。

▲『おもろさうし』

③1910年に**沖縄県立図書館**ができると，館長となった普猷は，さらに研究を進め，研究の結果を本や新聞に発表して，沖縄文化を人々に伝える活動を始めました。特に琉球王国時代の歌をまとめた本である『**おもろさうし**』の研究が実り，広く琉球のことばや考えかたを世の中に伝えることができました。

④普猷の研究と人々に伝える活動は，日本の人々に沖縄文化のよさを伝えるだけではなく，沖縄に住む人々にとっても，沖縄文化のよさを再確認する機会となりました。自分たちの文化にほこりが持てるようになり，普猷は「**沖縄学の父**」とよばれるようになりました。

▲琉球の舞踊（左）と三線（右）

パワーアップ

沖縄県にある城や関連する遺産は，2000（平成12）年に「琉球王国のグスク及び関連遺産群」として，世界文化遺産に登録されました。「グスク」とは「城」を意味する琉球のことばです。

10のミッション！❽

　自分の住んでいる地域に古くから伝わる料理は何でしょう。今も受けつがれている料理を見つけて調べましょう。

👍 ミッション

住んでいる地域に古くから伝わる料理を調べよ！

📖 調べかた（例）

▶ ステップ1　古くから地域に伝わる料理をさがそう！

図書館に行って「郷土料理」の本でさがしたり，おうちの人に聞いたりして，調べる料理を決めよう。

〈料理の例〉

しるもの　　　　　なべ料理　　　　　めん料理　　　　　そのほか

▶ ステップ2　料理について調べよう！

図書館の本やインターネットを使って調べよう。

・料理がどのようにして生まれたのか。

・今ではいつ，どのようにして食べられているのか。

▶ ステップ3　まとめよう！

調べたことをノートや大きな紙に書こう。

▶ ステップ4　わかったことや感想を書こう！

調べた結果について，何がわかったのか，また，どのような感想を持ったのかを書こう。

▶ ステップ5　実際に食べてみよう！

店に行ったり，自分の家でつくったりして，食べてみよう。

解答例 382〜383 ページ

第**9**章

けんない　とくしょく
県内の特色ある
ちいき
地域のようす

工芸品や，国際交流
について調べよう！

このコーヒーカップ
とってもおしゃれ！

これはね，
益子焼というのよ

益子焼??

昔から栃木県益子町で
受けつがれてきた焼き物よ

タロは益子焼のお皿で
ごはんを食べたいぞ！

これが益子焼を焼くかまね。
益子町にはこのようなかまが
たくさんあるのよ！

292

第**9**章

県内の特色ある地域の
ようす

1 伝統工業のさかんな
地域

2 国際交流に取り組ん
でいる地域

3 地域のよさを
生かした町づくり

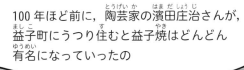

100年ほど前に，陶芸家の濱田庄治さんが，益子町にうつり住むと益子焼はどんどん有名になっていったの

また，濱田さんはイギリスで陶芸活動をしていたこともあって，益子町はイギリスのセント・アイヴスという町と交流があるのよ

昔から受けつがれてきた工芸品についてもっと調べたいわ！

ぼくは，外国と交流のある都市についてもっと知りたい！

では，昔から受けつがれてきた工芸品と外国と交流のある都市について調べてみよう！

どんな工芸品があるのかな？

外国との交流ってどんなことをしているんだろう？

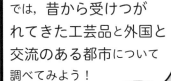

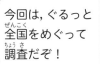

今回は，ぐるっと全国をめぐって調査だぞ！

1 伝統工業のさかんな地域

4年

1 伝統工業とは

ここで
学習
すること

1 伝統工業とは，どんな工業だろう。
2 伝統工業では，どんなものをつくっているのだろう。

1 わたしたちのくらしと伝統工業

1 伝統工業とは

　わたしたちが毎日の生活で使っている皿や木のわん・筆・すずりなどの製品の中には，1つ1つ形などにちがいがあり，味わいの深いものがあります。これは，自動車やテレビなどのように工場の機械でつくられた製品とはちがい，職人が古くから伝わる技術を生かして，1つ1つ手作業でつくり出しているからです。このようにしてつくり出される工業のことを**伝統工業**といいます。伝統工業は全国各地で行われています。

▲近代工業の製品

▲伝統的工芸品

 雑学ハカセ
伝統的工芸品と近代工業の製品の大きなちがいの1つに，直して使えるかどうかという点があります。多くの伝統的工芸品は，こわれても職人の手によって，もう一度使えるように直すことができます。

2 伝統工業でつくられている製品

　伝統的な方法でつくり出される製品には，右のような種類があります。昔は日常生活で使われていたものばかりですが，今は工場の機械でつくられた製品がほとんどで，あまり使われなくなりました。理由として，生活の変化で使う機会が少なくなったこと，手づくりでねだんが高いことなどが考えられます。

　しかし，伝統的な工業製品は，長年受けつがれてきたつくりかたと自然の原料によるぬくもりがあり，その価値が見直されています。

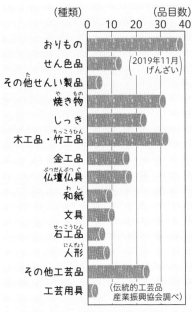

▲伝統的工芸品の種類とその数

くわしい学習

●**なぜ** 伝統工業と近代工業の製品のちがいは，どんなところでしょうか。

●**答え** 伝統工業と近代工業には，次の表のようなちがいがあります。

	伝統工業	近代工業
つくりかた	ほぼ手づくり	ほぼ機械でつくられる
つくる量	手づくりのため少ない	機械でつくるので大量にできる
つくる時間	手づくりのため，時間がかかる	機械でつくるので，短い時間でできる
ねだん	大量につくれないので高い	大量につくるので安い
原料	自然のもの（木，竹，金属など）	人工のもの（プラスチックなど）が多い

パワーアップ　上の「伝統的工芸品の種類とその数」のグラフの中の「その他工芸品」には，うちわ，木版画，ちょうちんなどがふくまれます。伝統工業にはいろいろな種類があることがわかります。

●**なぜ** 伝統工業の問題点は，何でしょうか。

●**答え** ①技術を身につけるのに，長い年月をかけて修行しなければならないので，わかい人に好まれず，あとをつぐ人が少なくなっていること。

②自然かんきょうの変化などで，原料が手に入りにくくなっていること。また，原料を安いねだんで手に入れにくくなっていること。

③一度にたくさんつくれないので，ねだんが高くなること。

④生活の変化や，機械でつくった便利で安い製品がふえたことなどのために，製品が売れにくくなっていること。

●**なぜ** 右のマークを何といいますか。また，このマークをつけるための条件は何でしょうか。

●**答え** 右のマークは，「伝統マーク」といいます。経済産業大臣が，伝統的な工業製品の中から，次の①～⑤の条件に合ったものを，**伝統的工芸品**に指定すると，その製品につけられます。

①主として，日常の生活に用いられるもの。

②作業の主な部分が，手作業であること。

③技術や技法が，100年以上前から続いていること。

④主な原料が，100年以上前から使われていること。

⑤ある程度の規模（働く人が30人以上など）の産地になっていること。

このマークがつけられている伝統的工芸品は，げんざい（2019年11月），235品目あります。

▲大館曲げわっぱ（秋田県）

▲高岡銅器（富山県）

雑学ハカセ

大都市である東京都にも伝統的工芸品があります。江戸切子とよばれるガラス工芸品や，東京染小紋とよばれる染め物などです。

2 焼き物づくりのさかんな町 (滋賀県甲賀市の例)

ここで
学習
すること

1 信楽焼のつくられている町は，どんなところだろう。
2 信楽焼を守り，育てるために，どのようなことが行われて
いるのだろう。

1 信楽焼

1 信楽焼のふるさと

甲賀市は，日本一大きな湖の琵琶湖がある滋賀県の南部にあります。市内の信楽という地区では，古くから，焼き物づくりがさかんです。ここでつくられるうつわや置物は信楽焼の名で全国に知られています。

甲賀市には約9万人（2019年）が住んでいます。信楽焼に関係するしごとをしている人は500人ほどで，信楽地区の通りには，焼き物を売る店や信楽焼の工場がならんでいます。

信楽焼の製品として有名なものに，「たぬきの置物」があります。大きいもので6m，小さいものでは数cmまでと，多くの種類があります。たぬきは，昔から人々に親しみをもたれてきた動物で，今でも「縁起物」として人気があります。

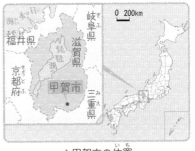

▲甲賀市の位置

▲信楽焼

▲信楽焼のたぬき

パワーアップ

滋賀県には，ほかにも彦根仏壇という伝統的工芸品があります。ちょうこくやうるしぬりなど，いろいろな技術が必要な仏壇づくりは，「工芸の総合芸術」ともよばれています。

2 信楽焼の歩み

　信楽は，およそ1300年の伝統がある，日本で最も古い焼き物の産地の1つで，瀬戸・常滑・越前・丹波・備前とともに「六古窯」として知られています。信楽でとれる土は，焼くと，表面がほの赤く，そぼくであたたかい仕上がりになります。

1280年ほど前〔奈良時代〕	• 聖武天皇が信楽に紫香楽宮をつくったときに，かわらを焼かせたとされる	▲紫香楽宮から出た古いかわら
730年ほど前〔鎌倉時代〕	• 信楽焼が始まる	
450年ほど前〔室町～安土桃山時代〕	• 茶の湯の流行に合わせて，お茶に使ううつわやつぼがさかんにつくられる	
410年ほど前〔江戸時代〕	• 朝鮮半島から登りがまが伝わり，それまでのあながまにかわって使われるようになる	
120年ほど前〔明治時代〕	• うわぐすりが使われるようになる	▲登りがま
1927年	• 滋賀県立よう業試験場ができる	
1948年	• 滋賀の高校に，よう業科が置かれる	
1975年	• 信楽焼が国から伝統的工芸品に指定される	
1990年	• 滋賀県立とう芸の森ができる	▲うわぐすりをかけた信楽焼
2004年	• 世界の家具などを集めたてんじ会に，信楽焼が出展される	
2017年	• 日本六古窯として信楽焼が日本遺産に認定される	

雑学ハカセ　信楽焼のたぬきの置物は，商店の店先に置かれることが多いです。「たぬき」が「他をぬく」というごろ合わせにして，商売がうまくいくことを願うことから広まりました。

1 伝統工業のさかんな地域

第**9**章

県内の特色ある地域の
ようす

1
伝統工業のさかんな
地域

2
国際交流に取り組ん
でいる地域

3
地域のよさを
生かした町づくり

3 信楽焼ができるまで

① 土づくり
山からとってきた土を機械で細かくし、水を加えて練る。

形づくり ろくろによる手づくり，石こう型による型づくりなどの方法がある。

かんそう 形になったものをかんそう室や屋外でかわかす。

④ 素焼き
かまに入れて、五〇〇～八〇〇度ほどの温度で焼く。

うわぐすりをぬる ぬると本焼きのあとにつやが出る。

かまづめ 焼きあがりを考えて，たなにならべる。

⑦ 本焼き
一二〇〇～一三〇〇度ほどの高温で焼く。

かま出し できあがったものを，かまから取り出す。

完成 仕上げと検査をして，完成させる。

パワーアップ

信楽焼が今の滋賀県に栄えた理由の１つに、焼き物に使う土が近くでとれたことがあげられます。焼き物には専用の土が必要で、土がなければ焼き物を多くつくれません。

4 信楽焼を守り，育てる

信楽焼は，伝統的な方法でつくられた焼き物として，国の**伝統的工芸品**の指定を受けています。滋賀県では，伝統的技術にささえられた信楽焼を守るために，焼き物づくりを受けつぐ人を育て，さらなる発展を目ざして，新しい焼き物づくりに取り組んでいます。

▲滋賀県立信楽高等学校セラミック系列の授業のようす

• **滋賀県立信楽高等学校の例**

よう業を学ぶコースでは，とうじ器，ガラス，ニューセラミックの勉強をしています。卒業生は信楽焼に関係するしごとについたり，焼き物の勉強を続けるために進学したりしています。

▲新しい製品(手あらい器)

• **とうき工業協同組合の例**

伝統を受けつぐための活動や焼き物に使う土の研究を行っています。また，新製品を開発し，てんらん会を開いています。

• **信楽とうき市**

年に一度の大きな市で，信楽焼を見たり買ったりできるだけでなく，職人のわざを見学することもできます。

▲信楽とうき市のようす

学校で伝統工業の授業があるんだね！

伝統を受けついでくれる人を育てるだけでなく，わかい人たちから新しいアイデアが出ることも期待されているわ。

雑学ハカセ　焼き物は，二度と同じものがつくれません。かまの温度や酸素の量などが少しちがうだけで，完成品の色味やもようにちがいができるからです。また，これらのちがいが焼き物のよさともいえます。

第9章

県内の特色ある地域の
ようす

1
地域
伝統工業のさかんな

2
でいる地域
国際交流に取り組ん

3
生かした町づくり
地域のよさを

しりょうの広場

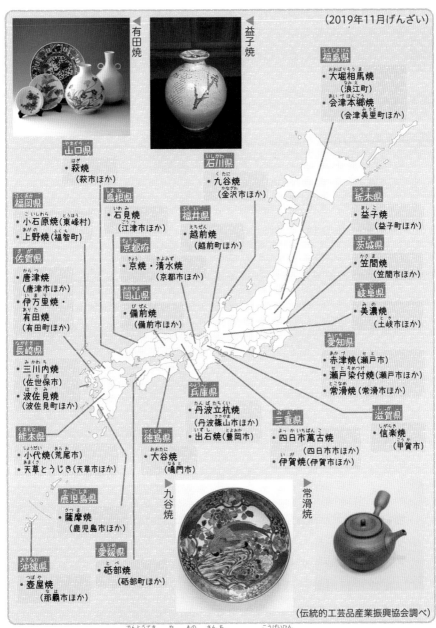

（2019年11月げんざい）

◀有田焼

◀益子焼

福島県
- 大堀相馬焼
（浪江町）
- 会津本郷焼
（会津美里町ほか）

山口県
- 萩焼
（萩市ほか）

石川県
- 九谷焼
（金沢市ほか）

栃木県
- 益子焼
（益子町ほか）

福岡県
- 小石原焼（東峰村）
- 上野焼（福智町）

島根県
- 石見焼
（江津市ほか）

福井県
- 越前焼
（越前町ほか）

茨城県
- 笠間焼
（笠間市ほか）

佐賀県
- 唐津焼
（唐津市ほか）
- 伊万里焼・
有田焼
（有田町ほか）

京都府
- 京焼・清水焼
（京都市ほか）

岐阜県
- 美濃焼
（土岐市ほか）

岡山県
- 備前焼
（備前市ほか）

長崎県
- 三川内焼
（佐世保市）
- 波佐見焼
（波佐見町ほか）

愛知県
- 赤津焼（瀬戸市）
- 瀬戸染付焼（瀬戸市ほか）
- 常滑焼（常滑市ほか）

兵庫県
- 丹波立杭焼
（丹波篠山市ほか）
- 出石焼（豊岡市）

三重県
- 四日市萬古焼
（四日市市ほか）
- 伊賀焼（伊賀市ほか）

滋賀県
- 信楽焼
（甲賀市）

熊本県
- 小代焼（荒尾市）
- 天草とうじき（天草市ほか）

徳島県
- 大谷焼
（鳴門市）

鹿児島県
- 薩摩焼
（鹿児島市ほか）

愛媛県
- 砥部焼
（砥部町ほか）

沖縄県
- 壺屋焼
（那覇市ほか）

◀九谷焼

常滑焼▶

（伝統的工芸品産業振興会調べ）

▲伝統的な焼き物の産地（伝統的工芸品の産地）

雑学ハカセ 焼き物には「陶器」と「磁器」があり，あわせて陶磁器とよびます。陶器はねん土が原料で，磁器は陶石という石が原料です。そのため，陶器を「土もの」，磁器を「石もの」ともいいます。

3 しっきづくりのさかんな町 _(石川県輪島市の例)

ここで
学習
すること

1 輪島ぬりのつくられている町は，どんなところだろう。
2 輪島ぬりを守り，育てるために，どのようなことが行われ
ているのだろう。

1 輪島ぬり

1 輪島ぬりのふるさと

石川県の輪島市は，能登半島の
北部にあり，約2万7000人(2019
年)が住んでいます。しっき(うる
しをぬったうつわや道具)づくり
がさかんで，つくられたしっきは
輪島ぬりの名で全国に知られてい
ます。

輪島市では働く人の9分の1ほ
どが，輪島ぬりに関係するしごと
についています。しごとのいそが
しいときは，家族の人も作業を手
伝うことがあり，輪島ぬりは，市
の人々のくらしに深く結びついて
います。

輪島市内には，しっきに関する
しせつがいくつかあります。輪島
ぬり会館は輪島ぬりをはん売し，
数多くの昔の輪島ぬりをてんじし
ています。石川県輪島しつ芸美術
館では，日本と世界各地のしっき
が見られます。

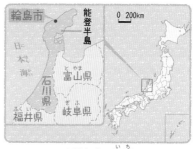

▲輪島市の位置

▲輪島ぬり

▲石川県輪島しつ芸美術館のようす

雑学ハカセ

輪島ぬりには，うるしが必要です。うるしとは，うるしの木から出る液(樹液)です。うるし
を木製品にぬると，見た目も美しくなり，長持ちします。また，うるしははだにふれると，
かぶれる場合がありますが，完成したしっきでかぶれることはありません。

② 輪島ぬりの歩み

輪島は，原料のけやきやうるしなどがたくさんあり，しっきの産地になりました。そして，職人たちが全国へ**行商**に出かけ，いたんだしっきを直したので，輪島ぬりの名が高まりました。げんざいも多くの職人が全国を回っています。

620年ほど前〔室町時代〕	・重蔵宮（重蔵神社）のほんでんのとびらにうるしがぬられる ・このころ，輪島にしっきづくりの技術が伝わったとされる

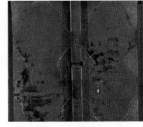

▲げんざいある輪島ぬりの中で最も古いといわれる，重蔵宮ほんでん朱ぬりとびら

340年ほど前〔江戸時代〕	・「地の粉」とよばれる土の粉をうるしにまぜて，じょうぶなしっきをつくる方法ができる
300年ほど前	・しっきの表面に模様をほり，そこに金（銀）ぱくをうめこむ「ちん金」の技術ができる

▲ちん金のようす

200年ほど前	・しっきにうるしで絵をかき，その上に金（銀）ぷんをまきつける「まき絵」の技術が伝わる ・このころ，輪島ぬりが全国各地で売られる

▲まき絵のようす

1967年	・輪島市立しつ芸技術研修所ができる（2年後県立になる）
1975年	・輪島ぬりが国から伝統的工芸品に指定される
1991年	・石川県輪島しつ芸美術館ができる
2007年	・能登半島地震で，作業場がこわれるなどのひ害を受ける

パワーアップ

石川県には多くの伝統工業があります。その1つに，金沢箔とよばれる金ばくがあります。金沢箔は金をうすくのばしたもので，そのあつさは1万分の1mmといわれています。金ばくは，いろいろな木製品にはるなどして使われます。

3 輪島ぬりができるまで

木地づくり 丸太をけずって、しっき
の形に整える（整えたものを木地という）。

布着せ 木地の細かいきずを直した
あと、いたみやすいところに布をはる。

地づけ 地の粉をまぜたうるしをぬっ
て、じょうぶなつくりにする。

上ぬり 中ぬりのあと、さらにその上
にうるしをぬる。このとき、ほこりが
つかないように細心の注意をする。

ろ色 上ぬりのあと、表面をみがい
て、つやを出す。

完成 ろ色のあと、ちん金やまき絵
でかざりをつけることもある。

雑学ハカセ　石川県には輪島ぬりのほかにも、山中しっき、金沢しっきなどのしっきが伝統的工芸品とし
て指定されています。しっきのほかにも、加賀友禅といったそめおりもの、九谷焼といった
焼き物も有名な伝統的工芸品です。

4 輪島ぬりを守り，育てる

輪島ぬりは，国が指定する伝統的工芸品の中でも，たくさん生産されているしっきの1つです。これは，職人が手間を省くことなく，ふくざつな手作業の1つ1つをこなしてつくりあげた輪島ぬりが，じょうぶで長持ちするという信用を積み重ねてきたからです。

輪島市内では，このような輪島ぬりの伝統を守り，育てていくための取り組みが行われています。

輪島ぬり技術保存会	輪島ぬり会館
輪島ぬりの伝統とわざを受けついでもらうため，木地づくりやうるしぬり，ちん金やまき絵といったすぐれた技術を持つ職人たちが，わかい職人を指導して，あとをつぐ人を育てています。	輪島ぬりは，細かく分けると100以上もの工程をへて製作されています。第1てんじ室では，おわんが1工程ごとにならべられ，輪島ぬりが完成するまでの工程をくわしく見ることができます。

▲輪島ぬり技術保存会の研修のようす

▲輪島ぬり会館の第1てんじ室

ほかにも，これまでにないデザインの製品や，輪島ぬりのアクセサリーをつくったりと，現代の生活に合う商品を生み出す取り組みも行われているわ。

たくさんの人に，輪島ぬりの製品を使ってもらうために，いろいろな取り組みが行われているんだね。

パワーアップ
石川県で伝統工業がさかんな理由の1つに，冬の間，雪がたくさんふって農作業ができないため，家内で工芸品をつくる農家が多かったことがあげられます。

305

しりょうの広場

①うるしかき

うるしは，うるしの木のみきから出る液を集めたもので，1本の木からは年間200 g ほどしかとれません。日本のうるしは質がよいですが，量が少なく高いので，中国から輸入されたものが使われています。

②輪島ぬりの工場の数と，輪島ぬりをつくっている人の数のうつり変わり

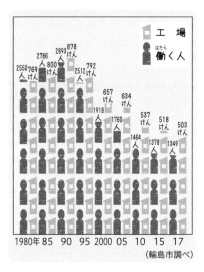

工　場

働く人

2786人　2893人　878けん
2550人　769けん　800けん　2512人　792けん
　　　　　　　　　　　　　657けん　634けん
　　　　　1918人　　　1760人　537けん　518けん　503けん
　　　　　　　　　　　1464人　　　1378人　1349人

1980年　85　90　95　2000　05　10　15　17

（輪島市調べ）

③伝統的なしっきの産地（伝統的工芸品の産地）

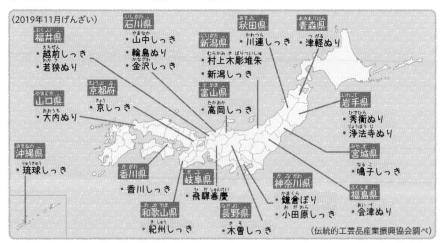

（2019年11月げんざい）

石川県
・山中しっき
・輪島ぬり
・金沢しっき

秋田県
・川連しっき

青森県
・津軽ぬり

福井県
・越前しっき
・若狭ぬり

新潟県
・村上木彫堆朱
・新潟しっき

山口県
・大内ぬり

京都府
・京しっき

富山県
・高岡しっき

岩手県
・秀衡ぬり
・浄法寺ぬり

沖縄県
・琉球しっき

香川県
・香川しっき

岐阜県
・飛騨春慶

神奈川県
・鎌倉ぼり
・小田原しっき

宮城県
・鳴子しっき

福島県
・会津ぬり

和歌山県
・紀州しっき

長野県
・木曽しっき

（伝統的工芸品産業振興協会調べ）

雑学ハカセ　石川県七尾市にある三引遺跡から6000年前の「くし」が出土しました。くしにはうるしがぬられていたことから，うるしは今からおよそ6000年前から使われていたことがわかっています。

4 おりものづくりのさかんな町 （鹿児島県奄美大島の例）

第9章

県内の特色ある地域の
ようす

1
伝統工業のさかんな
地域

2
国際交流に取り組ん
でいる地域

3
地域のよさを
生かした町づくり

ここで学習すること

1 大島つむぎのつくられている町は，どんなところだろう。

2 大島つむぎを守り，育てるために，どのようなことが行われているのだろう。

1 大島つむぎ（本場大島つむぎ）

1 大島つむぎのふるさと

奄美大島は鹿児島県の南にある島で，約6万人（2018年）が住んでいます。鹿児島県の県庁所在地である鹿児島市とは400kmほどはなれたところにあり，昔から独自の文化が発展してきました。自然がゆたかで，ほかの地方にはいない動物や植物も数多く見られます。

▲奄美大島の位置

生糸を植物とどろでそめるというめずらしい方法を用いるこの島のおりものは，大島つむぎの名で全国に知られています。大島つむぎは，軽くてあたたかいだけでなく，着ごこちがよく，着くずれしないという理由で人気のあるおりものです。

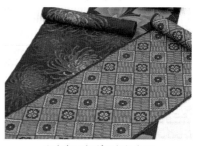

▲大島つむぎのおりもの

奄美大島でつくられたつむぎには，それが本物であることをしめす「地球印」がつけられ，品質がほしょうされています。

▲地球印

パワーアップ　「つむぎ」とは，つむぎ糸（まゆやわたを手でつむいだ太めの糸）を使ったおりものです。大島つむぎのほか，結城つむぎ（茨城県・栃木県），小千谷つむぎ（新潟県），信州つむぎ（長野県）などの，つむぎがあります。

② 大島つむぎの歩み

　奄美大島では，今から1300年ほど前にはすでに，つむぎがつくられていました。140年ほど前の西南戦争❶が終わったころからは，鹿児島県内にとどまらず，大阪などでも出回るようになり，全国各地の工芸品を集めたはくらん会に出品されると，さらに注目されるようになりました。げんざいでは，着物や帯だけでなくネクタイやかばんなどの，今の生活に合わせた製品もつくられています。

▲大島つむぎのネクタイやかばんなど

> **ことば ❶ 西南戦争**
>
> 1877（明治10）年，それまでの有利な地位をなくし，新しい政府に不満を持っていた元の武士たちが，西郷隆盛を指導者として，鹿児島で反乱をおこした。これを西南戦争という。8か月にわたる戦いの末に，政府側が勝利した。

③ 大島つむぎができるまで

図案　デザインを決め，方眼紙に図案をかく。

のりはり　糸を数本ずつまとめ，海そうでできたのりでかためる。

しめばた　たて糸にする糸を，図案にあわせてもめん糸で強くしめつけていく。

テーチ木ぞめ　テーチ木のえだを細かく切ってにた液に，糸をくり返しつける。

雑学ハカセ　つむぎをおる糸は養さんでつくられますが，この糸は，あながあいたり，よごれたりして，生糸にできないまゆをまとめ，手でつむいだものです。そのため，つむぎの布には，独特の風合いがあります。

どろぞめ テーチ木ぞめした糸をどろでそめる。④と⑤をくり返す。

加工 そめあがった糸を，はたおりができるように加工する。

はたおり 高ばたでていねいにおると，デザインした模様があらわれる。

検査 ここで合格した製品だけに，合格証がつけられる。

しりょうの広場

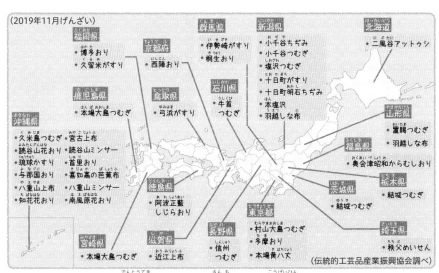

▲伝統的なおりものの産地（伝統的工芸品の産地）

（2019年11月げんざい）

福岡県
・博多おり
・久留米がすり

京都府
・西陣おり

群馬県
・伊勢崎がすり
・桐生おり

新潟県
・小千谷ちぢみ
・小千谷つむぎ
・塩沢つむぎ
・十日町がすり
・十日町明石ちぢみ
・本塩沢
・羽越しな布

北海道
・二風谷アットゥシ

鹿児島県
・本場大島つむぎ

鳥取県
・弓浜がすり

石川県
・牛首つむぎ

山形県
・置賜つむぎ
・羽越しな布

沖縄県
・久米島つむぎ
・読谷山花おり
・琉球かすり
・与那国おり
・八重山上布
・知花花おり
・宮古上布
・読谷山ミンサー
・首里おり
・喜如嘉の芭蕉布
・八重山ミンサー
・南風原花おり

福島県
・奥会津昭和からむしおり

茨城県
・結城つむぎ

栃木県
・結城つむぎ

徳島県
・阿波正藍しじらおり

東京都
・村山大島つむぎ
・多摩おり
・本場黄八丈

埼玉県
・秩父いせん

宮崎県
・本場大島つむぎ

滋賀県
・近江上布

長野県
・信州つむぎ

（伝統的工芸品産業振興協会調べ）

おりものには「ちぢみ」とよばれるものがあります。「ちぢみ」とは，布にちぢれ模様を入れたおりもののことで，新潟県の小千谷ちぢみなどが有名です。

4 大島つむぎを守り，育てる

　大島つむぎは，国が指定する伝統的工芸品の1つです。これは，すべての工程を1つ1つ手作業でていねいに仕上げることで，信用を積み重ねてきたからです。奄美大島では，このような大島つむぎの伝統を守り，育てていくための取り組みが行われています。

▲どろぞめの着物

・生産者たちの組合の例

　おり手を育てるための学校をつくりました。

・商品りれきシステム

　大島つむぎを買った人たちが，それが質の高い本物であることをかくにんできるシステムです。パソコンに，商品につけられた番号を入力すると，インターネットでその商品の情報がわかるしくみです。

▲大島つむぎのおり手育成のようす

・小・中学校の例

　どろぞめやはたおりなどの体験を通して，奄美大島で受けつがれてきたおりものについて学ぶ機会がもうけられています。

▲商品につけられた番号（シリアル番号）

学校で伝統的工芸品づくりの体験をするなどして，わかい人たちにも伝統的工芸品のよさを伝える活動は，いろいろな産地で行われているの。

伝統を守り，育てるって，大切なことなんだね。

雑学ハカセ　岐阜県には，美濃和紙のほかにも，岐阜ちょうちんや美濃焼などの伝統工業があります。岐阜ちょうちんは，たまごのような形が特ちょうで，お盆になると，町じゅうにちょうちんがかざられます。

5 和紙づくりのさかんな町 （岐阜県美濃市の例）

ここで
学習
すること

1 美濃和紙がつくられている町は，どんなところだろう。
2 美濃和紙を守り，育てるために，どのようなことが行われているのだろう。

1 美濃和紙

1 美濃和紙のふるさと

美濃市は，岐阜県南部の板取川が長良川と合流するあたりにあります。原料のこうぞがよくとれたことから，古くから紙づくりがさかんで，ここでつくられた和紙は美濃和紙として全国に知られています。

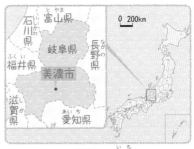
▲美濃市の位置

美濃市内では，蕨生・片知・上野地区に，伝統的な方法で和紙をつくる作業所が15けんほどあり，すきあがった和紙を外でかわかしているようすが，ときどき見られます。また，美濃和紙の里会館には，紙すきを体験するコーナーがあり，和紙のつくりかたを学ぶことができます。

▲美濃和紙を使った製品

そのほか，美濃市内には，和紙をつくるときに必要となる道具もつくられていて，それらの道具は全国の紙すき職人に使われています。

▲美濃和紙の里会館のようす

パワーアップ

和紙づくりは，各地で行われています。越前和紙（福井県）や因州和紙（鳥取県），阿波和紙（徳島県）など，それぞれの地域で，古くから伝わるつくりかたで，伝統的な和紙づくりをしています。

2 美濃和紙ができるまで

原料　こうぞの皮をむき，白皮だけにする。みつまた・がんぴも原料になる。

川ざらし　白皮を川につけて，不じゅん物を流し，白くさらす。

③ **煮熟**　白皮をにて，やわらかくする。

ちりとり　白皮を水の中であらい，ごみを手で取りのぞく。

叩解　石の盤の上に白皮をのせ，木づちでたたいて，細かくほぐし紙料にする。

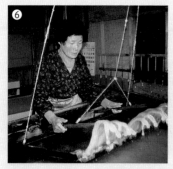

紙すき　紙料と水，とろろあおいを水そう（すき舟）に入れてまぜ，簀桁ですく。

⑦ **だつ水**　すいた紙を順番に積み重ね，その上から力を加えて，水をしぼり出す。

かんそう　紙を日光でかんそうさせる。その後，形を整え，たばねてしゅっかする。

雑学ハカセ　日本に紙を伝えたのは，中国です。およそ 1400 年前，紙が伝わったという記録が残されています。その後，こうぞを原料とした紙がつくられるようになり，今でいう和紙となりました。

第9章
県内の特色ある地域の
ようす

1
伝統工業のさかんな
地域

2
国際交流に取り組ん
でいる地域

3
地域のよさを
生かした町づくり

3 美濃和紙の歩み

美濃和紙は，今から1300年ほど前に，すでに今の岐阜県でつくられていたといわれています。こうぞの質がよかったことから，ほかの産地の紙より美しく，高くひょうかされました。今から500年ほど前になると，この地域を支配した武士が，産業をさかんにしようとしたこともあり，**美濃市**を中心に紙づくりが発達しました。美濃市の大矢田では，**紙の市**が開かれ，紙を買いに全国から人が集まりました。

4 美濃和紙を守り，育てる

明治時代（今から150年ほど前）になり，洋紙❶が出回るようになると，和紙はあまり使われなくなり，美濃市の紙すき職人は，しだいにへっていきました。美濃市では，美濃和紙を守り，育てるために，伝統的な和紙づくりを始めようとする人に，市が**資金えん助**をしています。また，今はほとんどつくられず，ほかの産地にたよっている原料を自給自足しようと，**こうぞ畑**がつくられています。

職人不足の産地が，
ずいぶん多いんだな…。

上有知川湊灯台

長良川にある港（上有知湊）に残されています。昔，美濃市では，物の輸送に船が使われ，紙を運んだ船も長良川を行き来しました。

▲昔の紙問屋の帳場のようす

ことば ❶ **洋紙**

ヨーロッパから伝わったつくりかたで，木材パルプ（木からとり出したせんい）を機械ですいてつくる紙を洋紙という。

▲紙すきを体験する人（美濃和紙の里会館）

パワーアップ

わたしたちの身近には洋紙がふえて，和紙を使う機会がへっています。そこで，和紙を広めるために，各地の和紙産地では，照明のかさに和紙を活用したり，プリンターで印刷できる和紙を開発したりしています。

6 人形づくりのさかんな町 （宮城県の例）

ここで
学習
すること

1 宮城伝統こけしのつくられている町は，どんなところだろう。
2 宮城伝統こけしを守り，育てるために，どのようなことが
　行われているのだろう。

1 宮城伝統こけし

1 宮城伝統こけしのふるさと

　宮城県は東北地方の南東に位置し，約230万人（2019年）が住んでいます。仙台市・白石市・大崎市・蔵王町を中心にこけしづくりがさかんで，県内には，「鳴子こけし」「遠刈田こけし」「弥治郎こけし」「作並こけし」「肘折こけし」の5つの伝統こけしがあります。

▲仙台市・白石市・大崎市・蔵王町の位置

　こけしの材料は，みずきという木が使われています。東北地方のように，とても寒い地方で育ったみずきは，木目が美しく，こけしづくりに向いています。

2 宮城伝統こけしの歩み

　伝統こけしづくりは，今から200年ほど前，東北地方の温泉の近くに住む

▲宮城伝統こけし

木地師（木の皿やおわんをつくる職人）たちが，おみやげ用として，つくりはじめたことをきっかけに始まったといわれています。こけしづくりのわざは，何代にもわたって受けつがれて地域ごとに根付き，それぞれ特色のあるこけしがつくり出されました。げんざいでも宮城伝統こけしは，かざり物として全国的に人気があります。

雑学ハカセ　東北地方は雪が多く，農作業ができない冬の間の産業として，工芸品づくりが発達しました。宮城伝統こけしのほかにも，大館曲げわっぱ（秋田県）や会津塗（福島県）など，おみやげとして売られている工芸品が数多くあります。

3 宮城伝統こけし（鳴子こけし）ができるまで

① 木取り かわかした木を必要な長さに切る。

② ろくろひき おおよその形をつくる。

③ ろくろ線 体の上下にろくろ線をつける。

④ 首入れ 体を回しながら頭を体に入れる。

⑤ 顔をかく まゆ→目→鼻→かみ→口の順にかく。

⑥ 体の模様をかく きくの模様が多い。

⑦ ろうをぬる ろうをぬり、布でのばす。

⑧ 完成 首を回すと音が鳴るのが特ちょう。

うちにも，こけしがかざってあるよ。

そもそも，こけしは，子どものおもちゃだったの。だから，こけしは持ちやすく，手になじむ形になっているのね。

パワーアップ 宮城県には，宮城伝統こけしのほかに，鳴子しっきや仙台たんすなどの伝統工業があります。それぞれに共通していることは，原料が木材だということです。原料となる木材がたくさんあったため，木を使った工芸品づくりが発達していきました。

4 宮城伝統こけしを守り，育てる

・全日本こけしコンクール

　　白石市では，こけしの美しさを見てもらったり，こけしづくりのくふうや技術を向上させたりするために，毎年コンクールを開いています。

▲コンクールのようす

・体験教室

　　宮城伝統こけしを守るために，職人になりたい人を広く集めて育てたり，職人が小学校に行ってこけしづくりの**体験教室**を開いたりしています。

▲小学生に絵付けを教える職人

▰ しりょうの広場

宮城伝統こけしのほかにも，人形づくりのさかんなところがあります。

博多人形（福岡県）

江戸木目こみ人形
江戸節句人形
（埼玉県／東京都）

宮城伝統こけし（宮城県）

（2019年11月げんざい）

駿河ひな人形（静岡県）

岩槻人形
（埼玉県）

駿河ひな具

京人形（京都府）

（伝統的工芸品産業振興協会調べ）

▲伝統的な人形の産地（伝統的工芸品の産地）

雑学ハカセ

山形県には，「天童しょうぎこま」とよばれる伝統的工芸品があります。しょうぎのこまの生産量は日本一で，いっぱんに使うこまのほかに，高級品も多くつくられています。

7 筆づくりのさかんな町 （広島県熊野町の例）

ここで
学習
すること

1 熊野筆がつくられている町は，どんなところだろう。
2 熊野筆を守り，育てるために，どのようなことが行われているのだろう。

1 熊野筆

1 熊野筆のふるさと

熊野町は，広島県の南部に位置し，人口が約2万4000人（2019年）の町です。町では，昔から筆づくりがさかんで，ここでつくられた筆は「熊野筆」の名で，全国に知られています。

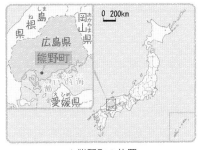
▲熊野町の位置

町には，筆に関係するしせつがいくつかあります。筆の里こうぼうは，筆を中心に，すみ・紙・すずりの原料やつくりかたがわかるようにしています。また，熊野町郷土館では，かつて町の人々の生活に使われていた道具をてんじするとともに，昔の筆問屋を館内にさいげんしています。

▲熊野筆（毛筆）

熊野町では，毎年9月に筆まつりが行われます。祭りでは，約20畳の布に大きな筆で書かれる大作席書や，たくさんの筆が安く売られる筆の市などが行われ，全国から多くの人がおとずれます。

▲筆まつりのようす

パワーアップ

熊野筆のほか，愛知県の豊橋筆，奈良県の奈良筆，広島県の川尻筆などが伝統的工芸品に指定されています。日本は長い間，筆を使う文化だったため，各地で筆がつくられてきました。

2 熊野筆の歩み

　昔，熊野町では農業が主な産業でしたが，農地がせまく，村人はほかにもしごとをして，生活をささえなければなりませんでした。村人は，農業のひまな時期に，今の奈良県や和歌山県へ**出かせぎ**に行き，しごとを終えると，奈良の筆やすみを買い入れて，**行商**をしながら帰るというくらしをしていました。

　今から170年ほど前，熊野の3人の若者が，それぞれほかの地域から**筆づくり**を学んで帰り，熊野の村人に筆づくりを教えました。やがて，筆づくりは熊野に広まり，新しい産業になりました。これが，熊野筆のはじまりといわれています。そして，明治時代（今から150年ほど前）になって，小学校で習字の授業が始まると，熊野の筆づくりは，よりさかんになりました。げんざいでは，熊野筆は**毛筆**のほかに，絵をかくときに使う**画筆**や，**けしょう用筆**もつくられ，全国の人々に使われています。

3 熊野筆を守り，育てる

　全国一の筆の生産をほこる熊野町ですが，ほかの**伝統工業**と同じく，あとをつぐ人の少ないことが問題になっています。そこで，熊野町では，熊野筆を守り，育てていくためにいくつかの取り組みが行われています。

▲けしょう用筆

　その1つに，筆づくりの長い経験と高い技術を持つ**伝統工芸士**が中心になって行われる勉強会があります。自分の持つ高度なわざを教え，あとをつぐ人たちを育てています。

▲伝統工芸士の筆づくりのようす

雑学ハカセ　熊野筆は中国地方でいちばん最初に，国から伝統的工芸品の指定を受けました。今では，熊野筆は世界中に輸出され，世界的なブランドに発展しています。

また，**筆の里こうぼう**では，おとずれる人に，熊野筆を知ってもらうとともに，筆づくりへの関心を高めてもらおうと，伝統工芸士による筆づくりのようすを見せています。そのほか，熊野町では，**全国書画てんらん会**や**筆まつり**など，筆にちなんだもよおしを行い，熊野筆の名を全国にしょうかいしています。

▲全国書画てんらん会のようす

たくさんの人に筆のよさを知ってもらうとしているんだね。

4 熊野筆ができるまで

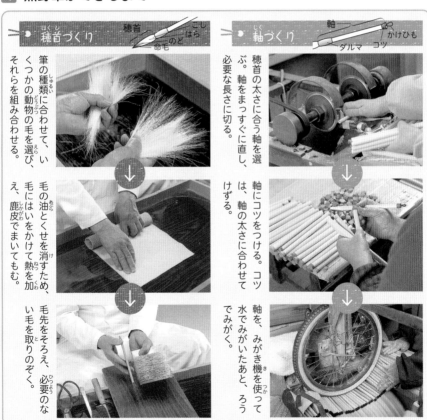

穂首づくり
穂首　こし　はら　命毛　のど

筆の種類に合わせて、いくつかの動物の毛を選び、それらを組み合わせる。

↓

毛の油とくせを消すため、毛にはいをかけて熱を加え、鹿皮でまいてもむ。

↓

毛先をそろえ、必要のない毛を取りのぞく。

軸づくり
軸　かけひも　ダルマ　コツ

穂首の太さに合う軸を選ぶ。軸をまっすぐに直し、必要な長さに切る。

↓

軸にコツをつける。コツは、軸の太さに合わせてけずる。

↓

軸を、みがき機を使って水でみがいたあと、ろうでみがく。

パワーアップ

熊野町が今でも伝統を受けついで，筆をつくり続けている理由の１つに，高い技術を持った伝統工芸士が地域にたくさんいて，わかい人材を育成していることがあげられます。

穂首づくりのつづき

毛を、命毛・のど・はら・こしの部分の長さに切り分ける。

切り分けた毛に、うすいのりをつけ、それぞれをよくまぜて、かわかし、しんにする。

まぜ合わせた毛の太さを決め、しんに質のよい毛をまき、さらにかわかしたあと、根元を糸でしばり、焼きしめる。

軸づくりのつづき

コツにあなを開け、かけひもをつける。

ダルマを加工したあと、軸に接着ざいをつけて、ダルマをはめこむ。

軸に接着ざいをつけて，穂首をはめこむ。

穂首にのりをつける。よぶんなのりをとり，形を整えてかわかしたあと、軸に店の名まえなどをきざんで，できあがる。

雑学ハカセ　奈良筆（奈良県）の筆は、熊野筆と同じように、いろいろな動物の毛をまぜてつくります。筆の毛には、羊、鹿、馬、イタチ、たぬきなどの毛を使い、「練りまぜ」という技術で、筆にしていきます。

中学入試にフォーカス 伝統産業の問題点とこれから

● **伝統産業の問題点** 伝統産業は，さまざまな問題点をかかえています。主な問題点をかくにんしましょう。

- **買う人がへっている**
  わたしたちのくらしには，近代工業によってつくられる品物が多く，ねだんの高い伝統的工芸品を買う人がへってきている。
- **大量につくれない**
  手作業なので，一度に大量生産ができない。
- **人材不足**
  新しく職人になる人が少なく，職人の高れい化が進んでいる。
- **原材料や道具の不足**
  産地の近くにあった自然の原材料がなくなってきたり，道具を修理できる人材がへっている。

● **これからの伝統産業** 国は「伝統的工芸品産業の振興に関する法律」をつくり，伝統産業を守る活動をしています。また，産地ではさまざまな取り組みが行われています。

- **新商品の開発**
  伝統産業の技術を使って，現代の人たちがほしくなるような，新しい商品をつくる取り組みが行われている。
- **人材をふやす**
  てんじ会や体験会，学校での特別授業などを通して，伝統産業に興味を持ってもらい，伝統産業にかかわるしごとをする人をふやす活動が行われている。
- **世界へ発信**
  日本文化の1つとして，伝統産業を国際会議などでアピールしている。

◀ 2010 年の国際会議（APEC）で行われた伝統産業のてんじ会

パワーアップ

伝統工業の原材料不足は，深こくな問題です。例えば，美濃和紙の原料であるこうぞが不足しており，輸入したこうぞを使うこともあります。しかし，外国産のこうぞだと，仕上がりがことなるなど，課題もあります。

2 国際交流に取り組んでいる地域 4年

学ぶことがら

1 国際都市・福岡市
2 外国と結びつく町
3 国際交流を進める町づくり

1 国際都市・福岡市

ここで
学習
すること

1 福岡市は，なぜ国際都市とよばれるのだろう。
2 どのような国際的なもよおしを行っているのだろう。

1 外国の人が参加するもよおし

1 福岡国際マラソン

福岡市は，約 160 万人（2019 年）が住む大きな市で，いろいろな分野で国際交流❶を行っています。その１つが，**福岡国際マラソン**で，毎年 12 月に開かれます。これまでに 70 回以上も行われてきた，歴史の古い国際マラソンで，外国の一流選手をまねいて行われますが，日本全国からの市民ランナーや外国からのいっぱん市民も多く出場する国際マラソンです。

▲福岡市の位置

▲福岡国際マラソンのようす

ことば　❶ 国際交流

外国の人と，ある目的で交流して，おたがいの風習や考えを理解し合うこと。勉強やスポーツ，しゅ味など，さまざまな交流の方法がある。

どこの国から来た選手が多いのかな？

雑学ハカセ

今から 90 年ほど前まで，九州地方で最も人口が多い市は長崎県長崎市でした。その後，福岡市の人口がふえ，げんざい（2019 年）では，九州地方で最大，日本全国でも 6 番目の人口の都市になりました。

第**9**章

県内の特色ある地域の
ようす

1

伝統工業のさかんな
地域

2

国際交流に取り組ん
でいる地域

3

地域のよさを
生かした町づくり

2 国際会議

福岡市がよびかけて，1994（平成6）年に第1回目の**アジア太平洋都市サミット**が開かれました。会員都市は**アジア❶**と太平洋に面した15か国・32都市で，それぞれの都市でおこっている問題を解決するための話し合いが，これまで12回行われました。

福岡市では，年間約300件の国際会議が行われています。

また，**福岡国際会議場**という大きなしせつがあり，国際会議やさまざまなテーマの会議が開かれています。

> **ことば ❶ アジア**
>
> 世界の地域をしめすことばで，西はトルコ，南はインドネシア，北はロシア連邦までふくまれる。日本はアジアの中で東に位置する国である。

▲福岡国際会議場

3 国際映画祭

福岡市は，文化面でも外国と交流を行っています。その1つが国際映画祭で，1991年に「**アジアフォーカス・福岡映画祭**」として始まりました。映画を通して，アジアの国々ど

▲国際映画祭のようす

うしが理解し合い，文化交流を行うことを目的としています。毎年，数多くの映画が上映されており，多くの映画関係者と観客が集まります。

パワーアップ

日本には福岡市のほかにも，多くの国際都市があります。東京をはじめ，大きな港のある横浜市や神戸市，多くの観光客がおとずれる京都市なども，国際都市の例です。それぞれの都市では，外国語の案内表示をつくるなど，さまざまな取り組みが行われています。

2 外国と結びつく町

ここで
学習
すること

1 外国の人々は，どのようにして福岡市に来るのだろう。
2 どの国の人たちが，多く福岡市をおとずれるのだろう。

1 福岡市の2つのげんかん口

1 空のげんかん口（福岡空港）

　福岡市には，**福岡空港**があります。日本国内のたくさんの都市と飛行機が行き来していますが，アジアを中心とした外国の都市とも定期便が行き来しています。福岡市は中華人民共和国（中国）や大韓民国（韓国）と近いため，特にこれらの国々から日本をおとずれる人が多くなっています。

国名	入国者数（人）
韓国	145万6622
中国	74万1080
タイ	3万7312
フィリピン	3万1323
ベトナム	2万5180
その他	12万3429
合計	241万4946

（2018年）　　　　　　（法務省調べ）

▲福岡空港から入国した外国人

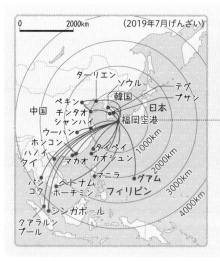

▲福岡空港と飛行機でつながる主な都市

雑学ハカセ

日本には空港が97あります。そのうち，かっ走路が2000m以上の大きな空港は66あり，その多くは外国の都市と結ぶ国際線のある空港です。

② 海のげんかん口（博多港）

福岡市には，空港のほかに，海のげんかん口として**博多港**があります。中国や韓国に近いため，これらの国々の人がたくさん博多港を利用しています。韓国のプサンには**高速船**で約3時間で行けるため，**定期便**が行き来しています。近年は，大型の**クルーズ船**が年間300せき以上も港に入り，一度に4000人をこす**乗客**を運ぶクルーズ船もあります。クルーズ船は中国から来港することが多く，中国からの**観光客**が特にふえています。

国名	入国者数（人）
韓国	12万8309
中国	2607
アメリカ合衆国	2550
イギリス	922
タイ	882
その他	8403
合計	14万3673

（2018年）　　　（法務省調べ）

▲博多港から入国した外国人

（福岡市港湾空港局提供）

▲博多港

▲博多とプサンを結ぶ定期航路

▲博多とプサンを結ぶフェリー

（福岡市港湾空港局提供）

▲博多港に寄港するクルーズ船

パワーアップ　博多は，東京よりも中国や韓国のほうが近く，古くからアジアへのげんかん口でした。約740年前，中国を治めていた元という国がせめてきたのも博多です。当時，日本は鎌倉時代で，武士は元の兵と戦い，日本を守りました。

3 国際交流を進める町づくり

ここで
学習
すること

1 福岡市では，どのような国際交流が行われているのだろう。
2 国際交流を進めるために，市はどのような取り組みをしているのだろう。

1 福岡市の国際交流

1 イベントでの交流

福岡市は，祭りなどのイベントを通して，国際交流を行っています。

▲アジアンパーティのようす

・**アジアンパーティ**

福岡市は，アジア映画の上映会や音楽ライブなどのさまざまなイベントを開いて，国際交流を行っています。

・**福岡アジア文化賞**

福岡市では，アジアの学術や芸術，文化に大きなえいきょうをあたえた人を対象に，賞をおくるもよおしが行われています。

▲福岡アジア文化賞の授賞式

・**アジア太平洋こども会議・イン福岡**

1989（平成元）年から，福岡市では毎年，国際こども会議が開かれています。これまでに 55 の国・地域が参加して，イベントやホームステイなどを行い，おたがいの文化を理解し合い，平和を願う気持ちを 1 つにしています。

▲アジア太平洋こども会議・イン福岡のイベント

雑学ハカセ

東京都新宿区の人口は，約 35 万人です。そのうち外国人は約 4 万 3000 人で，住民の 10 人に 1 人以上が外国人です。外国人が集まる地域には，外国人向けの商品が多く置かれていて，まるで，外国にいるような町並みです。

博多どんたく港まつり

　古くから行われてきた祭りに由来する博多どんたく港まつりは，福岡市民の祭りとして，毎年行われています。パレードには，アジアの国々からの参加もあり，国際交流の場としての役わりも果たしています。

▲博多どんたく港まつりに参加する外国人

2 姉妹都市との交流

　福岡市は外国の8つの都市と姉妹都市（友好都市）❶の関係を結んでいます。姉妹都市は，アジアだけではなく，ヨーロッパやアメリカ合衆国にもあり，世界じゅうの人々との交流ができるしくみの1つです。福岡市の人たちは，相手の都市に行ったり，また，相手の都市の人を福岡市にまねいたりして，おたがいの文化などを知る活動を行っています。

> **ことば** ❶ 姉妹都市（友好都市）
> 　文化交流や特定の産業での結びつきなど，国際的に友好を持った都市を，**姉妹都市（友好都市）**とよぶ。姉妹都市の間では，留学生の交かんや，スポーツ，文化交流が積極的に行われ，おたがいの理解を深め合っている。

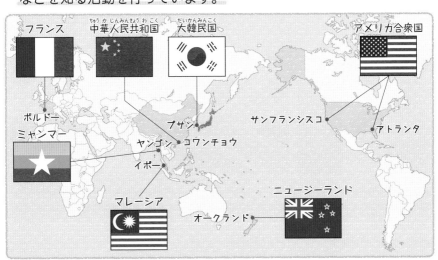

フランス　中華人民共和国　大韓民国　　　　　　　　アメリカ合衆国

ボルドー
ミャンマー　　　　プサン　　　　サンフランシスコ
　　　ヤンゴン　コウンチョウ　　　　　　　　　アトランタ
　　イポー
マレーシア　　　　　　ニュージーランド
　　　　　　オークランド

▲福岡市の姉妹都市

！ くわしい学習

なぜ 国ごとに国旗があるのはなぜでしょうか。

答え 国旗は、その国を表す印として使われます。国をきずいてきた人々の思いや願い、ほこりなどがこめられた旗なので、自分の国だけではなく、ほかの国の国旗も尊重する気持ちが必要です。

なぜ 国ごとの国旗には、それぞれどんな意味があるのでしょうか。

答え 国旗のデザインには、それぞれ意味があります。色や形にそれぞれ意味を持たせ、それぞれの国にふさわしい国旗となっています。いくつかの例を見てみましょう。

日本 赤い丸は太陽を表し、日がのぼる国という意味を持っています。

アメリカ合衆国 50の星は、今の州（アメリカをつくる小さな国の単位）の数、13本の赤と白の線は、アメリカが独立したときの州の数を表しています。

カナダ 真ん中の模様は、カナダのシンボルであるメイプル（かえで）の葉を表しています。

メキシコ 緑は独立と希望、白は国民の多くが信じる宗教、赤は国にいるたくさんの民族の統一を表しています。

南アフリカ共和国 黒は黒人、緑は農業、赤は国のたん生のために流された血、黄は金などの鉱物資源、白は白人、青は空を表しています。

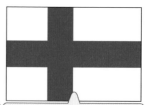

フィンランド 青は湖と空、白は雪を意味しており、青の十字はこの国が北ヨーロッパの一員であることを表しています。

パワーアップ

外国に行くときには、パスポートが必要です。パスポートとは、発行する国が国を出る人の身分を証明したものです。パスポートがないと外国に入ることはできません。

3 市が取り組む国際交流

　福岡市は，国際交流が問題なく進むように，さまざまな取り組みを行っています。

・**外国人のためのホームページ**

　日本語を学ぶ留学生などが，生活するうえでこまっていることを解決するために，市では**【外国人のための】やさしい日本語によるお知らせ**

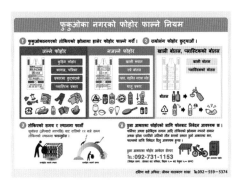

▲【外国人のための】やさしい日本語によるお知らせ

が書かれたホームページを公開しています。

・**外国語で案内**

　例えば，ごみの出しかたは，外国人にとって，わかりづらいことが多いです。そのため，市では外国語で書かれたごみ出しルールのリーフレットをつくっています。これらの取り組みによって，日本語がわからない外国人が，安心してすごせるようにしています。

▲ネパール語で書かれたごみ出しリーフレット

・**外国語の相談まど口**

　日本で病気になったり，しごとを見つけようとしたりしたときに，ことばが通じずにこまる外国人がいます。市では，17の言語や，やさしい日本語で相談できるまど口をつくって，外国人が安心してくらせるように，手伝いをしています。

パワーアップ　今では，地方の観光地などにも多くの外国人がおとずれています。このような外国人が日本に来る旅行を「インバウンド」とよびます。反対に，日本から外国に行く旅行を「アウトバウンド」とよびます。

3 地域のよさを生かした町づくり 4年

学ぶことがら

1 古い町並みを生かした町づくり ① 2 古い町並みを生かした町づくり ② 3 自然を生かした町づくり 4 地元の祭りを生かした町づくり

1 古い町並みを生かした町づくり ①
(岐阜県白川村の例)

ここで学習すること

1 岐阜県白川村は，どんなところだろう。
2 古い町並みを生かして，どんな町づくりを進めてきたのだろう。

1 岐阜県白川村

1 白川村の自然と気候

白川村は，岐阜県の北西部に位置し，石川県，富山県ととなり合う県ざかいの村です。周囲をけわしい山々にかこまれ，村の面積の約96％が山林です。冬はたいへん寒く，たくさんの雪が積もります。このため，昔は，冬の間はまわりの村との交流ができませんでした。

▲白川村の位置

2 人々のくらし

白川村には，約1600人（2019年）が住んでいます。昔は農業や養さん❶業をする人が多かったのですが，最近では観光に関係するしごとにつく人が多くなっています。

▲冬の白川村のようす

雑学ハカセ

白川村の合しょうづくりの住まいは，すべて東西を向いて建てられています。これは，屋根に日が当たりやすくして雪をとかすためのくふうです。合しょうづくりには，昔の人たちのちえが，今でも受けつがれています。

3 合しょうづくり

白川村には，昔ながらの「合しょうづくり」という住まいが残っており，村内の荻町地区にある約60けんの合しょうづくりの住たくでは，今でも人々が実際に生活しています。

合しょうづくりの住まいは，雪が多く積もる白川村のくらしによく合っています。建物は，冬にあたたかく，夏にすずしくすごせるように，南北に長い形をしています。また，屋根は60度近くもかたむき，かやでおおわれています。これは屋根に積もった雪が下に落ちやすくするためです。

▲合しょうづくりの屋根裏

▲合しょうづくりの屋根のふきかえ

屋根裏にできる大きな空間は，**かいこ**を育てるために使われていました。合しょうづくりの屋根は，屋根裏に太陽の光と

> **ことば** ❶ 養さん
>
> 「かいこが」という，がの幼虫であるかいこを飼って，まゆから生糸をつくること。かいこはくわの葉を食べ，自分が出した糸で体をおおって，まゆをつくる。生糸を原料としたおりものを，きぬおりものという。

風を入れることができるので，かいこを飼育することに適していました。

かやぶきの屋根は，30〜50年ごとにふきかえをしなければなりません。1けんの屋根のふきかえには，1週間以上かかります。昔は，ふきかえの作業を村の人たち全員で行っていましたが，今では専門の職人が行うことも多くなっています。

パワーアップ　京都には，歴史的な町並みが多く残されています。そこで，京都府は町並みを保存するための法律をつくり，町の景色にふさわしくない建物などをつくることを禁止しています。

2 白川村の町づくり

1 白川村の歩み

1875 年	・21 の村が集まって，白川村ができる
1951 年	・庄川でダムの建設が始まる
1965 年	・白川村の荻町地区で，合しょうづくりの建物の保存運動が始まる
1971 年	・「白川郷荻町集落の自然かんきょうを守る会」が発足する
1976 年	・国の重要伝統的建造物群保存地区に選ばれる
1995 年	・ユネスコの世界遺産（文化遺産）に登録される
2003 年	・「白川村景観条例」が制定される
2004 年	・使わなくなった田を元にもどす運動が始まる
2008 年	・東海北陸自動車道が全線開通し，観光客がさらにふえる
2014 年	・景観保護や交通じゅうたいの対策のため，観光客の車の乗り入れを規制する

▲白川村の田

2 美しい景観を守る取り組み

① 1951（昭和 26）年，村を流れる庄川のダムの建設がきっかけで，合しょうづくりの家が村の外に売られたり，うつされたりするようになりました。そして，1965 年，村の人々によって建物の保存運動が行われるようになりました。

② 1971 年，白川村荻町地区に住む人全員を会員として，「白川郷荻町集落の自然かんきょうを守る会」が発足しました。会では，合しょうづくりの家や村の土地や森林を「売らない・貸さない・こわさない」を原則として，合しょうづくりの建物と村の美しい景色を守る活動に取り組んでいます。

雑学ハカセ　1 年間に白川村をおとずれた観光客は約 176 万人います。そのうち外国人は約 65 万人です（2017 年）。日本人観光客数はへってきているのに対し，外国人観光客数はふえており，外国人に人気の観光地となっています。

3 世界遺産登録

1995(平成7)年，村の人々の活動が実を結び，白川村の合しょうづくりの集落は，「**白川郷・五箇山の合しょうづくり集落**」として**ユネスコの世界遺産❶**（文化遺産）に登録されました。これをきっかけに観光客が世界遺産登録前の年間60〜70万人から，約176万人（2017年）へとふえていきました。

> ### ことば ❶ 世界遺産
>
> 世界の人々にとって価値があるとみとめられる建物や自然の景観などを，国際連合の中の，教育や文化を担当する機関である**ユネスコ**が登録したもの。文化遺産，自然遺産，複合遺産に分けられる。複合遺産とは，文化遺産と自然遺産の両方にあたるもののこと。

4 新たな課題への取り組み

世界遺産への登録によって，白川村により多くの観光客が集まるようになりました。そのため，観光に関係するしごとがふえ，それまではしごとが少なかった冬場でも，しごとができるようになりました。し

▲通行規制の看板

かし，観光客がふえたことによって，新たな問題が生じてきました。

新たな問題

ごみ問題

人の住む家に観光客が入る

交通じゅうたい

村では，協力してごみひろいやそうじをしたり，インターネットの観光サイトにマナーページをつくったりして，観光客に理解をよびかけています。

パワーアップ

同じくユネスコの世界遺産（自然遺産）に登録されている**小笠原諸島**（東京都）では，自然を守るために，島をおとずれる人は，くつの裏を消毒したり，島外からの植物の種や動物などの持ちこみを禁止しています。

2 古い町並みを生かした町づくり ②
(福島県下郷町の例)

ここで学習すること

1 福島県下郷町は，どんなところだろう。
2 古い町並みを生かして，どんな町づくりを進めてきたのだろう。

1 福島県下郷町大内宿

1 下郷町の自然と気候

　下郷町は，福島県南西部にあり，南は栃木県にせっしています。まわりを1000 m 以上の山にかこまれ，町の中央を阿賀川(大川)が流れています。人々の住む家は，この阿賀川にそってつくられた道路のそばに集まっています。冬はたいへん寒く，雪がたくさんふります。下郷町には，約5600人(2019年)が住んでいます。

2 人々のくらし

　下郷町にある大内宿という地区は，江戸時代(150～420年ほど前)に下野街道❶の宿場町❷としてにぎわいました。その後，1985(昭和60)年ごろまでは農業をする人が多く，農業が人々の主な収入源でした。げんざいでも，米づくりのほか，花やそばのさいばいを行っています。最近では，観光客の増加にともなって，観光に関係するしごとをする人も多くなりました。

▲下郷町の位置

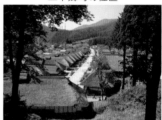
▲大内宿のようす

ことば ❶ 街道
　日本中に通じる，大きな道路。特に江戸時代に整備されたものが有名で，地方と江戸(げんざいの東京)とを行き来する大名たちが利用した。

❷ 宿場町
　街道を通る人々のための宿や，旅行者が利用する馬などを用意した町。

雑学ハカセ
大内宿には「しんごろう」とよばれる郷土料理があります。ごはんを丸めて，じゅうねんみそをぬって焼いた食べ物です。「じゅうねん」とは，えごまのことですが，とても栄養があるので，「食べると十年長生きする」という意味もあります。

3 大内宿（おおうちじゅく）

　大内宿は，今から 380 年ほど前に宿場町（しゅくばまち）として整備（せいび）されました。道の両側（りょうがわ）に，ほぼ同じ間かくで**かやぶき屋根（やね）❶**の建物（たてもの）が立ちならぶようすは，江戸時代（えどじだい）の宿場町のふんいきをよく残（のこ）しています。その町並（まちな）みを見ようと，１年に約 81 万人（2018 年）の観光客（かんこうきゃく）がおとずれています。

▲かやぶき屋根の家

江戸時代の町が残されているなんて，すごいね！

町を昔（むかし）のまま残すことは，地域（ちいき）の人たちの努力（どりょく）がなければできないわね。どのような取（と）り組みをしたのか，見ていきましょう。

> **ことば　❶ かやぶき屋根**
>
> 　すすきやちがやという植物（しょくぶつ）でふいた屋根のこと。古くからつくられていたが，かわらぶきの屋根が広まったために，少なくなった。ふきかえの間かくは地域の気候（きこう）などによってことなる。

2　大内宿の町づくり

1　大内宿の歩（あゆ）み

380 年ほど前	・げんざいの福島県会津若松市（ふくしまけんあいづわかまつし）から栃木県日光市（とちぎけんにっこう）を結ぶ下野街道（しもつけかいどう）の宿場町として栄える
1884 年	・別（べつ）の地域を通る大きな道路（どうろ）ができ，人通りやものの行き来がへる
1955 年	・近くの３つの町や村が合（がっ）ぺいし，下郷町（しもごうまち）となる
1981 年	・国の重要伝統的建造物群保存地区（じゅうようでんとうてきけんぞうぶつぐんほぞんちく）に選（えら）ばれる
1993 年	・下郷町大内宿防災会（ぼうさいかい）を結成（けっせい）する
1996 年	・江戸時代の道の復元（ふくげん）を始（はじ）める
1998 年	・大内宿結（ゆ）いの会を結成する
2008 年	・国道 289 号線（ごうせん）に新しい道が開通（かいつう）し，観光客の行き来が便利（べんり）になる

雑学ハカセ

町並みを昔のままに残す取り組みは，コンビニエンスストア（➡ 62～63 ページ）でも行（おこな）われています。例えば，草津温泉（くさつおんせん）（群馬県（ぐんま））では，大手のコンビニエンスストアは通常の店がまえではなく，温泉にふさわしい配色（はいしょく）の店にして，町になじむようにつくられています。

2 火事をふせぐ

①大内宿の建物は，木やかやなど
の材料でできているためにもえ
やすく，さらに，建物と建物が
すき間なく建っているので，一
度火事がおこると，集落全体が
もえてしまうきけんがあります。

▲消火訓練に集まった人たち

②この大内宿の町並みを火事から
守るために，1993(平成5)年，
「下郷町大内宿防災会」がつく
られました。下郷町に住むすべ
ての人が参加するこの会は，そ
れぞれ消防団，婦人消防隊，大
内宿火消組，少年消防クラブに
分かれて活動をしています。

▲放水ポンプを使った訓練

③消防団や婦人消防隊は，火事に
そなえて訓練などをしています。
火消組は，かつて消防団で活や
くしていたお年よりの人たちが
集まり，ポンプを使った放水訓
練を行っています。少年消防ク
ラブは，火の用心をよびかけな
がら夜回りをしたり，花火をす
るのは年1回，8月15日だけ
という決まりを守っています。

▲夜回りに向かう子どもたち

消防団 **112**ページ

古い町並みを保存
するためには，火事
に気をつけないとね。

その通り！
町全体で大切な町
並みを火事から守っ
ているんだね。

パワーアップ
大内宿の人口は174人です(2017年)。長く人口はへり続けていましたが，ここ数年で，観
光客がふえたこともあり，商店などで働く人が多くなり，人口はぞう加しています。

3 建物や文化の保存

①昔の町並みを復元する活動

　　江戸時代のふんいきを今に伝える町並みに合うように，アスファルトでほそうされた道を，昔ながらの土の道にもどす活動をしています。

▲復元された道

②屋根をふく技術を受けつぐ活動

…かやぶきの屋根は，15〜20年に一度，全体をふきかえなければなりません。そのときには，多くの人手と時間が必要になります。大内宿では「**大内宿結いの会**」をつくって，町じゅうの人々が力を合わせ，1年間に数けんの屋根のふきかえをしています。また，わかい人たちに屋根ふきの技術を伝える取り組

▲かやぶき屋根のふきかえ

みが1998（平成10）年から始まりました。わかい人たちは，週に1回集まって，練習をしています。「結い」とは，屋根のふきかえに住民みんなが協力することをはじめとする，助け合いの精神のことです。

③生活文化を守り伝える活動

…元日の朝にくんだ水で料理や茶を用意する「若水くみ」や，大みそかに神社の道に積もった雪をふみかためる「雪ふみ」など，年中行事を行う中で，昔から伝わるくらしの**文化**を，子どもたちに教えています。

　　このように，下郷町では，大内宿という古い町並みを守り，わかい人々に文化を伝えることを通して，地域の人々のつながりを強めています。

日本をおとずれる外国人観光客は，1年間で3000万人をこえています（2018年）。そこで，大内宿など各地の観光地では，英語や中国語，韓国語などのパンフレットをつくるなどして，外国人に地域のようすを知ってもらえるようにしています。

3 自然を生かした町づくり

（富山県魚津市村木地区の例）

ここで
学習
すること

1 富山県魚津市村木地区は，どんなところだろう。
2 自然を生かして，どんな町づくりを進めてきたのだろう。

1 富山県魚津市

1 魚津市の自然・気候

　魚津市は富山県の東部に位置しています。市の南東部には2000 mをこえる山々が連なり，いくつもの川が急流となって一気に流れ下っていて，そのようすは，たきに例えられています。北部にある**富山湾**はゆたかな漁場で，しんきろうでも有名です。

　魚津市の気候は，1年を通じて降水量が多く，特に冬にはたくさんの雪がふります。しかし，気温が氷点下になることは少なく，雪が1 mをこえて積もることは，あまりありません。

▲魚津市の位置

▲魚津市のたてもん祭りのようす

2 人々のくらし

　魚津市には，約4万2000人（2019年）が住んでいます。米づくりと漁業がさかんで，夜になると青緑色に光るほたるいかの水あげが有名です。工業では，特に電子部品を多く生産しています。

▲魚津市を流れる片貝川

雑学ハカセ

富山湾では，ほたるいかがたくさんとれると産卵のため，海岸近くにやってきて，正確な理由は，今でもわかっていません。全国に発送されています。ほたるいかは，春になるとホタルのように光りますが，なぜ光るのかという

② 魚津市村木地区の町づくり

① よごれた川

村木地区は，海に面した魚津市の中でも海の近くにあり，片貝川の**支流❶**である鴨川の下流に位置しています。

鴨川の川底からわき出るきれいな水は，かつては飲み水として利用されていました。また，市の特産品であるかまぼこづくりなどにも使われていました。

1955（昭和 30）年ごろから経済が一気に成長し，工場や道路がたくさんつくられるようになると，よごれた水がそのまま川に流されるようになりました。また，人々が使わなくなったものをすてたりもしました。

そのため，鴨川は「ごみが流れる川」とよばれるほど水のきたない川になり，魚がすめなくなってしまいました。

> **ことば** ❶ 支流
>
> ある川から流れ出た，別の川。支流が流れ出る川のことは，**本流**という。

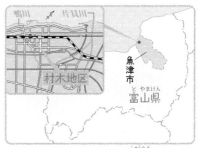

▲魚津市村木地区周辺

▲よごれた鴨川

② 川をきれいにする運動

町を流れる鴨川が，あまりによごれてしまったのを見て，昔の美しいすがたにもどそうと，1987 年，地元の中学校のＰＴＡが中心となって，川のせいそう活動を始めました。この活動をきっかけとして，翌年の 1988 年には「**鴨川にもサケを呼ぶ会**」がつくられました。

「鴨川にもサケを呼ぶ会」は，会員の高れい化やサケのち魚を飼育する学校の閉校などで，2018（平成 30）年に解散しました。その後は，地元の公民館などが活動を引きつぎましたが，人手不足が課題となっています。

3 活動の広がり

　「鴨川にもサケを呼ぶ会」は，魚津市を「川のきれいな町」，「海のきれいな町」，「水のうまい町」，「魚のうまい町」にすることを目ざして，30年間にわたって活動しました。

▲鴨川のせいそうのようす

①**鴨川のせいそう活動**…毎月1回，川のごみひろいを行っていました。はじめはおとなだけの活動でしたが，1997（平成9）年からは，小学生も参加するようになりました。水質の調査なども行っていました。

▲きれいになった鴨川

②**さけの放流活動**…1987（昭和62）年に，小学校でさけのち魚を放流したのをきっかけに，「鴨川にもサケを呼ぶ会」の活動に取り入れられました。さけのたまごを，それぞれの小学校で3か月間飼育して，2〜3月に放流するという活動で，魚津市内の13の小学校すべてで行われていました。1990年の秋には，放流したさけが鴨川に帰ってきました。

③**ほかの地域との交流**…全国でさけの放流活動をしている人々との交流もさかんで，おたがいによいところを学び合って，活動に生かしています。

▲さけの放流のようす

川をきれいにすることが，自然を生かした町づくりにつながるんだね。

雑学ハカセ

人間がよごしてしまった自然を取りもどそうという試みは全国で行われており，さけやあゆなどを川に放流する地域もたくさんあります。これらの魚は，海で成長したあと，ふたたび川にもどり，たまごを産みます。

しりょうの広場

リバークリーン・エコ炭銀行
（兵庫県加古川市）

加古川市の川を自分たち地元の人間できれいにしようと，地元でとれる竹からつくった竹炭を使って，川をきれいにしています。

別海町グリーンツーリズムネットワーク（北海道別海町）

都市に住む人々との交流を通じて地域をいきいきさせようと，地元の農家などが，らく農体験の提供や宿はく客の受け入れを行っています。

四国カブトガニを守る会
（愛媛県西条市）

「生きている化石」といわれている貴重な生物で，ぜつめつの危機にあるカブトガニを保護し，人々に自然保護の大切さを広めています。

米沢ホタル愛護会
（山形県米沢市）

空気や水がきたなくなり，ホタルが激減したので，ホタルの生息地を守ろうと，川の水を管理したり，調査を行ったりしています。

▲自然を生かした町づくりをしている地域の例

パワーアップ 1955年〜1960年代，日本は高度経済成長の時期で，工場はよごれた水を川に流したり，よごれたけむりを放出したりしていました。そのため，公害問題がおこりました。その後，工場は公害をおこさないようにくふうをして，きれいな自然がもどりつつあります。

4 地元の祭りを生かした町づくり

（滋賀県近江八幡市の例）

ここで
学習
すること

1 滋賀県近江八幡市は，どんなところだろう。
2 祭りを生かして，どんな町づくりを進めてきたのだろう。

1 滋賀県近江八幡市

1 近江八幡市の自然

　近江八幡市は，滋賀県の中央部に位置し，日本一大きな湖である琵琶湖の東側にあります。市内のほとんどは平らな土地ですが，小高い山々もあります。

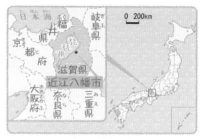

▲近江八幡市の位置

2 人々のくらし

　近江八幡市には，約8万2000人（2019年）が住んでいます。毎年，多くの観光客がおとずれている観光地ですが，観光だけでなく，農業，漁業，商業，工業などもさかんです。

▲観光地となっている近江八幡市の水郷

2 近江八幡市の町づくり

1 近江八幡市の歴史

　1585年，げんざいの近江八幡市に，豊臣秀吉❶のおいの秀次が城をつくり，城下町としてたくさんの人

ことば	❶ 豊臣秀吉

　今から430年ほど前の武士。織田信長のあとを受けて，全国を統一した。

でにぎわいました。商業がさかんで，近江商人とよばれる人々が，京都，大阪，江戸（げんざいの東京）などで商売をして，その名は全国に知られました。

雑学ハカセ

　長野県では，御柱祭という祭りがあります。7年に一度，森から16本の大木を切り出し，山や町を多くの人が引いて歩き，諏訪大社の4つあるお宮に立てられます。「山出し」とよばれる，山から大木が下りてくるさまは，とてもはげしく，多くの見物人が集まります。

近江八幡市は，昔の建物や景色を守っていこうと努力しており，今でも古い町並みを見ることができます。

▲近江八幡市の古い町並み

第9章

県内の特色ある地域のようす

1 地域

伝統工業のさかんな

2 国際交流に取り組んでいる地域

3 地域のよさを生かした町づくり

3 左義長まつり

1 左義長まつりの始まり

近江八幡市では，古くから今日まで「火まつり」とよばれる祭りが市内各地で行われています。その1つに，日牟禮八幡宮の「**左義長❶まつり**」があります。

左義長まつりは，**織田信長❷**がきずいた安土城のあたりで行われていた祭りが，信長の死後，安土から近江八幡にうつり住んだ人々によって伝えられたものといわれています。昔は1月14日と15日に行われていましたが，明治時代（今から150年ほど前）に3月にへんこうされました。何度か中止されたこともありましたが，そのたびに復活し，今では毎年3月14日・15日に近い土曜日と日曜日に行われています。

ことば ❶ **左義長**

左義長は，1月14日または15日に行われる行事。正月のかど松や書きぞめなどを，田や神社などでもやす。日本各地で行われており，左義長のほかに，とんど，おさいとうなど，さまざまな名まえでよばれている。

❷ **織田信長**

今から440年ほど前の武士。多くの武士が領地を広げようと争う中，全国を統一しようとした。

▲日牟禮八幡宮

左義長まつりって，ずいぶん昔から行われているんだね。

では，この祭りが，町づくりにどう生かされているのか，調べていきましょう。

パワーアップ

近江八幡市の左義長まつりのように，正月のかど松などをもやす行事は，わざわいをなくし，健康ですこやかな1年にしようとする願いがこめられています。しかし，近年は，場所が少なくなり，行われる数もへってきています。

2 左義長づくり

わらであんだ約3mの高さの土台に，かざりや，願いごとが書かれたたんざくをつけます。中心に置かれるだしには，その年の干支にちなんだものが多く見られます。これらのかざりを，みこしのように組んだぼうの上にのせてかつぎます。だしのコンクールがあるため，各町とも制作に力が入ります。

▲左義長まつり

3 祭りの当日

土曜日の午後，左義長が神社を出発します。はっぴを着た人々が，かけ声とともに町をわたり歩きます。この日の夜に，だしのコンク

▲左義長をもやしているようす

ールの結果が発表されます。日曜日は朝から町をねり歩き，午後には「けんか」とよばれる左義長どうしのぶつかり合いがくり広げられます。夜には神社のけいだいで左義長に火をつけてもやし，祭りは終わりをむかえます。

4 地域の取り組み

地域のみんなで
協力しているんだな。

1 各町での左義長づくり

近江八幡市の各町では，左義長まつりに向けて，約2か月間，毎晩のように左義長づくりが行われます。作業場には，左義長をよく知るお年よりから中学生まで，はば広い年代の人々が集まり，お年より，中年，青年と年代別に作業を分担して，左義長づくりを進めます。多くの町で，かざりの部分をお年よりが，土台を中年の人々が，そして，いちばん目立つだしをわかい人々が受け持っています。

雑学ハカセ

多くの祭りは，神社や寺で行われます。これは，祭りには神様や先祖に感謝や願いごとをする意味があるからです。住んでいる地域に祭りがあれば，祭りの由来を調べてみるのもよいでしょう。

よりよい左義長をつくろうと，相談をしたり，アドバイスをし合いながら，作業は進められます。

土台づくり わらをあんで，左義長の土台をつくる。

かざりづくり たくさんつけるほど，左義長がはなやかになる。

だしづくり 干支の動物の部分は，豆やするめなどの食品を使ってつくる。

完成 それぞれの部分を組み合わせ，かつぐためのぼうをつけて完成する。

▲左義長ができるまで

2 左義長まつりの意義

　左義長まつりのじゅんびには，祭りの伝統を受けつぐというだけでなく，地域の人々のつながりを強めるはたらきがあります。いっしょに作業をすることで，同じ世代間のつながりができます。また，技術を受けつぐことで，上下の世代間のつながりも生まれてきます。町ごとに左義長をつくるため，自分たちの住む町に対する愛着も強まります。

町おこしのために祭りを新しくつくる地域もあります。札幌のYOSAKOIソーラン祭り（北海道），桐生の八木節まつり（群馬県），高円寺の阿波おどり（東京都）などがあり，地域の人たちが協力して，もり上げています。

10 のミッション！❾

自分の住んでいる地域にある特産品の歴史や将来について調べましょう。

👍 ミッション

地域の特産品を調べよ！

📖 調べかた（例）

▶ ステップ1　地域の特産品をさがそう！

インターネットで調べたり，実際に商店に行って，住んでいる地域の特産品を見つけよう。

〈特産品の例〉

食料品 　　　工芸品

▶ ステップ2　特産品について，歴史や今後の計画などを調べよう！

・図書館の本やインターネットを使って調べよう。

・特産品が売られている商店の人に聞いてみよう。

▶ ステップ3　まとめよう！

調べたことをノートや大きな紙に書こう。

▶ ステップ4　わかったことや感想を書こう！

調べた結果について，何がわかったのか，また，どのような感想を持ったのかを書こう。

▶ ステップ5　特産品を家族や友だちに教えるためのポスターをつくろう！

もぞう紙や画用紙などに，絵やキャッチコピーをかいて，ポスターにしよう。

📖 解答例　**384〜385** ページ

第10章

地図の見かた・資料の使いかた

地図の見かた・資料の使いかたを知ろう！

自由研究で，学校のまわりの
交通量を調べている
しんとゆいだが…

調べ終わったぞ！

でも，どうやって
まとめたら
いいのかな？

あら？

調べても，そのままでは
役に立たないぞ！

二人とも，
何をしてるの？

あ！　先生！
わたしたち，学校のまわりの
交通量を調べたんだけど，
まとめかたがわからないの…

そう
なのだ

1 地図の見かた

3・4年

1 地図の約束

ここで
学習
すること

1 方位やしゅくしゃくについて，どんな約束があるのだろう。
2 土地の高さを表すのに，どんな方法をとっているのだろう。
3 どんな地図記号が使われているのだろう。

1 方 位

1 地図上の方位

　地図は，ふつう，上が北になるよう
にかき，右が東，左が西になっています。
上を北にすることができないときは，
方位記号を地図につけます。矢印の向
いているほうが北です。

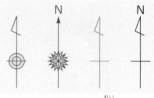

▲方位記号の例

2 四方位・八方位・十六方位

　方位を東西南北の4つに分けるときは**四方位**，
右の図のように，8つに分けるときは**八方位**を用
います。さらに，八方位の間をしめすときには，
十六方位を用います。十六方位では，北と北東の
間を北北東，西と南西の間を西南西というように，
3つの漢字を用いて方位をしめします。

▲八方位

👆 **ポイント** 地図は，方位記号がないときは，ふつう上が北になっている。

雑学ハカセ

方位記号の表しかたには，決まりはありません。自分がつくったかっこいい方位記号を使っ
てもよいので，地図をつくるときには，オリジナルの方位記号をつくってみましょう！

2 しゅくしゃく

1 しゅくしゃくとは

　地図の，実際_{じっさい}のきょりをちぢめたわりあいを，**しゅくしゃく**とよび，右のように表_{あらわ}します。しゅくしゃくは，地図を使うときの目的_{もくてき}のちがいに合わせて，大きくなったり小さくなったりします。

①
$$0 \quad\underline{\hspace{3cm}}\quad 1\,km$$

② 　　　1：50000

③ 　　　$\dfrac{1}{50000}$

④ 　　　5万分の1

▲しゅくしゃくの表しかた

2 きょりのはかりかた

①2つの地点間_{かん}の直線_{ちょくせん}きょりをはかるときは，コンパスの足で2つの地点間をはかり，それを地図の「ものさし」にあててきょりを読み取_とる方法_{ほうほう}と，先に地図の「ものさし」で，一定_{いってい}のきょりをコンパスではかり，2つの地点がその何倍_{なんばい}あるかできょりを読み取る方法があります。

②曲がった道のりをはかるときは，ぬらした糸などを道にそって置_おき，その長さを地図の「ものさし」にあてて，実際のきょりを読み取ります。

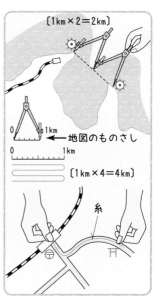

▲きょりのはかりかた

3 土地の高さ

1 等高線_{とうこうせん}

　等高線は，海面_{かいめん}から同じ高さの地点を結_{むす}んだ線のことです。等高線は決_{けっ}して交_{まじ}わらず，土地の高さやかたむきのようすを正しく表すことができます。

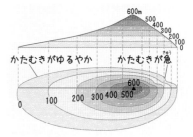

▲土地を横_{よこ}から見た図(上)と上から見た図(下)

日本の土地の高さのもとになっているのは，東京湾_{とうきょうわん}の海水面です。満_みちしおと引きしおの中間の高さを0mとして，東京都千代田区_{とうちょだく}に水準原点_{すいじゅんげんてん}とよばれる0mの地点を定_{さだ}め，全国_{ぜんこく}の土地の高さをはかっています。

①**等高線の間かく**…等高線は，線と線の間がせまいほど急なかたむき，線と線の間が広いほどゆるやかなかたむきであることを表しています。

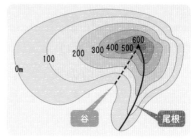

▲谷と尾根

②**谷と尾根**…等高線が低いほうから山の頂上のほうに食いこんでいるところを**谷**，山の頂上から低いほうにはり出しているところを**尾根**といいます。

2　高さを表したいろいろな地図

①**鳥かん図**…鳥かん図は，空を飛んでいる鳥が下をながめたようにかいた地図です。山の形などはよくわかりますが，正確な高さはわかりません。

鳥かん図

②**けば図**…けば図は，「けば」とよばれるくさび形の線を使って，土地の高低などを表した地図です。正確な高さはわかりません。

けば図

③**ぼかし（レリーフ）図**…ぼかし図は，かげをつけたようなかきかたで，土地の高低を表した地図です。正確な高さはわかりません。

ぼかし図

④**だんさい図**…だんさい図は，等高線の間を高さによって色分けし，土地の高低をしめした地図です。ふつう平野などの低地は緑色で表し，高くなるほどうすい緑色になります。山地は茶色で表し，高くなるほどこい茶色になります。海は青色で表し，深くなるほどこい青色になります。

等高線によるだんさい図

▲高さを表したいろいろな地図

雑学ハカセ

「老人ホーム」と「風車」の地図記号は2006（平成18）年に新しく決まりました。この記号は，国土地理院が全国の小中学生からデザインを募集して，最もふさわしいデザインが選ばれたものです。2019（令和元）年からは「自然災害伝承碑」の記号も，新しく使われはじめました。

4 地図の記号

地図には，できるだけたくさんのことがらをかき表すために，いろいろな記号が使われています。

1 いろいろな地図記号

地図記号には，建物を表す記号，土地のようすを表す記号，市や町などの区切りを表す記号などがあります。これらの記号は地図の種類によって少しちがったものもありますが，**国土地理院❶**でつくっている地図に使われている記号が中心になっています。

ことば ❶ 国土地理院

日本の国土を調べたり，はかったり，正確な地図をつくったりするしごとをしている国の役所。
2万5千分の1などの地形図は，国土地理院が発行している。

2 主な地図記号

地図記号には，次のようなものがあります。

◎	市役所	⊖	郵便局	血	博物館	⚙	灯台
○	町・村役場	文	小・中学校	📖	図書館	⚟	風車
Y	消防署	⊗	高等学校	☼	工場	⎍	城あと
⊕	保健所	⊞	病院	⚙	発電所	♨	温泉
⊗	警察署	卍	寺	血	老人ホーム	⚓	漁港
X	交番	〒	神社	△	三角点	∏	自然災害伝承碑

田		くわ畑		針葉樹林
畑		茶畑		竹林
くだもの畑		広葉樹林		あれ地

═══	道路	-□--□-	地下鉄と駅		川と橋
▬▬	トンネル	◄·►►·	都府県のさかい		たき
（JR線）	鉄道と駅	─·─·─	市のさかい		ダム
		─··─··─	町・村のさかい		家の集まり

地図記号は外国の地図にもあります。日本にはない地図記号の例として，アメリカ合衆国ではキャンプ場，フランスではぶどう畑，イタリアではオリーブ畑の地図記号があります。国によって，必要な地図記号はちがうことがわかります。

2 地図のいろいろ

ここで
学習
すること

1 地図には，どんな種類があるのだろう。
2 それぞれの地図は，どんな特ちょうがあるのだろう。

1 地図のいろいろ

1 地形図

①土地の形や高さ，山・川・平野・海
などのようすを表した地図を**地形図**
といいます。

②**2万5千分の1**の地形図は，せまい
はんいの土地を調べるのに便利です。
もっと広いはんいを調べるときは**5
万分の1**の地形図を使います。

（国土地理院発行2万5千分の1地形図「京都西北
部」）

▲地形図

2 土地利用を表した図

田畑・山林・市街地などがど
のように広がり，土地がどのよ
うに利用されているのかを表し
た図です。

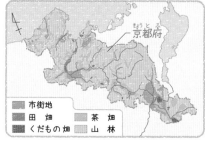

市街地	
くだもの畑	茶畑
田畑	山林

▲土地利用を表した図

3 交通図

交通のようすを表した地図を，
交通図といいます。これには，
道路をかきこんだ**道路図**，鉄道
をかきこんだ**鉄道図**，船の通る
みちをかいた**航路図**などがあり
ます。鉄道図には，路線と駅だ
けをかんたんにしめしたものも
あり，駅の案内用などに使われ
ます。

▲交通図

雑学ハカセ

これまでになくなってしまった地図記号があります。例えば，「電報・電話局」や「牧場」
などは，今ではなくなってしまったり，数がへってきたりしているため，地図記号からもな
くなってしまいました。

4 分布図

　分布図は，例えば人口や工場といったあることがらが，その土地にどのように散らばったり，集まったりしているかを表した地図です。

5 産業図

　産業図は，どの地方で，どんなものが，どれくらいとれるかを表した地図です。**産物の絵**や，**分布図**でよく表されています。

6 気候図

①気候図は，気候のようすを表した地図で，この中には，気温を表した**等温線図**や，ふった雨や雪の量を表した**こう水量図**などがあります。

②天候・風向き・気圧など，天気のようすを表した**天気図**があります。気象庁では，毎日，天気図をつくり，げんざいの天気のようすや，これからの予報をテレビ・ラジオ・インターネットなどで人々に知らせています。

7 そのほかの地図

　そのほか，昔のできごとや，いせきの場所などを地図に表した**歴史地図**や，観光などに便利な**案内図**などがあります。

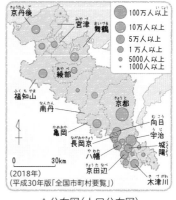

▲分布図（人口分布図）

▲産業図

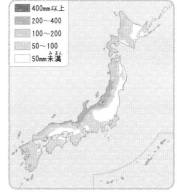

▲こう水量図（1月のこう水量）

ポイント：調べたいことがらがちがうと，使う地図もちがう。

　地図は，地球の表面を平らに表したものです。しかし，地球は球形なので，そもそも平らにすることができません。地図は，球形の地球表面をむりやり平らにしているため，少しだけ形がゆがんでいるのです。特に，世界地図だとゆがみのようすがよくわかります。

3 地図のかきかた

ここで
学習
すること

1 地図の写しかた，大きさの変えかたはどうするのだろう。
2 立体地図は，どのようにしてつくるとよいのだろう。

1 地図の写しかた

1 うすい紙に写す方法

写したい図の上に，トレーシングペーパー❶などのうすい紙を置き，そのまま写し取ります。

> **ことば** ❶ **トレーシングペーパー**
>
> 図形や地図などを写し取るときに使う，うすい紙。下の図がすけるので，なぞればそのまま写し取ることができる。

2 あつい紙に写す方法

ノートや画用紙などあつい紙に写したいときは，はじめにうすい紙に写し取ります。次に，うすい紙をあつい紙の上に重ね，うすい紙に写した線をかたいえんぴつなどで強くなぞります。すると，下のあつい紙になぞった線のあとがつくので，そのあとにそってえんぴつで線をかきます。

地図をそのままなぞるのはけっこうたいへんだね！

使う目的に合わせて，土地の形や道路など，写すことがらを選びましょう。

2 地図ののばしかた・ちぢめかた

地図に**方眼の線**を引き，別の紙に2倍，3倍……と，のばしたい大きさの方眼をかき，方眼ごとにもとの地図と同じ形をかきます。2分の1にちぢめるときは，かく紙の方眼の長さを，もとの方眼の長さの2分の1にちぢめてかき，のばしたときと同じように，方眼ごとにもとの地図と同じ形をかきます。

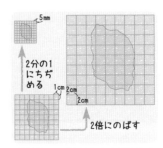

5mm
2分の1にちぢめる
1cm 2cm
2cm
2倍にのばす

▲地図ののばしかたとちぢめかた

雑学ハカセ

地図には，特別なしごとで使われていて，ふだんわたしたちの目にふれないものがあります。その1つの「海図」は，船が安全に航行するために使われる地図で，船底が海底にぶつからないように，海底の深さなどの情報がかかれています。

3 りゃく地図のかきかた

1 りゃく地図

地図の輪かくをかんたんにしょうりゃくしてかいた地図を，りゃく地図といいます。

2 りゃく地図のかきかた

地図の形をよく見て，かんたんな図形にしたり，何の形ににているかを思いうかべてみたりすると，かきやすくなります。

▲りゃく地図（左）とふつうの地図（右）

4 立体地図のつくりかた

1 ボール紙を使ったつくりかた

①地図にトレーシングペーパーをのせ，いちばん低い等高線と，次に低い等高線を写します。

②それをボール紙にはりつけ，低いほうの等高線にそって切り取ります。

③切り取ったボール紙を台にはりつけます。

④上の①～③をくり返して，台にはりつけてあるボール紙（トレーシングペーパー）の高いほうの等高線に合わせて重ねていきます。

⑤全部はり終わったら，等高線ごとにちがう色をぬって仕上げます。

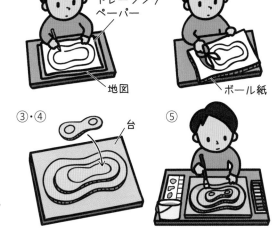

身近な地図をつくるときは，中心をどこにするかが大切です。例えば，学校のまわりの地図をかくときは，必ず学校を中央に置いてから，地図をつくるようにしましょう。

2 紙ねん土を使ったつくりかた

①紙に地図を写す。等高線もかく。

②あつい板に地図をはりつける。

③等高線にそって高所ほど長くくぎを打つ。

④くぎの高さまで紙ねん土をもり，地形をつくる。

⑤紙ねん土がかわいたら，土地に色をつける。

⑥道路・川・鉄道・町などをかき，最後にニスをぬる。

中学入試にフォーカス 地図のしゅくしゃくと実際のきょり

● **実際のきょりの求めかた**

　しゅくしゃくとは，実際のきょりをちぢめたわりあいなので，しゅくしゃくから実際のきょりが求められます。例えば，5万分の1の地図上で，長さが5cmのときの実際のきょりは，次の式で求めます。

　5（cm）× 50000 = 250000（cm）= 2500（m）= 2.5（km）

このように，しゅくしゃくから実際のきょりを求めるには，

　地図上の長さ×しゅくしゃくの分母＝実際のきょり

の式にあてはめましょう。

雑学ハカセ　しゅくしゃくは，地図以外にも使われます。例えば，プラモデルの箱には，スケールとよばれる「1/24」などの数字がかかれています。これは，実際の大きさを24分の1にちぢめたものだという意味です。これも，しゅくしゃくの1つです。

2 資料の使いかた　　3・4年

✏️ **学ぶことがら**　　1 資料のいろいろ　　2 資料の見かた
　　　　　　　　　　　　3 資料の活用のしかた

1 資料のいろいろ

ここで学習すること　1 社会科の学習に役立つ資料には，どんな種類のものがあるのだろう。

> **ことば** ❶ 資料
> 　あることを調べたり，研究したりするときの，もとになる材料。
>
> ❷ プロジェクタ
> 　パソコンに写しだされている画面，テレビ放送やビデオ・DVDの映像などを大きくしてスクリーンに写しだす機械。画面が大きいため，一度にたくさんの人が見ることができる。

社会科の学習では，いろいろなことがらについて正しく考えたり，はんだんしたりして，学習を進めていきます。そのためにはいろいろな資料が必要です。

1 資料の種類

1 見る資料❶

①**写真・絵・絵図などの資料**…写真や絵などを見れば，実物を見なくても，その形や色などについておおよそのようすを知ることができます。

②**うつして見る資料**…映画・テレビ放送・ビデオ・DVD などは，物の動きを知ることができます。また，**プロジェクタ❷**を使えば，物を大きくして見ることができます。

写真　テレビ・ビデオ
インターネット　プロジェクタ
▲見る資料の例

パワーアップ　資料は自分でつくることもできます。道を走る車の台数調べや，買い物調べなどでわかった車の台数や買い物をした人数は，資料として活用することができます。そして，それらの資料をもとに，いろいろなことを考えることができます。

③**図表資料**…**統計❶**や，そ
れをもとにした**グラフ**，
地図，**年表**などがありま
す。

④**ホームページ**…インター
ネットのホームページも，
見る資料の１つです。

> **ことば** ❶ **統計**
>
> 　同じ種類のものを多く集めて整理し，そのせいしつやようすを数字でしめしたもの。
>
> ❷ **いぶつ・いせき**
>
> 　今まで残っている，昔の人たちが使った道具などを**いぶつ**といい，昔の建物やできごとなどがあったあとを**いせき**という。

2 読む資料

　読む資料は，**文章で書かれている資料**のことです。これには，教科書・副読本・参考書や図書室・図書館にある本，役所などでもらえるパンフレットなどがあります。

3 聞く資料

　お年よりや地域の人，店の人に**インタビュー**をして聞いた話や，そのインタビューの録音も資料になります。

工場の見学
きねんひの調査
郷土資料館の見学

4 観察，見学する資料

　工場や商店，**いぶつやいせき❷**など，実際に観察や見学をする場所や物も重要な資料です。

▲観察，見学する資料の例

▲読む資料の例

お年よりから話を聞く
地域の人や店の人から話を聞く

▲聞く資料の例

> **ポイント**　資料には，直接，観察・見学できる場所や物もふくまれる。

雑学ハカセ

まちたんけんなどで，学校や家のまわりを調べることがあります。まちたんけんでは，住んでいる人の名まえや住所を地図に書いてはいけません。個人の情報をほかの人に知らせてしまうからです。

2 資料の見かた

ここで
学習
すること

1 統計資料は，どのように見るとよいのだろう。
2 グラフは，どのように見るとよいのだろう。
3 年表は，どのように見るとよいのだろう。

1 統計資料

1 統計表の見かた

①**何の統計か**…統計には，それが何についてまとめたものか書いてあります。これを**標題**といいます。最初に，これをたしかめます。

②**いつの統計か**…統計に表された数字は，調べた年月日によってちがいます。それで，何年のことをしめしたものか(年度)に注意して，数字を読み取っていくことが大切です。

③**単位は何か**…統計表を読み取るときには，単位をよくたしかめることも大切です。

④**どこでまとめた統計か**…統計の数字は，調べたものの数が多いほど正確になります。国の役所はたくさんのことを調べることができるので，資料として信用できます。どこがまとめた統計か，その出所(出典)をかくにんするようにしましょう。

〈主な都道府県の人口〉 標題 単位 (万人)

年度

都道府県	2000	2010	2017
北 海 道	568	551	532
東 京 都	1206	1316	1372
愛 知 県	704	741	753
大 阪 府	881	887	882
福 岡 県	502	507	511
沖 縄 県	132	139	144

出所—(総務省調べ)

▲統計資料の例

実際に，都道府県の統計を調べるには，どうすればいいのかな？

都道府県庁のホームページを開いて，「統計」でけんさくすると，人口や面積，産業などの統計を見ることができるわ。

パワーアップ

統計を見ると，たくさんの数字がならんでいて，むずかしく感じるかもしれません。統計になれるためにも，まずは，地図帳の最後にある，都道府県や世界の国々の基本的な情報がのっている統計資料を見るのもよいでしょう。思わぬ発見があるかもしれません。

2 統計表のつくりかた

統計をわかりやすくするために，表を書くことがあります。調べたことがらを統計表にする場合，わかりやすいように，表の形をくふうすることが大切です。ふつうは，右のように，表の左はしの列と，いちばん上の列に，調べたこうもくや年度を書きます。

〈野菜の生産量〉

	2008 年	2018 年
だいこん	160	133
にんじん	66	57
キャベツ	139	147
レタス	54	59
ねぎ	51	45
きゅうり	63	55
トマト	73	72
ピーマン	15	14

（単位 万 t ）　　　（農林水産省調べ）

2 グラフ

グラフ❶にはいろいろな形があり，それぞれに特ちょうがあるので，それを知って，見たり，かいたりすることが大切です。

> **ことば　❶ グラフ**
>
> 統計がひと目でわかるように，絵や図にして表したもの。表すことがらや見やすさを考え，適切なものを使う必要がある。

1 ぼうグラフ

ぼうグラフは，あるものの数や量をぼうの長さで表したものです。ものの多い少ないをくらべるとき，よく使われます。

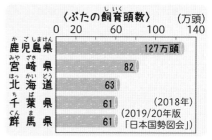

▲ぼうグラフ

2 折れ線グラフ

折れ線グラフは，あるものの数や量のうつり変わりを線で表したものです。線の上がり下がりによって，うつり変わりがよくわかります。

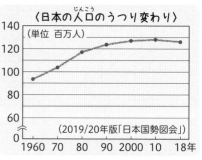

▲折れ線グラフ

雑学ハカセ　「グラフ」には，もともと「図式」という意味があります。図式とは，いろいろな数の関係を書いたものという意味です。つまり，グラフとは，いろいろな統計資料をわかりやすく図にしたものということになります。

3 円グラフ・帯グラフ

①**円グラフ**…円グラフは，あるもののうちわけを表したものです。円をいくつかに区切り，区切った部分の大きさで，それぞれの部分の全体に対するわりあい（うちわけ）を表します。

〈日本の発電のうちわけ〉

原子力3.1
水力
8.9
2017年 火力
85.5%
地熱・風力発電など2.5

(2019/20年版「日本国勢図会」)

▲円グラフ

②**帯グラフ**…帯グラフも円グラフと同じく，あるもののうちわけを表したものです。帯のような長方形をいくつかに区切り，それぞれの部分のわりあいを，区切った長方形の大きさで表します。

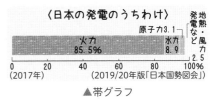

〈日本の発電のうちわけ〉

発電など
地熱・風力

原子力3.1

火力
85.5%

水力
8.9

0   20   40   60   80   100%
(2017年)   (2019/20年版「日本国勢図会」)
2.5

▲帯グラフ

4 絵グラフ

絵グラフは，絵記号で数や量を表したものです。何を表しているかということや，数や量がひと目でわかるので便利です。しかし，かくのに手間がかかり，また，数や量もおおまかにしか表せません。

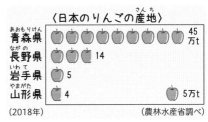

〈日本のりんごの産地〉

青森県   45万t
長野県   14
岩手県   5
山形県 4   5万t

(2018年)   (農林水産省調べ)

▲絵グラフ

3 年　表

1 年表の見かた

昔のできごとを，古い順に表に書き表したものが年表です。

①いつ，どんなことがおこったのかがわかります。

②できごとの前後の関係がわかります。

③うつり変わりを読み取ることができます。

④その時代や，そのころはどんな特色があったのかも読み取ることができます。

グラフは，目的に合わせて使うようにしましょう。あるものの量をまとめるには「ぼうグラフ」，変化ならば「折れ線グラフ」，わりあいならば「円グラフ・帯グラフ」となります。

2 年表のいろいろ

①**等尺（わり）年表（等間かく年表）**…等尺年表は書くことがらの多さで，年代と年代の間を広げたりちぢめたりするのではなく，例えば，100年分を10cmで表すなど，ある期間を同じ大きさにした年表をいいます。等尺年表を使うと，時間の間かくがよくわかります。

時代	飛鳥	奈良	平安
年	600　700	800	900
できごと	・法隆寺が建てられる ・大化の改新が始まる ・都が奈良にうつされる	・『古事記』・『日本書紀』がつくられる ・東大寺の大仏がつくられる ・都が京都にうつされる	・遣唐使を停止する

▲等尺わりではない年表

②**総合年表**…総合年表は，住まい・乗り物・外国との交わりなど，いろいろなことがらを書いた年表をいいます。いろいろなことがらから，あることがらの前と後との関係や，その時代の特色を読み取ることができます。次の年表は，大阪府堺市のうつり変わりを表した総合年表で，等尺（わり）年表でつくられています。

時代	明治	大正	昭和						平成		令和
何年前	一二〇年前	一一〇年前	一〇〇年前	九〇年前	八〇年前	七〇年前	六〇年前	五〇年前	四〇年前	三〇年前	二〇年前　一〇年前　今（二〇一九年）
できごと	・市になった。 ・高野鉄道がしかれた。	・上水道ができた。 ・市立図書館ができた。	・阪和鉄道が開通した。	・室戸台風でひ害を受けた。	・空しゅうで市の中心部が焼けた。 ・ジェーン台風でひ害を受けた。	・海をうめ立て，工場が建てられた。	・市の南東部に，大きな住たく団地がつくられた。			・ニュージーランドのウェリントン市と姉妹都市になった。	・政令指定都市になった。 ・人口が約83万人になった。

社会科では，問題を解決するために調べて得た情報を「資料」とよびます。しかし，歴史では「史料」とよぶ場合があります。はっきりとした使い分けはありませんが，歴史の学習で必要なものは「史料」と書かれることが多いです。

3 資料の活用のしかた

ここで
学習
すること

1 学習に使う資料は，どのように集めるとよいのだろう。
2 資料はどのように活用するとよいのだろう。

1 資料の集めかた

　資料には，いろいろな集めかたがあります。目的に合わせて，どこで，どのように集めたらよいのか，次の表でたしかめましょう。

集める方法	さがす目的	特ちょう
教科書・副読本・地図帳	学校の勉強に使う資料をさがす。	写真・地図・統計など見る資料・読む資料がたくさんのっています。
都道府県庁・市（区）役所・町役場・村役場	県の学習の資料をさがす。	調べたい地域の，人口や産業などの資料があります。
図書室・図書館	調べる内容の本をさがす。	係の人にたずねると，関係のある資料を教えてくれます。また，けんさく用コンピューターを使って資料をさがすこともできます。
博物館・郷土資料館	地域の歴史に関する資料をさがす。	いぶつなどの実物を実際に見て，調べることができます。
見 学	店や工場についての資料をさがす。	直接，働いている人から話を聞き，しごとのようすを観察して調べることができます。
手紙・電話・ファクシミリ（ファックス）	役所や会社にある資料をさがす。	役所や資料館などに手紙・電話・ファクシミリなどを使って質問に答えてもらったり，パンフレットを送ってもらったりすることができます。
インターネット	さまざまな資料をさがす。	ホームページを見て調べることができます。また，メールで質問することができるホームページもあります。

パワーアップ

年表は，たて書きでも横書きでもかまいません。ただし，「平成」「昭和」などの時代の名まえと，年（西暦），できごとの３つは入れるようにしましょう。また，絵などを入れると，よりわかりやすい年表となります。

2 資料の活用

1 資料を選ぶ

　何を知りたいかということに合わせて，集めた資料の中から利用できるものを選びます。もちろん，その資料が何を表したものか，自分ではっきりとわかるものを選びます。

2 自分でまとめる

　資料を使ってどんなことがわかるのか，また，どんなことがいえるのかなどを，自分でまとめます。

3 資料を使って発表する

　選んだ資料をまとめ，これを使って調べたことを発表します。大きなもぞう紙に発表することがらをまとめたり，プロジェクタを使うなどして，みんなの前で発表します。また，資料から**パンフレット**や**新聞**をつくって発表してもよいでしょう。ことばで説明するだけでなく，写真やビデオなどの見る資料を使ったり，統計資料を表やグラフに表したりして説明すると，聞く人がわかりやすくなります。

4 資料の整理

　使い終わったあと，資料はきちんと整理しておきます。そして，資料の集めかた・選びかた・利用のしかたなどがよかったかどうかを反省してメモしておき，次のときには，もっとうまく資料が使えるようにします。

▲資料を使った発表

ポイント　資料からわかったことや自分の考えをまとめ，見る資料を使ったり，表やグラフに表したりして，聞く人がわかりやすいように発表する。

パワーアップ　資料の文章や図表を発表で使うときは，かってに変えたりせず，資料にあるとおりに書き写しましょう。このとき，資料から取った部分がわかるよう，文章は「」などでくくるとよいでしょう。また，もとにした資料の情報（本の名まえなど）は，必ずどこかに書きましょう。

10 のミッション！⑩

　身のまわりにある食料品について，都道府県別の生産量を調べてランキング調査をしてみましょう。

👍 ミッション

食べ物の生産量ランキングをつくれ！

📖 調べかた（例）

▷ステップ1　調べる食料品を決めよう！

身のまわりにある食料品の中から，好きな食べ物をさがそう。

▷ステップ2　調べよう！

・本で調べる…図書室や図書館で，都道府県別の統計がのっている本をさがそう。

・インターネットで調べる…農林水産省や総務省などの国の役所のホームページで「統計」をさがそう。

▷ステップ3　まとめよう！

調べたことを，表やグラフにしてまとめよう。

▷ステップ4　わかったことや感想を書こう！

調べた結果，何がわかったのか，どのような感想を持ったのかを書こう。

▷ステップ5　食べ物の生産量ランキングを家族や友だちに教えるためのカードをつくろう！

家族や友だちにカードを見せると，いろいろな食料品の都道府県別ランキングがわかって，食事も楽しくなるよ。

📖 解答例　386〜387 ページ

10のミッション！解答例　⚑ミッション①

● 月 ○○ 日(**月**)　　天気(**晴れ**)　名まえ ○○　△△

市の「だれにでも やさしいしくみ」調べ

『駅』を調べたときの例

　学校の近くの駅には，新しいジュースの自動はん売機がありました。よく見ると，この自動はん売機には，お年よりや子どもにやさしいくふうがあることがわかりました。

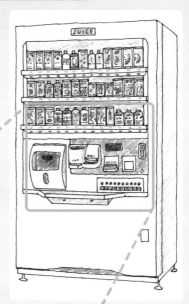

買ったジュースを，かがまないで取り出すことができる。

お金を一度に入れることができる。

お札がスムーズに入るようになっている。

背の低い子どもでも，上にあるジュースを選ぶボタンがおせる。

買ったジュースを置くことができる。

『スーパーマーケット』を調べたときの例

家の近くのスーパーマーケットの入口には，車いすが置かれています。この車いすは，お年よりや体の不自由な人が使うことができて，買い物かごも置くことができるようになっていました。

わかったこと・思ったこと

今回の調査で，わたしたちの住む市には，お年よりや体の不自由な人が安心して使える設備がたくさんあることがわかりました。特に，駅やスーパーマーケットなど，人が多く集まる場所にはこのような設備が多くあることにも気づきました。このような設備がたくさん広まれば，だれでも安心してすごせる町になっていくと思いました。

指導のアドバイス

今回の＜10のミッション！＞は，わたしたちが住む地域にあるユニバーサルデザインを探して，その意味を考えることが目的です。小学生の視点では気付きづらい内容ですが，日常の買い物などで高齢者や障がい者のためにつくられた工夫や取り組みを見つけたら，お子さまに説明してあげるなど，今回の学習内容を深めてみてはいかがでしょう。

10のミッション！ 解答例　／ミッション②

● 月 〇〇 日（火）　　天気（ 晴れ ）　名まえ 〇〇　△△

品物のふるさと調べ

『食品』を調べたときの例

きゅうり…大分県
肉…オーストラリア
バナナ…フィリピン
グレープフルーツ
　…アメリカ合衆国

　店には，日本だけではなく，外国でつくられた食品もありました。野菜は日本でつくられたものが多かったです。

●家にあった食品のふるさとマップ
　それぞれの国の国旗も調べました。家の食品は，国内だけでなく，外国の品物もありました。

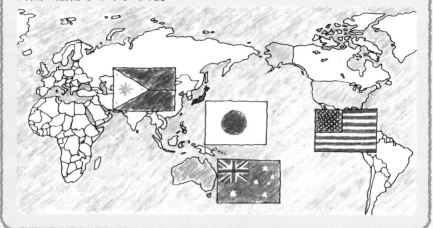

『衣類』を調べたときの例

ワイシャツ…中国
ズボン…イタリア
ティーシャツ…中国
スカート…中国

　家には日本でつくられた服のほかに，外国でつくられた服もありました。特に，中国でつくられた服が多かったです。

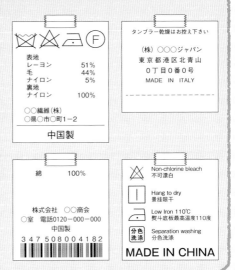

表地
レーヨン　　　51%
毛　　　　　　44%
ナイロン　　　5%
裏地
ナイロン　　　100%

○○繊維(株)
○県○市○町1－2
中国製

タンブラー乾燥はお控え下さい

(株) ○○○ジャパン
東京都港区北青山
○丁目○番○号
MADE IN ITALY

綿　　　　　　100%

株式会社　○○商会
○室　電話0120－000－000
中国製
3 4 7 5 0 8 0 0 4 1 8 2

Non-chlorine bleach
不可漂白

Hang to dry
景挂晾干

Low Iron 110℃
熨斗底板最高温度110度

分色洗涤
Separation washing
分色洗涤

MADE IN CHINA

わかったこと・思ったこと

　今回の調査で，お店には外国産の品物がたくさんあることがわかりました。また，わたしの家には日本国内だけではなく，外国でつくられた食べ物や衣服がたくさんあることに気づきました。品物を買うときには，箱やふくろなどを見て，どこでつくられた品物なのかを知ってから買おうと思いました。

指導のアドバイス

　今回の＜10のミッション！＞は，わたしたちの生活が世界と結びついていることを，身の回りの品物を通して発見することがねらいです。食料品や衣類，テレビなどの品物や部品の多くは輸入品です。さらに，工業製品を生産するうえで欠かせない原油や石炭，鉄鉱石なども輸入に頼っています。工業生産については5年生で学習しますが，今のうちからわたしたちのくらしは外国と結びついて成り立っていることを知っておくことが大切です。

10のミッション！ 解答例　　ミッション③

● 月 ○○ 日（ 水 ）　　天気（ 晴れ ）　名まえ ○○　△△

身のまわりの消防の設備調べ

『学校のまわり』を調べたときの例

学校のまわりには，消防の設備が，たくさんありました。学校のプールに，「防火水そう」の標識があったのには，びっくりしました。

○ 消火せん
○ 防火水そう

『学校』を調べたときの例

学校にも，たくさんの消防の設備がありました。給食室のまわりに消火器が多いのは，火を使うことが多いからだとわかりました。

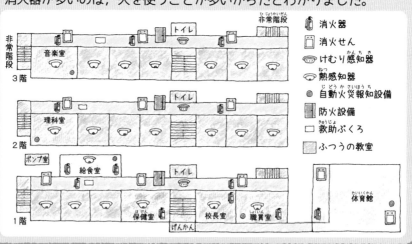

『駅前のデパート』を調べたときの例

デパートにも，たくさんの消防の設備がありました。地下のちゅう車場の天じょうには消火する設備がたくさんありました。

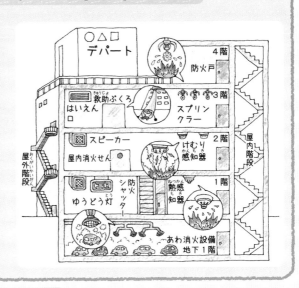

わかったこと・思ったこと

　今回の調査で，わたしたちの身のまわりにはたくさんの消防設備が置かれていることがわかりました。そして，これらの設備によって，わたしたちは安心してくらせるのだと思いました。

　消防設備の点検は，消防署で働く人のしごとだと習いました。いざというときに，使えないといけないので，点検はとても大切なしごとだと思いました。

　今度は，駅など，ほかの場所でも調べてみたいと思います。

指導のアドバイス

今回の＜10のミッション！＞は，調べる場所によって新しい発見やわかることが異なります。地図や建物のマップをつくることが難しい場合は，インターネットで地図をプリントするなど，まとめるための壁を除くようにしてください。地図を作成して調べたことを記入する作業は，これから大切になっていきます。色を使う，マークを使うなど，大人目線でのアドバイスも大切です。

10のミッション！ 解答例 / ミッション ④

● ○○月 ○○日(木)　　天気(晴れ)　　名まえ ○○　△△

家電年表

『せんたく機』を調べたときの例

●せんたく機年表

時代	年代 （何年前）	せんたく機のようす	
昭和	90年前ごろ	●日本で，初めてせんたく機がつくられました。ロボットのような形をしていました。	
	70年前ごろ	●一そう式せんたく機が広まりました。ローラーがついていて，ぬれたせんたく物をはさみ，ぐるぐる回すと，水分をしぼり取ることができたそうです。	
	50年前ごろ	●二そう式せんたく機が広まりました。せんたくするところと，だっ水するところが分かれていました。せんたくしながら，だっ水ができるので，とても便利！	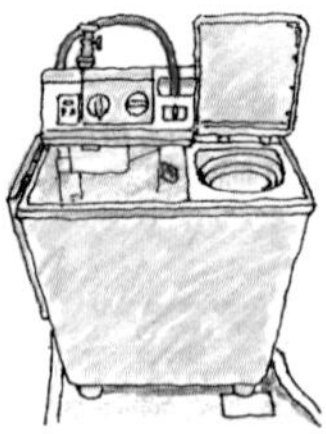

	30年前ごろ	●せんたくからだっ水までを行う全自動せんたく機が広まりました。
平成	20年前ごろ	●ドラム式せんたく機が登場しました。ボタンをおすだけで，かんそうまでしてくれる！ 

●せんたく機がないときのせんたく（おばあちゃんに聞いた話）

　子どものころは，たらいとせんたく板を使っていたそうです。今のせんたく機のように便利ではなかったけれど，よごれたところだけ，念入りにあらうことができて，よごれが落ちたかどうかを目でたしかめられたところが，よかったそうです。

わかったこと・思ったこと

　今回の調査で，せんたく機の形やはたらきは，どんどん変わってきていることがわかりました。昔は，だっ水は人の手でしていたけれど，今のせんたく機は，だっ水もかんそうも全自動なので，せんたくしながら，ほかの家事ができて，便利だと思いました。

指導のアドバイス

今回の＜10のミッション！＞は，身のまわりにある家庭電気製品の歴史を調べ，道具の移り変わりを知ることがねらいです。今の機械と昔の道具を比較したときに，今の機械は，単に便利になったということだけを確認するのではなく，昔の道具は，今の機械とは異なったよい点があることに着目できるようにご指導願います。

10のミッション！解答例　／ミッション⑤

● 月 ○○ 日（ 金 ）　天気（ 晴れ ）　名まえ ○○　△△

都道府県のマーク調べ

『青森県』を調べたときの例

●マークの形・由来

青森県の形をもとにしてつくられました。

●県のようす（2018年）
・人口…約126万人
・面積…約9646km²
・県庁所在地…青森市
・農業がさかんで，りんご，にんにくの生産量は日本一。

県章

県の地図

青森市

『山形県』を調べたときの例

●マークの形・由来

　山が多いことをもとにしてつくられました。また，県を流れる最上川の流れも表しています。

●県のようす（2018年）
・人口…約109万人
・面積…約9323km²
・県庁所在地…山形市
・くだものづくりがさかんで，おうとう（さくらんぼ），西洋なしの生産量は日本一。

県章

県の地図

最上川

山形市

『三重県』を調べたときの例

●マークの形・由来

三重県の「み」の字をもとにしてつくられました。○の部分は，生産がさかんな真じゅを表しています。

県章

●県のようす（2018年）

・人口…約179万人
・面積…約5774km²
・県庁所在地…津市
・英虞湾での真じゅの養しょくがさかんで，真じゅのアクセサリーの生産量は日本一。

県の地図

津市

英虞湾

わかったこと・思ったこと

今回の調査で，都道府県にはマークがあり，そこには由来もあることがわかりました。ほかの都道府県を調べてみると，マークには形や有名なもの，名まえなどが由来になっていることもわかりました。マークを調べてみて，自分の住む都道府県のことをもっと調べたくなりました。

👤 指導のアドバイス

今回の＜10のミッション！＞は，自分の住む都道府県のマーク（県章・県旗）を調べることで，都道府県について興味を喚起することがねらいです。マークには，県の形や特産物，歴史などが関係しています。それらを知ることで，「さらに深く知りたい」という気持ちを養います。自分の住む都道府県を調べたら，自分の住む地方の都道府県を調べてみたり，全国を調べてみたりして，興味を広げられるようにアドバイスをお願いします。

10のミッション！
解答例

ミッション ⑥

● 月 ○○ 日（土） 天気（ 晴れ ） 名まえ ○○ △△

身の回りのリサイクルマーク調べ

『ペットボトル』を調べたときの例

●みつけた品物

ペットボトルのお茶

●リサイクルマークの意味

　ペットボトルを，ほかのプ
ラスチックでつくられた容器
と区別するためのマークです。
ほかにも，しょうゆなどの容
器にもつけられていました。

ボトル部分

　しょうゆやお酒などの決められた容器につけられ
ていました。

キャップ・ラベル部分

　決められた容器以外のプラスチック製品につけら
れていました。

●ペットボトルのリサイクル

　リサイクル工場に運ばれたペットボトルは，きれいにあらってか
らペレットというつぶにされます。ペレットは，服や再生ペットボ
トルの材料となるそうです。

ペットボトル

ペレット

服や再生ペットボトルなど

『かん』を調べたときの例

●みつけた品物　**ジュースのかん**

●リサイクルマークの意味

　「スチール」のマークは鉄でつくられたかん，「アルミ」のマークはアルミニウムでつくられたかんです。スチールかんとアルミかんは，リサイクルの方法がちがうので，きちんと分別しないといけないと思います。見た目で区別することがむずかしいので，かんにちがうリサイクルマークがつけられていました。

わかったこと・思ったこと

　今回の調査で，品物にはいろいろなリサイクルマークがつけられていることがわかりました。ごみを出すときは，リサイクルマークを見て最初に分別しておけば，リサイクルセンターでの作業がスムーズに進むこともわかりました。

指導のアドバイス

今回の<10のミッション！>は，身の回りにある品物にリサイクルマークが付けられていることの意味を知り，今後の行動に生かすことがねらいです。また，グリーンマークの付いた紙を使うことが古紙の使用をうながすことにつながるなど，他の事例を伝えることで，リサイクルの重要性を理解できるようにご指導願います。

グリーンマーク

10のミッション！解答例　／ミッション❼

● 月 ○○日（日）　　天気（ 晴れ ）　　名まえ ○○ △△

家族専用！　防災マップ

『こう水』がおこる地域の例

○○県○○市の自然災害

　市には○○川が流れています。大雨がふると，川の水がていぼうをこえてしまって，わたしが住む地域は，こう水になると考えられています。

〈防災マップ〉

市が決めたひなん場所
（ここも水が来るかもしれないので，行ってはダメ）

わたしの家

家族で決めた
ひなん場所
（市のひなん場所
にもなっている。
いざというとき
は，ここに集合）

市が決めたひなん場所
（広くて，家族をさがすのがたいへんなので，ここには行かない）

こう水が予想される地域

●家族で決めたこう水のときのひなんルール

・ぜったいに川には近づかない。

・川から遠い方角にひなんする。（南のほうが山になっていて高い
　土地なので，南のほうににげるようにする。）

・ひとりでひなんせずに，家族や友だちといっしょに行動する。

・ひなん用リュックを用意しておき，ひなんするときは，必ず持
　っていく。

わかったこと・思ったこと

　わたしの住んでいる地域のこう水ハザードマップを見ると，家がこ
う水のひ害にあう地域だということがわかって，びっくりしました。
防災マップをつくって，家族と話し合うことで，いざというときに，
落ち着いてひなんできると思いました。

指導のアドバイス

今回は，防災意識を高め，防災を身近に感じることができるように，
家族の防災マップづくりを行います。自分の住んでいる地域のハザー
ドマップを確認することで，自然災害が他人事ではないことをお子様
と話し合ってみてはいかがでしょう。同時に，市（区）町村が，住民
を守るためにハザードマップや防災マップをつくっていることを再確
認することも大切です。

● 月 ○○日（月） 天気（ 晴れ ） 名まえ ○○ △△

古くから伝わる料理調べ

『東京都』を調べたときの例

● みつけた料理　江戸前ずし

● 歴史

　江戸時代，今の東京湾でとれた魚をネタにしたおすしの屋台がたくさんあったことが，江戸前ずしの始まりだそうです。

● 特ちょう

　今は新せんな魚や貝を生のままごはんの上にのせてにぎりますが，冷ぞう庫がなかった昔は，酢でしめたり，にたりした魚ものせていたそうです。「江戸」は東京の古い地名で，「江戸前」とは，東京湾を指します。東京湾でとれた魚をネタにするため「江戸前ずし」とよばれるようになりました。

『青森県』を調べたときの例

● みつけた料理　いちご煮

● 歴史

漁師らがとってきたウニとアワビを汁にして食べたのが始まりだそうです。

● 特ちょう

　汁の中のウニが野いちごのように見えるため「いちご煮」とよばれます。今では，祝いごとには欠かせない料理となっています。また，多くの旅館や食どうでも，食べることができます。

『長野県』を調べたときの例

●みつけた料理　**おやき**

●歴史

　古くから，米があまりとれない山間部で，小麦やそばを使ってつくられてきたそうです。

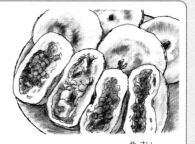

●特ちょう

　小麦粉やそば粉をねってかわをつくり，中にあんこや野菜，つけものなどを入れて焼きます。昔は，米の代わりに食べられていましたが，今は家庭でつくられるほか，おみやげとしてたくさんつくられています。

わかったこと・思ったこと

　今回の調査で，地域に受けつがれている郷土料理には，それぞれ由来があることがわかりました。また，ふだん食べている料理の中に，郷土料理があったことにおどろきました。わたしの住んでいる地域の郷土料理をなくさないためにも，家でつくったり，お店で食べたりして，受けついでいきたいと思いました。

指導のアドバイス

今回の＜10のミッション！＞は，身の回りにある郷土料理を調べることで，先人の培ってきた工夫を料理を通して理解することがねらいです。お子さまは何が郷土料理かわからない場合が多く，そのときは，現在のように冷蔵庫や物流が発達していなかったため，郷土料理には古くから地域独自の工夫がされていたことをアドバイスしてください。また，ご家庭で地域の郷土料理をつくることができれば，今回の学習理解はさらに深まります。

● 月 ○○ 日(火)　 天気(晴れ)　 名まえ ○○　△△

地域の特産品調べ

『京都府宇治市』を調べたときの例

●みつけた特産品

お茶

●歴史

　今からおよそ800年前の鎌倉時代に，茶のさいばいが始まり，茶を飲む習かんが広まっていったそうです。京都府の宇治市は，700年前ほどから一級の茶のさいばい地となり，今でも高級茶をつくり続けています。

宇治市の茶畑のようす

●玉露について

　京都市でつくられる茶の中でも，玉露とよばれる茶は，とても有名です。ふつう，茶は新芽が出るとつみとりますが，玉露は黒いシートをかぶせて育てるようです。

日光を当てないで成長させると，しぶみが少なく，うまみのある茶になります。

●新しい茶の商品

　茶は飲むだけではなく，おだんごやケーキなどに入れて，多くの人に食べてもらえるように，農家やおかし会社の人たちが協力しています。

384

●宇治市の茶を教えるポスター

京都府宇治市の特産品
〜鎌倉時代から続く伝統のお茶〜
宇治茶

ますます広がるお茶のおいしさ！

わかったこと・思ったこと

　　今回の調査で，わたしの住んでいる宇治市の特産品の１つに，お茶があることがわかりました。宇治市のお茶の歴史は古く，今まで伝統を受けついできたことにおどろきました。最近では，お茶を使ったおかしなどをつくって，お茶を多くの人に広めようとしていることもわかりました。

👤 指導のアドバイス

今回の＜10のミッション！＞は，自分が住んでいる地域の特産品を調べることで，「伝統を受けつぐ」ことの意味を理解することがねらいです。特産品がわからないときは，適切なアドバイスをお願いします。お子さまには，特産品の歴史を調べ，今までどのように歩んできたかを確認できるようにしてください。また，新商品開発など，消費を増やすための工夫や努力についても触れるようにしてください。

10のミッション！ 解答例　／ミッション⑩

● 月 ○○ 日（**水**）　天気（ 晴れ ）　名まえ ○○ △△

食べ物の生産量ランキング

『夕食』を調べたときの例

●夕食のこん立

　とんかつ，かぼちゃのに物，キャベツとトマトのサラダ，たまねぎのみそしる

●都道府県別の生産量ランキング

たまねぎ			トマト			かぼちゃ		
順位	都道府県	生産量(t)	順位	都道府県	生産量(t)	順位	都道府県	生産量(t)
1位	北海道	797200	1位	熊本県	128200	1位	北海道	97600
2位	佐賀県	102600	2位	北海道	62300	2位	鹿児島県	8800
3位	兵庫県	92900	3位	茨城県	48000			

米			ぶた			キャベツ		
順位	都道府県	生産量(t)	順位	都道府県	飼育頭数(頭)	順位	都道府県	生産量(t)
1位	新潟県	627600	1位	鹿児島県	1272000	1位	群馬県	261000
2位	北海道	514800	2位	宮崎県	822000	2位	愛知県	245100
3位	秋田県	491100	3位	北海道	626000	3位	千葉県	111100

（米・ぶたは2018年，ほかは2017年）　　　　　　　　（2019/20年版「日本国勢図会」）

●食べ物生産量ランキングカード

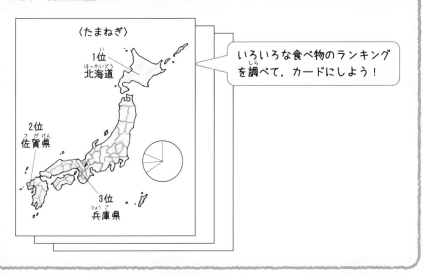

〈たまねぎ〉

1位
北海道

2位
佐賀県

3位
兵庫県

いろいろな食べ物のランキング
を調べて，カードにしよう！

わかったこと・思ったこと

　今回の調査で，夕食で食べている食べ物は，全国のいろいろな都道府県でつくられていることがわかりました。その中でも，北海道の食べ物がたくさんあって，北海道の農業がさかんなことに気づきました。今度は，外国から運ばれてくる食べ物についても，国別ランキングをつくろうと思います。

指導のアドバイス

今回の＜10のミッション！＞は，日々，口にしている身近な食材の都道府県別生産量ランキングを調べて，まとめることがねらいです。ここでは，ランキングを覚えることではなく，調べたことを表やグラフにしたり，地図に書きこんだりする情報処理が適切に行われているかがポイントとなります。表にまとめることができるようになったら，次のステップとして，円グラフや帯グラフにするなど，アドバイスをお願いいたします。

さくいん

※ QR コードは㈱デンソーウェーブの登録商標です。

小学3・4年 自由自在 社会

| 編著者 | 小学教育研究会 | 発行所 | 受験研究社 |

| 発行者 | 岡 本 泰 治 | | ©株式会社 増進堂・受験研究社 |

〒550-0013 大阪市西区新町 2―19―15

注文・不良品などについて：(06) 6532-1581(代表)／本の内容について：(06) 6532-1586(編集)

Printed in Japan　　岩岡印刷・高廣製本

落丁・乱丁本はお取り替えします。